现代学校管理丛书
丛书主编／褚宏启

学校管理

● 杨颖秀／著

XUEXIAO GUANLI ●

北京师范大学出版集团
BEIJING NORMAL UNIVERSITY PUBLISHING GROUP
北京师范大学出版社

图书在版编目(CIP)数据

学校管理/ 杨颖秀著.—北京：北京师范大学出版社，2012.3
(2022.8重印)
（现代学校管理丛书）
ISBN 978-7-303-14097-8

Ⅰ.①学… Ⅱ.①杨… Ⅲ.①学校管理－高等学校－教材
Ⅳ.①G47

中国版本图书馆CIP数据核字(2012)第018472号

北师大出版社教师教育分社微信公众号　京师教师教育

出版发行：北京师范大学出版社　www.bnupg.com
　　　　　北京市西城区新街口外大街12-3号
　　　　　邮政编码：100088
印　　刷：天津旭非印刷有限公司
经　　销：全国新华书店
开　　本：710 mm×1000 mm　1/16
印　　张：16.75
字　　数：320千字
版　　次：2012年3月第1版
印　　次：2022年8月第10次印刷
定　　价：32.00元

策划编辑：路　娜　　　责任编辑：路　娜
美术编辑：高　霞　　　装帧设计：潘　洁
责任校对：李　菡　　　责任印制：马　洁

版权所有　侵权必究
反盗版、侵权举报电话：010-58800697
北京读者服务部电话：010-58808104
外埠邮购电话：010-58808083
本书如有印装质量问题，请与印制管理部联系调换。
印制管理部电话：010-58805079

为现代学校管理奠定专业化的知识基础

现代学校管理是专业化的管理活动，需要专业化的理论来指导，需要以专业化的知识为基础。如果现有的教育管理知识不能提供足够支持，学校管理的专业化就失去了可能性和现实性。学校管理人员所需要的知识有三条标准：

第一，效用标准，要求"有用"。如果知识空疏无用，就不能作为从业人员从事职业活动的依据，就不能为具体的职业活动提供指导。效用标准要求教育管理知识能为管理人员从事学校管理活动提供有效的智力支持，有助于管理人员提高管理效率和效能，从而更好地促进学生的全面发展。

第二，数量标准，要求"够用"。要求教育管理领域积累起"足够数量"的知识，这些知识构成一个"系统的知识体系"，不再是对教育管理活动的零星的、肤浅的认识，只有这样，才能为学校管理活动提供有力支持。这种某个职业领域的"系统的知识体系"也就是我们一般所说的"专业知识"。

第三，质量标准，要求"好用"。高质量的知识必须在逻辑上前后一致，文风上简明扼要，对现实有较强的解释能力，便于人学习和掌握，有助于解决现实问题。

本质上，数量标准和质量标准都是效用标准的具体化。如果知识的数量很少（根本就不"够用"），即便质量再高，也谈不上对整个学校管理活动的专业化多么"有用"；反之，如果知识的数量很多，但质量低劣，同样谈不上多么"有用"。要使知识真的具有高效用，知识必须数量多且质量高。

现有的教育管理知识能从效用、数量、质量等方面满足上述要求吗？总体看来，现有的教育管理知识在数量上是令人满意的，在效用上也是裨益于实践的。但同时我们也必须承认，这些知识的确比较庞杂，而且对实践并不是都有用处。

"现代学校管理丛书"就是为学校管理走向专业化所搭建的一个知识平台，丛书将根据有用、够用、好用的标准，对已有的学校管理知识进行清理、甄别、整合、加工、创新，目的是为学校管理人员提供量大质优的专业知识，提升学校管理的水平与质量。

习近平指出，新时代贯彻党的教育方针，要坚持马克思主义指导地位，贯彻新时代中国特色社会主义思想，坚持社会主义办学方向，落实立德树人的根本任务，坚持教育为人民服务、为中国共产党治国理政服务、为巩固和发展中国特色社会主义制度服务、为改革开放和社会主义现代化建设服务，扎根中国大地办教育，同生产劳动和社会实践相结合，加快推进教育现代化、建设教育强国、办好人民满意的教育，努力培养担当民族复兴大任的时代新人，培养德智体美劳全面发展的社会主义建设者和接班人。

"现代学校管理丛书"深入贯彻习近平新时代中国特色社会主义思想，为现代学校管理服务。现代精神是现代学校管理的灵魂，其精神主旨有四：

一是科学精神。科学精神指的是理性化、合理化，通俗一点讲就是"讲道理"。发展是硬道理，但发展也要讲道理。学校的改革与发展也要讲道理，不能搞形式、瞎折腾，应该实事求是，应该以求实、平和的心态而不是浮躁的心态去管理学校。科学精神要求学校管理人员在从事管理工作时，应该深入实际调查研究，了解学生心理，尊重教育规律，促进学生和学校的健康发展、协调发展、可持续发展。

二是民主精神。民主精神说到底是平等精神和人道精神，简单的说就是以人为本，把人作为目的而不是作为工具，不把老师作为学生发展的工具，不把师生作为学校发展的工具。学校管理人员要尊重老师、尊重学生，倾听他们的声音，走进教师和学生的内心世界。在管理中，民主精神要求建立学校民主管理机制，如教师参与学校民主管理的制度、家长参与学校管理的制度等。

三是法治精神。法治精神要求校长以法治取代"人治"，依法办学，依法治校，遵守国家教育法律法规，建立健全学校各项规章制度。治理学校时依据规则，尊重程序，避免长官意志、个人专断所带来的随意性和危害性。当前，建设现代学校制度、运用制度手段管理学校是法治精神的具体呈现。

四是民族精神。中国的现代教育应该培养能为中华民族崛起贡献力量的中国人，"为中华崛起而读书"并不过时。现代化不是西化，更不是美国化。现代中国并不摈弃民族传统和民族文化，而是要将优秀的民族传统和民族文化发扬光大。在中国这样一个发展中国家，培养学生的民族自豪感，增强学生的民族自信心，是中国教育和中国学校的重要使命。不少学校把"培养现代中国人""造就走向世界的现代中国人""做自豪的中国人"作为学校的办学目标，这是民族精神的具体表现。

"现代学校管理丛书"的志向不是只给学校管理人员提供一些管理技能、

技巧方面的知识，更不是提供所谓的"权术之学"，而是赋予学校管理知识以"现代精神"的灵魂，让学校管理人员借助知识的力量，建设现代学校，培养现代人，弘扬科学精神、民主精神、法治精神和民族精神，进而为建设现代社会和现代国家贡献力量。

强调知识的有用、够用、好用反映出本套丛书的"实践性"，而强调现代精神则反映出本套丛书的"现代性"。此外，本套丛书还有一个重要特点，那就是"开放性"。

本套丛书在选题、作者、出版周期等方面都具有很强的开放性。凡是对于学校管理有助益的、能体现实践性和现代精神的选题都可以申报。在作者选择上，广纳贤才，教育研究人员、学校实际工作者都可以成为本丛书的作者，尤其欢迎教育研究人员与学校实际工作者在合作研究的基础上著书立说。在写作和出版周期上，本丛书没有固定的时间限制，时间服从于质量，给作者留出充分的时间精益求精。

感谢北京师范大学出版社为丛书的出版所给予的支持，感谢每一位作者所付出的辛勤劳动。希望本套丛书为改善我国教育管理的知识状况、为提高我国教育管理的实践水准做出积极的贡献。

褚宏启

目　录

第一章　学校管理的基本问题　1
　　第一节　学校管理的内涵及主体 / 3
　　第二节　学校管理研究的载体、内容及方法 / 6

第二章　学校管理的理论基础　16
　　第一节　科学管理理论及其对学校管理的影响 / 17
　　第二节　行为科学理论及其对学校管理的影响 / 21
　　第三节　当代管理理论及其对学校管理的影响 / 30

第三章　学校管理理念　39
　　第一节　学校管理理念的变革与发展 / 41
　　第二节　学校管理理念与学生心灵沟通的意义及路径 / 46

第四章　学校管理文化　51
　　第一节　学校管理文化的内涵及理论依据 / 52
　　第二节　营建学校管理文化的基本策略 / 56

第五章　学校管理过程　64
　　第一节　学校管理过程的内涵及理论依据 / 67
　　第二节　学校管理过程的基本环节 / 69
　　第三节　学校全面质量管理的内涵及实施途径 / 74

第六章　学校领导体制　81
　　第一节　学校领导体制的演变 / 82

第二节　校长负责制 / 84
第三节　学校章程及制度 / 87
第四节　学校组织机构 / 91
第五节　学校领导体制的改进 / 96

第七章　校长的塑造与管理　102

第一节　校长的地位与作用 / 103
第二节　校长的职责与素质 / 106
第三节　校长的专业发展与任职制度 / 113
第四节　学校其他领导人员的地位与职责 / 121
第五节　学校领导团队建设 / 125

第八章　教师的发展与管理　130

第一节　教师的工作特点与管理理念 / 131
第二节　教师的地位与作用 / 133
第三节　教师的职责与素质 / 140
第四节　教师的专业发展与任职制度 / 144

第九章　学生的成长与管理　156

第一节　学生的成长特点与管理理念 / 157
第二节　学生常规管理 / 163
第三节　学生组织管理及建设 / 169
第四节　学生行为养成与激励约束 / 173

第十章　学校教学管理　183

第一节　学校教学管理的意义及任务 / 185
第二节　学校课程设计 / 187
第三节　学校教学事务管理 / 201

第十一章　学校教育研究管理　209

第一节　学校教育研究管理的意义及任务 / 210

第二节　学校教育研究管理的内容 / 212
  第三节　学校教育研究管理的发展态势 / 216

第十二章　学校安全管理　222
  第一节　学校校舍的安全管理 / 223
  第二节　学校教育教学过程的安全管理 / 230
  第三节　学生伤害事故的处理 / 239

第十三章　学校与社区的沟通合作　245
  第一节　学校与社区沟通合作的意义 / 246
  第二节　学校与家长的沟通合作 / 247
  第三节　学校与政府的沟通合作 / 252
  第四节　学校与社会团体的沟通合作 / 254

后　记　257

第一章　学校管理的基本问题

内容提要

学校管理活动是提高学校教育活动有效性的重要途径，科学的学校管理将为师生提供愉快的学习与工作环境。因此，什么是学校管理、谁是学校管理者、学校管理要研究什么、怎样研究学校管理等问题，是学校管理研究首先要解决的。

学习目标

1. 掌握学校管理、学校管理学的内涵。
2. 掌握为什么要研究学校管理。
3. 了解学校管理和教育管理的关系。
4. 理解谁是学校管理主体。
5. 了解学校管理研究的载体、内容和方法。

管理是一种古老的活动，是人类社会的基本活动方式之一，它存在于现实生活之中，也存在于学校活动之中。在学校中，不仅有人们熟悉的教育活动，也有对教育活动起着重要影响作用的管理活动。因此，对学校教育活动的研究越来越深入，对学校管理活动的研究也正在吸引着越来越多的有志者参与其中。人们在思考着：怎样的学校管理活动才能使教师和学生感到幸福愉快，怎样的学校管理活动才能提高教育的有效性？请看案例：

学校管理还是"有缝"的好[①]

一说到管理，我们往往会想到严格的考勤制度、严明的赏罚制度、残酷的淘汰制度。一些学校也普遍存在着管理过度现象，认为管得越细越好，

[①] 綦延辉：《学校管理还是"有缝"的好》，载《中国教育报》，第 7 版，2007-07-17。

管得越严越好。比如，现在很多学校正在推行无缝隙管理、全覆盖管理、精细化管理等，教师进门签到，下班签走，少签一次，就罚款多少元钱。

一些教师为了躲避罚款，有的先到校签到再溜出去办事，有的就干脆请别人代自己签到。不少学校要求所有教师一律实行坐班制，即使大家没事坐在一起聊天也行，如果离开一步，就算违纪。这就是管理吗？这样的管理能造就创新型教师、能培养出富有创新精神的学生吗？

哈佛商学院是世界上最著名的工商管理学院之一。一天，中国一批国有企业的高层主管来到这儿，接受为期三个月的培训。

在上《管理与企业未来》这门课时，根据哈佛最著名的案例教学法，他们拿到的是一份具有测试性质的案例：请根据下面三家公司的管理现状，判断它们的前途。公司A：八点钟上班，实行打卡制，迟到或早退一分钟扣五十元，统一着装，必须佩戴胸卡，每年有组织地搞一次旅游、两次聚会、三次联欢、四次体育比赛，每个员工每年要提4项合理化建议。公司B：九点钟上班，但不考勤。每人一个办公室，每个办公室可以根据个人的爱好进行布置，走廊的白墙上信手涂鸦不会有人制止；饮料和水果免费敞开供应；上班时间可以去理发、游泳。公司C：想什么时候来就什么时候来；没有专门的制服，爱穿什么就穿什么，把自家的狗和孩子带到办公室也可以；上班时间去度假也不扣工资。

教授发完答题卡后，让主管们根据各自的管理经验作出判断，结果96%的人认为第一家公司会有更好的前景。测试完毕，教授宣布了三家公司的真实身份。

公司A：广东金正电子有限公司。1997年成立，是一家集科研制造为一体的多元化高科技企业。2005年7月，因管理不善，申请破产，生存期9年。公司B：微软公司。1975年创立，现为全球最大的软件公司和美国最有价值的企业，股票市值2883亿美元。公司C：Google公司，1998年由斯坦福大学的两名学生创立，目前每股股价402美元，上市一年翻了3倍，超越全球媒体巨人时代华纳，直逼百年老牌可口可乐。

教授宣布结果之后，开始讲课。据回国后的主管们回忆说，那堂课什么也没听进去，因为心境被那个案例搅乱了。

这则案例启发我们：管理需要尊重人格，需要尊重人的个性特征。学校管理也是重要的管理活动，也要尊重教师，着力调动教师的积极性和创造性，为他们提供充分发展的空间，使他们能够发挥聪明才智，能够融于学校管理，乐于学校管理。否则，单靠强硬措施实施控制的学校管理，在一定程度上会束缚教师的积极性和创造性，这样，教师也就很难培养出具有创新精神的人才了。因此，什么是学校管理、谁是学校管理者、学校管理要研究什么、怎样研究学校管理等问题，是学校管理研究首先要解决的。

第一节 学校管理的内涵及主体

一、学校管理的内涵

管理是通过组织成员的努力使组织活动完成得更有效的过程。学校管理是指学校管理者为贯彻教育方针、实现培养目标、提高教育质量，对学校资源进行的计划、组织、指导、协调、控制、监督等一系列的有效活动过程。学校工作一直贯穿着两条主线：其一是学校教育活动（教育者根据一定的社会需要和受教育者的身心发展特点所实施的促进受教育者身心发展的社会实践活动），这种活动是直接作用于受教育者的，主要通过教师与学生的相互交往与共同发展的教学活动来完成。其二是学校管理活动，这种活动是直接或间接地作用于受教育者的，主要通过对学校教育活动的计划、组织、指导、协调、控制、监督等实践活动来完成。所以，学校管理活动与学校教育活动并非是全部重合的。学校培养目标的实现，一方面，要靠最直接的教育活动来完成；另一方面，要靠为教育活动的顺利开展创造条件的管理活动来完成。显然，学校管理活动是促进学校教育活动、实现学校工作目标的手段，二者紧密联系、不可分割。学校管理活动以多种形式、多种途径以及多方面内容反映在学校活动中，这样就形成了客观存在的各种学校管理现象，这些现象会给人们留下许多认识学校管理活动的痕迹，并会引发人们许多思考，唤起人们去寻觅蕴藏在学校管理现象之中更深层次的意义。

二、为什么要研究学校管理

首先，研究学校管理是为了发现和认识学校管理规律。研究学校管理离不开对学校管理现象的认识，而对学校管理现象的认识则有助于发现和认识学校管理的客观规律。我们认为，诸多的学校管理现象往往反映着引起和支配其发生发展的内在本质联系，它导致学校管理现象在一定条件下不断重复出现，有时会表现出一定的发展态势。学校管理现象所固有的恒常性、趋向性的特征，虽不以学校管理者的意志为转移，却可以激发学校管理者正确认识这些现象，并深入分析影响其发展变化的原因。学校管理者对原因的分析愈透彻，认识愈深刻，愈能客观地对待影响学校管理现象发展变化的内在本质联系，即愈能发现和遵循学校管理的客观规律。

其次，研究学校管理是为了依据学校管理规律指导学校管理行为。众多的学校管理行为总括起来可以分为三种情况：一是学校管理者不顾客观规律，以主观意志代替行为标准，这样的管理策略与行为必然是错误的，是会受到规律的惩罚的。二是学校管理者以经验代替对客观规律的自觉认识，当其依据经验作出的决策符合客观规律时，其行为是正确的。当影响经验存续的条件发生了变化，学校管理者仍按已有经验进行管理时，其管理行为就可能是违背客观规律的。以经验代替客观规律，有时会发生学校管理者不自觉地依据客观规律的管理行为。三是学校管理者自觉地、有意识地认识客观规律，依据客观规律管理学校，这是积极的、主动的管理行为，是值得肯定和提倡的。

最后，研究学校管理是为了探究学校管理的生长点。对学校管理规律的认识是受多方面条件制约的，人们并不能仅仅依据直接的、明了的学校管理现象就可以认识到制约学校管理现象的规律，即使认识到了也并不能保证自觉地依据规律进行管理。因此，必须对学校管理现象及其规律进行系统的研究，既研究显性的学校管理规律，也研究隐性的学校管理规律；既研究动态的学校管理规律，也研究静态的学校管理规律；既研究普遍的学校管理规律，也研究特殊的学校管理规律。通过研究，寻找到依据规律管理学校的生长点，使学校管理活动趋于科学化。

三、学校管理与教育管理的关系

教育管理是有权管理教育的部门为实现教育目的、执行党和国家的政策和法律、采取有效的手段和措施、提高教育质量与效益的活动过程。① 教育管理是一个范围十分广泛的社会实践活动领域，它不仅包括教育部门在其职责范围内对各级各类教育的管理，而且也包括非教育部门在其职责范围内对教育事业的管理。这种管理的主体是多重的，范围是广泛的、内容是丰富的、手段是多样的。对教育管理活动，如果以其管理主体的层次不同作为管理范围的划分标准，那么可以将教育管理划分为以国家行政部门为管理主体的、宏观上的教育管理与以学校为管理主体的、微观上的教育管理。这两个层次的管理构成了教育管理的总体范畴，宏观上的教育管理又称为教育行政，微观上的教育管理又称为学校管理。在我国教育制度中，

---

① 杨颖秀：《教育管理学》，第3~4页，长春，东北师范大学出版社，2002。

学校可因其施教对象的不同而划分为实施学前教育的学校、实施初等教育的学校、实施中等教育的学校以及实施高等教育的学校，又可因其施教内容的不同而划分为实施普通教育的学校、实施职业教育的学校以及对已经走上各种生产或工作岗位的从业人员实施教育的成人学校。学校管理与教育管理是从属关系，二者既有不同点，又有相同点。不同点在于：学校管理与教育管理的范围是不同的，学校管理是教育管理的一部分，其管理范围小于教育管理；相同点在于：学校管理与教育管理的目的都是要通过有效的管理活动促进人的发展，管理的要素都是人、财、物、时间、空间和信息。

四、学校管理主体

学校管理主体也称学校管理者，是指对学校相关事务有权管理的人。有人认为学校管理者即是学校领导者，只有学校领导者才有权管理学校。但随着管理理念的转变，这种观点逐渐受到置疑。现代学校管理理念认为，学校领导、教师、学生、家长均是学校管理者，共同承担着管理学校的责任。

学校领导是学校的管理者。学校各项日常事务的管理、学校的环境建设、学校章程与制度的制定、学校教育教学的运行等，学校领导者都要作出相应的决策。学校领导有不同的层次，有高层的校级领导，也有中层的处室领导。另外，各个部门的职能人员也是学校的管理者。为了区分领导者与职能人员工作职责与分工的不同，通常认为，领导者是作决策的，职能人员是执行决策的。因此，在管理上通常有领导与管理的区别，也有领导者要做正确的事，管理者要正确地做事的观点。

教师是学校的管理者。由教职工代表组成的教职工代表大会是监督校长行使权力的民主机构，教职工有参与管理学校的权利。《中共中央关于教育体制改革的决定》提出，要建立和健全以教师为主体的教职工代表大会制度，加强民主管理和民主监督。法律也赋予教师参与学校民主管理和民主监督的权利。《中华人民共和国教育法》第三十条第三款规定："学校及其他教育机构应当按照国家有关规定，通过以教师为主体的教职工代表大会等组织形式，保障教职工参与民主管理和监督。"教师对于学校的办学方向、教育改革及教学管理中的重大问题，对学校各级领导干部的奖惩、晋升、处分、免职等都有建议权，对学校领导干部的工作有监督评议权，这些都充分说明教师也是学校的管理者。

学生是学校的管理者。学校的社团组织、学生会等都是学生的自治组织，是作为学生自我管理的机构。他们不仅要参与组织各项活动，促进学生的身心发展，也要维护学生的权益，对于关系学生切身利益的学校事务，学生自治组织有权代表学生参与相关的管理，如学校食堂的改进、学校图书馆的图书引进等，通过书面申请、参与讨论等方式，学生也成为学校的管理者。

家长是学校的管理者。家长参与学校管理是学校实施民主管理的具体体现。家长作为学生的监护人有权了解学生在学校的各项表现及学校为学生创设的学习环境。同时，家长参与学校管理能够改变学校管理的封闭状态，使学校了解更多的外部信息，对提高学校的管理效率及提升学校的管理质量大有裨益。家长参与学校管理有多种渠道，成立家长委员会、召开家长会等，是学校积极聘请家长参与学校管理普遍采用的形式。武汉一些学校聘请"家长参政"的做法对此作出了解释。

"家长参政"为武汉校园添活力[①]

"学校要换午餐供应商了，大家有什么具体情况想了解？"这是湖北省武汉市崇仁路小学的一名学生家长日前在网上发的一个帖子，他的另一身份是学校家长委员会成员。

家长们的网上留帖并非只是提问，更重要的是为了解决问题。很快，学校更换了午餐供应商，甄选的不是校长办公室工作人员，而是家长委员会。

类似的故事在武汉有很多。武汉十三中解决学校经费困难的问题、黄浦路小学要不要继续办课后托管班的问题、武汉一中的校外停车问题、粮道街中学的代办教辅图书问题等，都是通过家长委员会得到妥善解决的。

家长委员会参与学校管理，不仅拉近了家长和学校的关系，而且也给校园管理增加了透明度，给校园带来了活力。

第二节 学校管理研究的载体、内容及方法

一、学校管理研究的载体

（一）学校管理研究的文本载体

对学校管理现象及其规律的研究逐渐形成了学校管理研究的学科体系，

[①] 程墨、曾颖枫：《"家长参政"为武汉校园添活力》，载《中国教育报》，第2版，2007-11-17。

即形成了学校管理学,简言之,学校管理学是研究学校管理现象及其规律的科学。

随着社会的变革及管理理论的发展,学校管理活动越来越多地受到人们的关注,对学校管理活动的研究不断深入,以文本为载体研究学校管理活动已经成为一种普遍的现象。20世纪以后,逐渐出现了专门研究学校管理活动的著作。在国外,历史上比较有代表性的著作有:1908年美国的达顿(Dutton)和斯奈登(Snedden)合著的《美国公共教育管理》,1916年卡巴利(E. F. Cubberly)著的《公立学校的行政》,1943年库普曼(R. G. Koopman)等著的《在学校行政上的民主主义》,1946年矛特(P. R. Mort)著的《学校行政原理》等。值得一提的是,《美国公共教育管理》在写满31章的内容中,饱含了当时条件下教育管理实践从宏观到微观的全过程。它从美国学校管理介绍入手,具体对促进优质教育的因素、联邦政府与教育、州政府与教育及管理、地方政府与教育管理、教育管理中的问题、城市学校制度及管理、公共教育财政、校舍、教科书及其提供、教学与督学、教职工、教师服务与改进、幼儿园和小学督导、小学课程学习、等级与升级、中学管理、师范学校管理、职业教育管理、体育管理、改正教育管理、问题儿童教育管理、夜校和继续教育学校管理、义务教育和童工法、学校纪律与政府、教育统计:财政、教育统计:学校记录和报告、公共教育的未知领域、学校与社会等方面,均做了详尽的论述。

1897年,我国成立专门的师范院校,并开设了教育管理方面的课程。20世纪30~40年代,出版了一批研究教育管理的著作,包括对学校管理的研究。例如,张季信编著的《中国教育行政大纲》(1931年)、杜佐周著的《教育行政与学校行政原理》(1931年)、夏承枫著的《现代教育行政》(1932年)、罗廷光著的《教育行政》(1942年)、俞子夷著的《小学行政》等。这些著作的出版证明我国历史上对学校管理研究的重视和成绩。

1949年~20世纪70年代,我国学校管理研究受苏联教育学体系和政治经济制度等因素的影响,出现低谷。20世纪80~90年代,我国又有一批专门研究学校管理活动的著作问世。例如,北京教育行政学院学校管理教研室主编的《学校管理》(教育科学出版社,1981年版)、齐亮祖主编的《普通学校管理学》(辽宁教育出版社,1985年版)、萧宗六著的《学校管理学》(人民教育出版社,1988年第1版,1994年第2版,以后进行了修订)、张济正主编的《学校管理学导论》(华东师范大学出版社,1990年版)、孙灿成主编的《学校管理学概论》(人民教育出版社,1993年版)、黄兆龙编著的《现代学校管理学新论》(中国经济出版社,1994年版)、闫德明主编的

《现代学校管理学》（人民教育出版社，1999 年版）等。2000 年以后，对学校管理活动的研究继续前行，不仅国外有很多相关著作被译成中文，而且国内也有研究学校管理方面的著作问世。例如，杨颖秀主编的《学校管理学》（人民教育出版社，2004 年版）、杨天平著的《学校常规管理学》（人民出版社，2004 年版）等。

在专门研究学校管理活动的著作相继问世的同时，还有一批与学校管理研究相关的研究宏观教育管理问题的著作相继问世。例如，陈孝彬主编的《教育管理学》（人民教育出版社，1990 年第 1 版、1999 年修订版）、陈孝彬，高洪源主编的《教育管理学》（北京师范大学出版社，2008 年第 3 版，此版是 1990 年第 1 版、1999 年修订版的新版）、张济正等主编的《教育行政学通论》（华东师范大学出版社，1992 年版）、安文铸著的《现代教育管理学引论》（北京师范大学出版社，1995 年版）、萧宗六，贺乐凡主编的《中国教育行政学》（人民教育出版社，1996 年第 1 版、2004 年第 2 版）、刘文修编著的《教育管理学》（河北教育出版社，1996 年版）、萧宗六著的《教育管理研究》（华中师范大学出版社，2000 年版）、吴志宏著的《教育行政学》（人民教育出版社，2000 年版）、杨颖秀著的《教育管理学》（东北师范大学出版社，2002 年版）、孙绵涛著的《教育管理学》（人民教育出版社，2006 年版）、孙绵涛主编的《教育行政学》（高等教育出版社，2006 年版）、吴志宏主编的《教育管理学》（华东师范大学出版社，2001 年版）、吴志宏等主编的《新编教育管理学》（华东师范大学出版社，2000 年第 1 版、2008 年第 2 版）、吴志宏主编的《教育管理学》（人民教育出版社，2006 年版）、张新平著的《教育管理学导论》（上海教育出版社，2006 年版）、黄崴著的《教育管理学》（广东高等教育出版社，2002 年版）、黄崴主编的《教育管理学》（中国人民大学出版社，2009 年版）、司晓宏著的《教育管理学论纲》（高等教育出版社，2009 年版）等。

除专门研究学校管理方面的著作外，还有学校管理或教育管理方面的杂志、书刊或专栏等，为众家撰写学校管理研究的论文提供了素材。例如，国内的《中小学管理》《教学与管理》《教育理论与实践》《中国教育管理评论》，国外的 *Educational Administration Quarterly*、*Educational Leadership*、*Educational Management Administration & Leadership*、*School Effectiveness and School Improvement* 等，都是集中研究学校管理或教育管理问题的重要载体。国内外诸多学者在此对学校管理过程中的相关问题提出了自己的见解，以唤起人们的思考。

(二) 学校管理研究的网络载体

21世纪，人类正以惊人的速度走出工业文明，步入信息时代。网络的发展是信息时代的鲜明标志，它对世界政治、经济、文化生活等各方面已经或即将产生更加深刻的影响。当然，对学校管理研究的影响也在其中，以网络为载体研究学校管理活动的行为越来越普遍。学校管理者逐渐认识到信息技术对学校管理的重要作用。许多学校要求教师必须掌握一定的计算机操作技能，能够充分运用网络资源搜集教学素材，运用多媒体为学生展示更多的学习信息，改变以往一成不变的"灌输式"教学。信息技术的普及不仅改变了课程的内容、改变了学生的学习模式、改变了教师的教学模式、改变了学校的教学和学习环境，而且改变了学校管理的研究方式和路径。

第一，网络是收发信息的重要渠道。网络的便捷可以使学校获取更多的资源，许多学校都建立了自己的校园网站，它既可以作为宣传学校的一种途径，也可以为更多的人了解学校带来便利。

第二，网络是远程交流的重要方式。网络建立了一个联系世界各地的虚拟空间，通过信箱、论坛、个人网页等远程交流方式，来自世界各地的学校管理研究的学者都可以对学校管理问题提出自己的见解，和他人进行交流，互通有无，引进先进的学校管理理念，这些都为学校管理研究提供了更大的空间。

第三，网络是获取知识的重要手段。通过电子期刊和电子图书的形式，学校管理的研究者可以查阅到权威的期刊或书籍，为深入了解问题拓展了空间、节约了时间。

(三) 学校管理研究的组织载体

政府机构，主要是教育行政部门，对学校进行宏观上的管理，促进学校不断发展是其主要的工作职责。因此，为了提高工作效率和工作质量，教育行政部门开始研究学校管理的相关问题，并制定各项方针政策，以进一步完善学校管理。

学校作为学校管理的直接受益者，正在通过定期召开部门会议、组织教师研讨、开展课题研究等多种形式，研究学校管理中的实际问题，促进学校的发展。因此，学校也是学校管理研究的组织者。

各种社团组织是学校管理研究的重要载体。1981年4月，在福州召开全国教育学研究会第二届年会，会上成立了全国学校管理研究会筹备组，1983年10月，中国教育学会学校管理研究会在西安陕西教育学院举行成立大会暨首届学术年会，1985 年 7 月，在贵州省贵阳市举行第二届学术年会，[①] 1987 年改为中国教育学会教育管理研究会，现称中国教育学会教育管理分会。中国教育学会教育管理分会下设教育管理学术委员会（原称教育管理专业委员会）等学术组织，并定期召开学术会议（2004 年 8 月教育管理学术委员会在东北师范大学召开第七届学术年会）。教育管理研究组织的成立促进了学校管理研究的深入发展。

二、学校管理研究的内容

学校管理研究的内容是广泛的，从学校管理理念到学校领导体制，从学校管理过程到学校文化建设，从人的管理到物的管理，从教学管理到安全管理等，都是学校管理研究的内容。

（一）学校管理理念

学校管理理念是指校长对客观存在经过思维活动而产生的管理学校的意识或信念。好校长与好学校的关系密不可分，而好校长的首要素质则是要有科学的管理理念。但校长的办学理念不是先天就有的，而是在后天的学校管理活动中逐渐形成的，并且不同校长的办学理念是有差异的。因此，学校领导者应当具备什么样的管理理念，其形成条件是什么，变革轨迹如何等都是值得研究的。

（二）学校管理文化

学校管理文化是在学校管理过程中凝聚的学校成员共同的价值观体系，是学校精神财富与物质财富的总和。学校管理文化可以使学校独具特色，区别于其他学校。学校管理文化可以通过学校领导的作风、教师的教风、学生的学风被组织成员体验和描述，也可以通过制度文化得以链接，还可以通过各种有形的、无形的学校环境表现出来。营建学校文化是学生发展的需要，它要求从理念引领、情感投入、制度设计、设施提供等多方面着手。

（三）学校领导体制

学校领导体制是指学校的组织制度，也称内部管理体制。学校要通过学校章程及制度设计、学校组织机构的设置及权限划分等方面的内容理顺各方面的关系，充分发挥各自的职能作用，调动学校成员的积极性，否则领导体制将会成为学校管理工作的桎梏。历史上，学校领导体制的变化出

---

① 萧宗六：《学校管理学（增订本）》，第 7 页，北京，人民教育出版社，1994。

现过曲折，影响了学校管理工作的顺利开展，其根本原因在于未能认清学校领导体制要解决的实质性问题，混淆了学校管理工作中的权责关系，以致造成了一些混乱。这种状况在教育体制改革过程中正在得到纠正，但仍有许多问题需要进一步研究。

（四）学校管理过程

学校管理过程是学校管理活动的时间流程，它要反映学校管理活动的进行状态，反映学校管理目标实现的程度。学校管理过程是有规律、周期性地运动和发展的，研究学校管理过程，可以使学校管理者掌握学校管理过程的发展变化规律，更好地控制或促进学校管理工作的有序进行，提高学校管理工作的效能。

（五）学校管理资源

学校管理主要是对学校资源的有机组合与合理配置，人、财、物、时间、空间、信息是学校管理的要素，也是学校管理的资源，其中人力资源是学校管理中最宝贵、最核心、最重要的资源，其他任何资源的管理都是为人力资源管理创造条件的。从这一意义上讲，学校管理不是要对各种资源管住、管死，而是要放开、激活。学校中的人力资源主要包括学生、家长、教职工、领导者，对这几个方面有效管理的最终目的在于促进学生的全面发展。因而，学校中财力、物力、时间、空间、信息等资源的开发与利用都要紧紧围绕实现人的全面发展的奋斗目标。学校资源管理具体体现在校长管理、教师管理、学生管理、教学管理、教育研究管理、安全管理等管理活动之中。

三、学校管理研究的方法

学校管理研究的方法是促使学校管理不断发展的基本手段。研究方法得当，可以及时发现和准确认识学校管理活动的内在规律，并以此指导学校管理实践。要确定学校管理的研究方法，就要明确选择研究方法的指导思想和客观标准，切合实际，通过采用恰当的方法使研究能够发现问题、解决问题，促进学校管理的深入发展。学校管理研究的方法主要有：

（一）调查研究法

调查研究法是指通过谈话、问卷、开调查会、深入实际等方式获得第一手口头的或书面的感性材料，进而对这些材料进行加工、整理和分析，获得某些规律性、结论性知识的方法。学校管理是一种灵活性很强的实践活动，对于管理者策略的分析、行为有效性的判断等，都需要通过多方面的考察，特别是要通过直观信息的搜集与了解。调查研究法具有这方面的优势，有利于比较准确地了解学校管理实践。

（二）文献研究法

文献研究法是指通过查阅文献资料，发现问题、总结规律的方法。历史尽管不能重演，但国内外学校管理活动的历史演进过程可以通过文字记载等形式反映出来，特别是学校管理方面的法律法规、重要的思想理念，对研究今天的学校管理会起到重要的借鉴作用。

（三）比较研究法

比较研究法是指根据一定的标准，对某类现象在不同情况下的不同表现进行对比研究，辨别其异同之处，从而得出科学结论的方法。运用这种方法可以进行方位比较、类别比较、性质比较等，通过比较找出不同区域、不同时间内学校管理问题的共性与个性，取长补短、相互借鉴，扬长避短、发挥优势，进而促进学校管理研究。

（四）实验研究法

实验研究法是指通过人为地控制某些因素，以揭示某些变量之间的相互关系的方法。使用实验研究法可以选择一所或多所学校作为实验对象，根据实验结果反思实验设计的真伪，确定实验是否具有推广价值，以避免付出过多的代价。学校管理研究多采用自然实验法，因为影响学校管理活动的因素较多，对其进行控制有时也很困难。

（五）案例研究法

案例研究法是指通过调查研究和资料搜集等途径，对于已经发生的、典型的事件，撰写成描述性的文字材料，然后用公正的态度对其评析或得出解决问题途径的方法。这种方法特别适用于社会科学的研究，因为它可以通过借喻的手段拓宽研究者的思路，使研究更加生动具体。学校管理研究需要对实践中发生的典型案例进行总结，借鉴其中的经验与教训，避免不利情况的再次发生。

（六）人种志研究法

人种志研究法是指研究者通过参加一定的情境活动，对活动中的原始事件进行记录，分析记录结果，从而得出结论的方法。这种方法的主要特点在于研究者要亲临现场进行观察，这不仅可以使研究者得到与非现场观察更多的资料，而且可以从中获得对活动集体的直接体验。这种结果有利于研究者综合分析资料信息，增进研究的真实性，但有时也会受到研究者个人情感、态度及认识等方面的限制。运用这种方法研究学校管理现象，可以发现更多的真实情况、研究真问题。

上述几种研究方法并不是孤立的，有时需要将几种方法结合起来应用，有时需要针对不同的情况选择不同的研究方法。

本章小结

在学校工作中一直贯穿着两条活动主线：其一是学校教育活动；其二是学校管理活动。学校管理是指学校管理者为贯彻教育方针、实现培养目标、提高教育质量，对学校资源进行的计划、组织、指导、协调、控制、监督等一系列有效活动的过程。学校管理活动与学校教育活动并非是全部重合的。学校管理不仅在实践中是一门科学，而且在理论研究领域也形成了学科体系，即形成了学校管理学，学校管理学是指研究学校管理现象及其规律的科学。

对学校管理规律的认识是受多方面条件制约的，人们并不能仅仅依据直接的、明了的学校管理现象就可以认识到制约学校管理现象的规律。因此，必须对学校管理现象及其规律进行系统研究。通过研究，寻找到依据规律管理学校的生长点，使学校管理活动趋于科学化。

学校管理与教育管理是从属关系，二者既有不同点，又有相同点。不同点在于：学校管理与教育管理的范围是不同的，学校管理是教育管理的一部分，其管理范围小于教育管理；相同点在于：学校管理与教育管理的目的都是要通过有效的管理活动促进人的发展，管理的要素同时也是资源，都是人、财、物、时间、空间、信息。

学校管理主体也称学校管理者，是指对学校相关事务有权管理的人。有人认为学校管理者即是学校领导者，只有学校领导者才有权管理学校。但随着管理理念的转变，这种观点逐渐受到置疑。现代学校管理理念认为，学校领导、教师、学生、家长均是学校管理者，共同承担着管理学校的责任。

学校管理研究有很多载体，包括文本载体、网络载体、组织载体等，多种载体共同促进了学校管理研究的深入发展。学校管理研究的内容是广泛的，诸如学校管理理念、学校管理文化、学校管理过程、学校领导体制、学校各要素的管理等。学校管理研究的方法很多，主要有调查研究法、文献研究法、比较研究法、案例研究法、人种志研究法等。

思考与练习

1. 什么是学校管理？什么是学校管理学？
2. 请结合实际谈谈为什么要研究学校管理。
3. 试分析学校管理与教育管理的关系。
4. 请结合实际谈谈谁是学校管理者？
5. 简述学校管理研究的载体、内容和主要方法。

案例分析

新任校长的困惑[①]

贾校长根据局里安排，调到问题较多的第三中学来当校长。局里对他能迅速改变这所学校的落后面貌寄予厚望。

贾校长到任不久，就发现原有校纪校规中确有不少不尽合理之处，需要改革。但他觉得先要找到一个能引起震动的突破口，并能改得公平合理，令人信服。

他终于选中了一条。原来学校里规定，本学校干部和教师，凡上班迟到者一律扣当月奖金1元。

他觉得这条规定貌似公平，其实不然。因为干部们发现自己可能来不及了，便先去局里或商店兜一圈再来学校，有些堂而皇之的因公晚来借口免于受罚，教师则无借口可依。学校200来人，近半数是女教师，孩子妈妈，家务事多，早上还要送孩子上学或入园。本学校未建家属宿舍，教师散住全市各地，远的途中要换乘一两趟车。碰上塞车、停渡，尤其是雨、雪、大雾天，尽管提前很早出门，仍难免迟到。

有的干部提醒他，莫轻举妄动，此禁一开，纪律松弛，不可收拾；又说别的学校还设有考勤钟，迟到一次扣10元，而且是累进式罚款，第二次罚20元，第三次罚30元。我学校才扣1元算个啥？

但贾校长斟酌再三，这条一定得改，因为1元钱虽少，教师觉得不公、不服，气不顺，就影响到工作积极性。于是在3月末召开的学校职工会上，他正式宣布，从4月1日起，教师迟到不再扣奖金，并说明了理由。这项政策的确引起了全学校的轰动，教师们报以热烈的掌声。

---

① 《新任校长的困惑》，引自陶树坤博客，http://blog.cersp.com/userlog1/53777/archives/2006/173299.shtml，2006-11-29。

不过贾校长又补充道:"迟到不扣奖金,是因为常有客观原因。但早退则不可原谅,因为责在自己,理应重罚;所以凡未到点而提前去吃饭或者回家者,要扣奖金",贾校长觉得这条补充规定跟前面取消原规定同样公平合理,但教师们却反应冷淡。

新校规颁布不久,发现有4名教师提前10分钟至30分钟不等去吃饭或者回家。办公室请示怎么办,贾校长断然说道:"照学校规定扣她们奖金,这才能令行禁止嘛。"于是处分的告示贴了出来。

次日中午,贾校长偶过学校门口,遇上了受罚教师之一的小郭,问她道:"罚了你,服气不?"小郭不理而疾走,老贾追上几步,又问。小郭扭头道:"有什么服不服?还不是你校长说了算!"

贾校长默然。当天下午,贾校长让工会主席老梁与被扣奖金的四个教师谈话。原来这四个教师中,有一个教师因为自己的孩子在幼儿园尿湿了裤子,提前去了幼儿园;另外有一个教师因为肚子不舒服去了医院;还有一个教师因为爱人过生日去了一下花店;最后一位教师什么也没有说,认为罚就罚了吧,认了!

案例思考题

1. 谈谈您对贾校长行为的看法。
2. 结合此案例谈谈什么样的学校管理会起到更好的作用。

阅读链接

1. 杨颖秀:《教育管理学的发展轨迹、价值取向及其对研究者素质的挑战》,载《教学与管理》,2005(8)。

2. 王世忠:《学校管理学学科基本问题研究》,载《湖北教育学院学报》,2006(9)。

第二章　学校管理的理论基础

内容提要

学校管理需要理论的指导，不同时期的管理理论都曾经对学校管理产生过这样或那样的影响。因此，了解科学管理理论、行为科学理论、社会系统理论、权变理论、学习型组织理论等比较典型的管理理论及其对学校管理的影响作用，对学校管理研究是非常必要的。

学习目标

1. 掌握影响学校管理的重要理论。
2. 了解学校管理的基本理论对学校管理的影响。

学校管理需要经验的积累，更需要理论的指导。当学校管理者有意识地应用一定的理论指导学校管理行为的时候，他就是在检验这种理论的可信性；当学校管理者实施一定的学校管理行为却不知道在依据什么理论的时候，他就是在创造着一种理论。学校管理实践与管理理论是不可分割的统一体。一直以来，科学管理理论、行为科学理论、社会系统理论、权变理论、学习型组织理论等，对学校管理均产生过较大的影响。请看案例：

"抢课"[①]

眼看期末考试迫在眉睫，很多老师开始紧张地赶课和补课。然而上课时间表的安排是固定的，每个教师的任课节数也是固定的。但为了能使学生在自己所教科目中考出一个优异的成绩，于是就发生了下面的"抢课"风波。

那天下午，二班的第一节是体育课。

预备铃刚刚打响，语文老师就拿着课本面带微笑地"冲"进二班教室。

---

① 李正强：《"抢课"》，载《中国教师报》，第D02版，2010-02-26。

一片嘈杂声戛然停止，紧接着便听到语文老师说："赶紧把课本拿出来翻到第177页，今天我们来复习生字……"又有一阵拿书、翻书的嘈杂声。语文老师皱了皱眉头，但声音里却藏不住喜悦，因为她今天上午和英语老师商量之后，终于夺得了上前半节体育课的机会。

"好了，就讲到这里，课下大家把今天所复习的生字再写三遍。"语文老师尽情地上了半节课，却还恋恋不舍地看了一眼教室的时钟。此时，数学老师已站在教室门口准备"杀"进来，令刚走出教室的语文老师大惑不解。

这次是数学老师记错了时间，刚想登讲台，就听见外面喊"英语听写纸没交的赶快交……"英语老师的声音穿透力非常强，人还没到，声音就到了，"我来上我的半节课了，20分钟"。

数学老师不得不将刚跨上讲台的一只脚收了回来说："不是说后半节课是我的吗？""但这后半节肯定是我的课。"英语老师态度十分坚决。数学老师只能微笑地退出"战场"说："既然如此，那我就明天再讲吧！"

"抢课"成功，英语老师露出了微笑，美美地讲了半节课。

……

下课了，数学课代表跑去问数学老师还要不要去讲评。他摇了摇头，说："今天时间太晚了，要不明天？"可没等课代表走回教室，又被他喊住了："等等！要不我再去点拨一下……"

这可乐坏了那些教技能科目的老师，他们图个清闲呀！可奇怪的是，争着上课的教师，他们似乎也感觉不到累。

可是学生们，却都跑进了厕所里……

语文、数学、外语教师抢课，津津乐道，不觉疲劳，而学生却都躲进了厕所里。为什么教师如此感兴趣的事学生却回避？为什么面对"抢课"教师的行为技能课教师又暗自欢喜？看来不同科目教师的教学态度是存在差异的，教师教学和学生学习的感受也是不一致的。那么，如何才能全方位地调动教师和学生的积极性，的确需要学校管理者认真地思考。

第一节　科学管理理论及其对学校管理的影响

19世纪末，资本主义经济的发展、科学技术的进步，一方面推动了生产力的发展；另一方面又加剧了生产社会化与私有制的产生。资本主义世界出现了劳动生产率的下降和经济危机的爆发，在此社会背景下，资本主义国家的工程技术人员和管理人员都在关注如何提高劳动生产率，由此泰勒（Frederick Winslow Taylor）提出了科学管理理论。这是最早的主张管理行为系统化、科学化的理论，以此发展起来的关注提高劳动生产率，实行科学管理的理论又被称为古典管理理论。泰勒、法约尔（Henri Fayol）、韦伯（Max Weber）等是科学管理理论的主要代表人物。

一、泰勒的科学管理理论

美国的泰勒通过"时间动作分析试验""铁锹试验""金属切削试验"等，提出了"劳动定额""工时定额""工作流程图""计件工资制"等科学管理制度，奠定了科学管理理论的基础。泰勒在《科学管理原理》一书中提出了科学管理理论的主要观点：

1. 财富最大化只能是生产率最大化的结果。管理的主要目标应该是使雇主的财富最大化，同时也使每一位雇员的财富最大化。①

2. 在科学管理制度下，管理者要负责把工人已有的传统知识汇集起来，加以分类、制表，并编制成规章制度和操作规程，以有助于工人的日常工作。

3. 提出工人操作的每一动作的科学方法，以代替过去单凭经验做事的方法。

4. 科学地挑选工人，并进行培训和教育，使之成长成才，而不是像过去那样由工人选择各自的工作，并各尽其能地进行自我培训。

5. 与工人密切配合，以确保所有工作都能按照所制定的科学原则行事。

6. 管理者与工人的工作和职责几乎是均分的。管理者应该承担起那些自身比工人更胜任的工作，而在过去，管理者把几乎所有的工作和大部分职责都推给了工人。②

二、法约尔的一般管理理论

法国的法约尔（Henri Fayol）在《工业管理和一般管理》一书中提出了一般管理理论。法约尔认为，经营和管理是两个不同的概念。"经营"是指导或引导一个组织趋向一个目标，它包括技术活动、商业活动、财务活动、安全活动、会计活动、管理活动，"管理"是这六种活动中的一种，它

---

① [美]弗雷德里克·泰勒：《科学管理原理》，第2~3页，马风才译，北京，机械工业出版社，2009。

② 同上书，第27页。

由计划、组织、指挥、协调、控制等五种要素构成。法约尔认为，管理应当预见未来，预见性即使不是管理的全部，至少也是其中一个基本的部分。预测，既表示对未来的估计，也表示为未来做准备。因此，预测本身已经开始行动了。

计划工作表现在许多场合，并有不同的方法。它的主要表现、明显标志的最有效的工具就是行动计划。行动计划，既指出了所要达到的结果，又指出了所要遵循的行动路线、通过的阶段和使用的手段。

组织包括有关组织结构、活动和相互关系的规章制度以及职工的招募、评价和训练。法约尔认为，一个组织的效率取决于其成员的素质和创造性，所以应特别强调对职工的选择、评价和训练，职工的地位越高，则对职工的选择越应花费较多的时间。

指挥是使社会组织建立后发挥作用所作的努力。指挥要分配给领导者，每个领导者都承担他自己那个单位的任务和职责。指挥的目的是使本单位中所有的职工能作出较大的贡献。

协调是指组织的一切工作都要和谐地配合，以便组织的经营能顺利地进行，并有利于组织取得成功，因此，协调地组织每个部门的工作都与其他部门协调一致，协调地组织各个部门清楚自己所承担的任务和部门之间的相互关系，协调地组织各部门的计划经常随情况的变化而调整。

控制是检验每一件事情是否同所拟订的计划、发出的指示和确定的原因相符，其目的是发现、改正和防止重犯错误。[1]

三、韦伯的科层制理论

德国的马克斯·韦伯（Max Weber）在《社会和经济组织的理论》一书中提出"科层制"理论，论述了一种完全按照理性建立起来的理想化、高效率的组织模式，其中对组织任务、分工和层级的认识是"科层制"理论的核心。韦伯认为在理想的行政组织体系中，为了实现其目标所需要的全部活动都被划分为各种基本的作业，作为任务分配给组织中的各个成员。经过这样最大限度的分工，在组织的每一个环节上，都可以由拥有必要职权的专家来完成其任务。组织中人员之间的关系是一种不受个人情感影响的关系，完全以理性准则为指导。组织成员所必须遵守的规则和纪律，也是不受个人情感影响而在任何情况下都适用的。组织要明确规定每一成员的职权范围和协作形式，以使各个成员正确行使职权，减少摩擦的冲突。

---

[1] 孙耀君：《西方管理思想史》，第 155～167 页，太原，山西经济出版社，1987。

理想的行政组织体系的结构分为三个层次，最高领导层相当于高级管理层，行政官员层相当于中级管理层，一般工作人员相当于基层管理层。①

科学管理理论的代表人物不仅强调了上述理论，而且归纳了提高管理效率的基本原则。（1）统一指挥原则。这一原则是指组织中没有一个人应该接受来自多方面的命令，组织中的上级与下属要明确自己的权责范围，形成纵向的沟通渠道，以避免无人负责的现象。②（2）授权原则（例外原则）。这一原则是指当一个决定需要经常重新提出时，这个决定就应作为一个常规规定下来，尽可能地授权下属组织去完成，这样就会使那些处于高层位领导职务的人从烦琐的日常事务中解脱出来，而只去处理与已定规则背离程度相当大的例外事情。英国管理学者林德尔·厄威克（Lyndall F. Urwick）在《管理的要素》一书中指出，缺乏恰当授权的勇气和如何进行授权的知识，是组织失败最常见的原因之一。因此，厄威克提倡高级主管人员要尽可能地授权下属，要依据泰勒提出的"例外原则"，即领导者只从事与已定标准背离程度相当大的例外事项。（3）责权相符原则。这一原则是指只把责任加在某些管理人员的身上是不够的，还必须授予他履行这些责任的权力，同时，被授予权力的人，必须对下级的所有工作承担个人责任，在各级管理人员中，责和权都必须相称和明确。（4）控制幅度原则。这一原则是指一个主管人员直属的下级人员的数量应有一定的限度，这涉及组织的层次与管理者的注意范围。厄威克在《管理的要素》中指出，每一个上级领导人员所管辖的相互之间有工作联系的下级人员应不超过五人或六人。这同心理学中所谓"注意幅度"类似。如果下级人员的人数以算术级数增加，则需要由上级加以注意的他们相互关系的排列和组合以几何级数增加。但美国管理学家卢瑟·古利克（Luther Gulick）则采取了比较灵活的态度，他没有对直属的下级人数做硬性规定，而是更强调上级人员的个人特质，他同直属下级在地理上的接近程度，他的直属下级执行任务的性质、组织的稳定程度等影响组织幅度的因素。③ 控制幅度原则认为，影响组织幅度大小的主要因素有：①管理者和下属双方的能力。双方能力较强，则可增大幅度，减少层次。②管理工作的性质。管理的问题复杂，方向性强，则管理人数不宜过多，即幅度较小。③管理的标准化程度和工作的相似程度。管理标准稳定，工作相似程度高，需要协调的量则相对较小，

---

① 孙耀君：《西方管理思想史》，第182～183页，太原，山西经济出版社，1987。
② 同上书，第229页。
③ 同上书，第231页。

幅度则可增大，层次减少。④授权程度。适当的授权可以减少管理者的监督时间和精力，使管辖的人数增加。⑤管理者可自由支配时间的多少。自由支配的时间多，所管辖的人数可以增多，即幅度大。法国管理学者格兰库纳斯（V. A. Graicunas）在 1933 年发表的一篇论文中，分析上下级关系有三种类型：①直接单一关系；②直接多数关系；③交叉关系，并根据管理复杂性随下属人数的增加而成等比增加的情况，格兰库纳斯提出了一个确定管理幅度的数学公式：$n(2^{n-1}+n-1)$，其中 n 为下级的人数。显然，根据这一公式，如果下级人数以算术级数增加，那么可能存在的关系数则以几何级数增加。①

科学管理理论从不同的角度探讨了提高劳动生产率的问题，对实行科学管理起到了重要的作用。但是，由于科学管理理论把人看做是"经济人"，认为人的一切活动都出于个人的经济利益动机，忽视人际交往和感情、态度等其他因素对人及其生产效率的影响，因此科学管理理论必然受到谴责。

虽然科学管理理论存在一些缺陷，受到了诸多批评，但是它对管理的推动作用是不容忽视的，包括对学校管理的促进作用。受科学管理理论的影响，学校管理也提出了重视效率的问题，许多学校领导者开始研究课程和升级制度的标准化问题，学校管理、教师教学和学生学习的评估与评价的标准化问题，学校管理原则的科学化问题，学校组织制度的系统化和法制化问题等。这些研究并非是完全无意义的。但受科学管理理论的影响，学校管理也出现了过度重视效率的问题，如过于强调用制度管理的方式来处理学校事务，关心学生智能的利用而忽视学生智能的开发，甚至有人视学校为将原材料制成各种产品以满足各种生活需要的工厂等片面追求效率的做法，必然有失偏颇。

第二节 行为科学理论及其对学校管理的影响

留住人才有利于学校的可持续发展，而如何留住人才，不同的校长会遵循不同的理念，采用不同的策略。请看案例：

忍痛割爱②

临近期末时，一位青年教师来找学校领导，递交了一份调动申请。她

---

① 李冀：《教育管理词典》，第 69 页，海口，海南人民出版社，1989。
② 孙占林：《留住人才靠什么》，载《上海教育》，2005（10）。

辞职的根本理由是：学校的生源质量使她为难，她需要较快地发展，照这样的学生状况，即便要进一步发展也会很有限，而更好的学校已经同意接纳她去工作，待遇要高过这所学校。面对这样的请调理由，校长陷入两难之中。从学校发展来说，需要这样有潜力的青年教师。但从她个人的角度看，学生状况的不同、待遇的提高和学校声誉等诸方面的因素，对这些有发展潜力的青年教师确实很有吸引力，按照当今的人才观念，校长对这样的理由真说不出有什么不对。经过再三挽留无效后，只有"忍痛割爱"了。

案例中的校长和教师共同面临着学校发展与个人发展的矛盾，而教师选择了离开学校追求个人发展，校长也从尊重个人发展的角度最终同意了教师的决定。其实，如果校长工作做得好，学校发展与个人发展是可以统一的。如果教师能转变观念，那么生源质量不够好是教师发展的契机。同时，如果校长重视对教师物质和精神的双重激励，则有利于留住人才。行为科学理论则为学校留住人才提供了指导。

一、人际关系理论及其对学校管理的影响

1935～1950年，学校管理主要受人际关系理论的影响。由于科学管理理论把人视为"经济人"，忽视人的心理、社会需要，因此受到置疑。20世纪20～30年代，以研究人的社会属性为主要特征的人际关系理论开始形成，并对学校管理产生影响。人际关系理论以霍桑（Haw Thorne）试验为基础，由梅奥（George Mayo）等人提出。霍桑试验是1924～1932年，美国哈佛大学教授梅奥等一批学者在芝加哥西方电器公司所属的霍桑工厂进行的一系列试验的总称，包括在西方电器公司的霍桑工厂所进行的照明试验、电话继电器装配试验、访谈计划试验、电话线圈装配试验等。（1）照明试验。1924年11月～1927年4月，霍桑工厂内的研究者在本厂的继电器车间开展了厂房照明条件与生产效率关系的试验研究。研究者预先设想，在一定范围内，生产效率会随照明强度的增加而增加，但试验结果却表明，无论是增加还是减少照明强度，都可以提高效率（有两个女工甚至在照明降低到与月光差不多时仍能维持生产的高效率）。这一试验结果被心理学家梅奥得知，他从新的角度解释了这一现象，经分析认为，让工人们在特定的条件下进行试验，使工人们感到这是管理当局对他们的重视。同时，由于试验中管理人员与工人之间以及工人与工人之间有着融洽的关系，促使两组产量都有提高。梅奥由此认为，人际关系是比照明条件更重要的影响劳动产量的因素，并提出了"社会人"的概念。（2）电话继电器装配试验（福利

试验)。梅奥等人为验证"社会人"的想法,1927年4月～1932年间进行了电话继电器装配试验,也称福利试验。梅奥的试验选出6名女工在单独的房间里从事继电器装配工作,通过改变或控制一系列福利条件重复照明试验,如缩短工作时间、延长休息时间、免费供应茶点等,两个月后取消了各种福利措施。试验设想,福利措施会刺激工人的生产积极性,如果撤销福利措施产量则会下降。结果发现,在不同福利条件下,工人始终保持高产量。试验证明了梅奥的想法,人际关系是比福利措施更能调动人的积极性、提高产量的重要因素。(3)访谈计划试验。1928年9月～1930年5月,梅奥等人进行了访谈计划试验。梅奥等人对霍桑工厂内职工进行大量访谈,以便了解和研究职工对公司领导、保险计划、工资报酬、升级等问题的意见和不满。起初,他们按事先设计的提纲提问,以了解职工对工作、工资、监督等方面的意见,但收效不大。后来的访谈改由职工自由抒发意见。由于采访过程既满足了职工尊重的需要,又为其提供了发泄不满情绪和提出合理化建议的机会,结果职工士气高涨,产量大幅度上升。(4)电话线圈装配试验。1931年11月～1932年5月,梅奥等人研究了非正式组织的行为规范及其奖惩对工人生产效率的影响。试验选择了14名男工在单独的观察室中进行电话线圈装配工作,其中绕线工9人,焊工3人,检验工2人。试验将14名工人分成3组,每组有3名绕线工和1名焊工,2名检验工分担检验工作,由此构成正式组织。试验实行特殊的个人计件工资制度,设想这套制度会使工人更加努力工作,以便得到更多的报酬。但观察发现,产量只保持在中等水平上,人均日产量差不多,且不如实报告。调查表明,试验组的工人为了保护他们的群体利益,自发地形成了一些规范。约定谁也不能干得太多,突出自己;谁也不能干得太少,影响全组的产量,并且约定不准向管理当局告密,如果有人违反规定,轻则挖苦谩骂,重则拳打脚踢。工人们之所以维持中等水平的产量,是担心产量提高了,管理当局就会改变现行奖励制度,或裁减人员,使部分工人失业,或者使干得慢的伙伴受到惩罚。根据这一试验,梅奥认为,在正式组织中存在着"非正式组织",非正式组织有着自己特殊的规范,并能对组织中人们的行为起到调节和控制的作用。

　　在试验的基础上,梅奥等人提出了人际关系理论,总结了有关的社会因素与生产效率之间的关系。主要观点为:(1)职工是"社会人",是复杂社会系统中的一员,必须以社会系统的观点来对待。职工不是单纯追求金钱收入,还有社会、心理方面的需求,即要追求人与人之间的友谊,追求安全感、归属感和受人尊重等。因此,要从社会、心理方面来鼓励职工提高生产效率，而不能单纯从经济和技术条件入手。（2）传统管理认为，生产效率取决于工作方法和工作条件。梅奥则认为，新型的领导能力在于通过对职工满足度的提高而激励"士气"。士气取决于家庭和社会生活，以及正式组织中人与人之间的关系。在决定工人工作效率的因素中，融洽性和安全感比工作条件、方法和奖励性工资更为重要。新型的领导能力要区分事实和感情，在经济的逻辑和非逻辑的感情之间，在满足正式组织的经济需求和非正式组织的社会需求之间取得平衡。（3）在"正式组织"之外，还存在"非正式组织"，即人们在共同工作的过程中，由于拥有共同的社会情感而形成的非正式团体。非正式组织同正式组织相互依存，对提高工作效率有很大的影响。[①]

人际关系理论成为早期的行为科学理论，它从人本的观点出发，用试验的方法去探讨管理过程中人的因素对管理效率的影响，给学校管理者以新的启迪。由此可以得知，学校管理效率的提高，既不能单纯从学校组织的观点去设计，也不能完全从科学的工作分析方法去解决。提高学校管理效率的重要途径在于建立和谐的人际关系。受人际关系理论的影响，一些学校领导者更加重视教职工在学校管理中的主体地位，开始探索民主管理的理念和学校管理的民主化问题，教师参与管理的理念和做法反映出在教育管理领域，学校领导者一定要意识到教职工和学生才是学校发展的动力之源，要重视教职工和学生的心理、社会等需要，注意教师和学生的满意程度和内在动机，积极调动教职工和学生的积极性与主动性。为此，学校领导者应致力于激励教职工的工作热情、事业心、责任感和成就感；要为每个教职工的知识、才能的发挥创造机会和条件；要加强组织内部的团结，消除人与人之间的矛盾和冲突，改善学校内外的人际关系，增强群体意识和组织的凝聚力；要帮助教职工消除困惑和苦恼。

二、需要层次理论及其对学校管理的影响

继早期的行为科学理论——人际关系理论之后，出现了专门研究个体行为和团体行为的理论。在个体行为理论研究方面，比较有代表性的有需要层次理论、双因素理论、公平理论等。

马斯洛（A. Maslow）是美国社会心理学家、管理学家和人本主义心理学的主要发起者，他在20世纪50年代出版的《人类动机的理论》一书中提出了需要层次理论。马斯洛把人的各种需要划分成五个层次，并按照其需

[①] 孙耀君：《西方管理思想史》，第285～303页，太原，山西经济出版社，1987。

要满足的先后顺序进行排列。

(一) 生理的需要

生理的需要是指人类对维持生存、延续生命的基本的物质需要，如对食物、水、住房等物质条件的需要。马斯洛认为，人们有关生理的需要是第一位的、最优先的需要，如果这一层需要不能得到较好满足，那么其他的需要就没有什么意义了。

(二) 安全的需要

安全的需要是人们为了规避危险和威胁等的需要。具体包括稳定、免受恐吓、有依赖等方面的需要，如对人身保险、医疗保险、食品卫生、住房保障等方面的需要。当生理需要满足时，人们就会追求安全的需要。

(三) 社交的需要

社交的需要是指人们对感情和归属的需要，包括人们对朋友、亲人、团体、家庭等正式或非正式组织的位置期待等。当一个人的物质需要和安全需要获得了相对的满足后会产生社交的需要，否则，如果一个人不被他人或集体所接受，将会产生孤独感、自卑感、精神压抑、心情郁闷等体验。

(四) 尊重的需要

尊重的需要是指人们对地位和受人尊重的需要，包括自尊心、自信心、成就、名誉等外界对自我的尊重和自己对自我的尊重等需要。尊重的需要是人类较高一层的需要，这种需要很少得到完全的满足，没有止境。

(五) 自我实现的需要

自我实现的需要是指一个人要实现自己的理想，并能不断地自我创造和发展的需要，包括做他最适宜的工作，发挥他的最大潜能，表现他的情感、思想、愿望、兴趣、能力、意志和特性等方面的需要。自我实现的需要是最高一级的需要。

马斯洛认为需要各层次之间的关系是：其一，五种需要像阶梯一样从低到高，但次序不完全固定，可以变化，可以有例外情况。其二，一个层次的需要相对地满足了，就会向高一层次发展。五种需要不可能完全满足，愈到上层，满足的百分比就愈少。其三，在同一时期内，可能同时存在几种需要，但每一时期内总有一种需要是占支配地位的。任何一种需要并不因为下一个高层次需要的发展而消失，各层次的需要相互依赖与重叠，高层次的需要发展后，低层次的需要依然存在，只是对行为影响的比重减轻而已。其四，需要满足了就不再是一股激励力量。①

马斯洛的需要层次理论，虽然存在着抽象地谈论人的需要等不科学的方面，但他把人的需要分为不同层次这一点无疑是正确的，也是可供学校领导者借鉴的。学校领导者可以从解决教师和学生的基本需要入手，逐步解决其他问题，为学校教师和学生的创造力与潜能的开发，为他们的自我实现创造条件。例如，在学校管理中，可以通过改善学校的校舍、保险、工资待遇等物质条件，达到满足或基本满足教师和学生的生理需要与安全需要的期待，通过营建良好的学校文化、增加晋职、奖励等机会，适应教师和学生社交的需要、尊重的需要以及自我实现的需要等高层次需要的期待。

三、双因素理论及其对学校管理的影响

双因素理论也称"激励、保健因素理论"，是美国行为科学家弗雷德里克·赫茨伯格（Frederick Herzberg）于20世纪中期提出来的。20世纪50年代末期，赫茨伯格和他的助手们在美国匹兹堡地区对200名工程师、会计师进行了调查访问，询问他们在工作中有哪些事项是使他们感到满意的，有哪些事项是使他们感到不满意的，同时估计积极的情绪和消极的情绪持续的时间。结果发现，使职工感到满意的都是属于工作本身或工作内容方面的因素（如成就、赏识、工作本身、责任、提升、成长等）；使职工感到不满意的都是工作环境或工作关系方面的因素（如政策和管理、监督、与上级的关系、工作条件、工资、与同级的关系、个人生活、与下级的关系、地位、安全等）。赫茨伯格将前者称为激励因素，后者称为保健因素。赫茨伯格认为，保健因素类似于卫生保健对身体所起的作用一样，只能预防疾病，不能直接提高健康水平。同样，在工作中保健因素不能直接起激励职工的作用，但能防止（或维持）职工产生不满情绪。当保健因素改善后，职工的不满情绪会消除，但并不导致积极的后果，而只是处于一种既非满意，又非不满意的中性状态。只有激励因素才能使职工产生满意的积极的效果。传统的观点认为满意的对立面是不满意是不正确的。满意的对立面应该是没有满意，不满意的对立面应该是没有不满意。②

双因素理论对学校管理的启迪与需要层次理论对学校管理的启迪有相通之处。学校管理者在重视改善学校物质条件的同时，也可以创造条件，

---

① 孙耀君：《西方管理思想史》，第306~309页，太原，山西经济出版社，1987。
② 同上书，第312~314页。

实施民主的、参与式的管理，为教师和学生提供更多的学习、提高、发展的机会。

四、公平理论及其对学校管理的影响

公平问题作为理论研究的对象源于西方，学者们从不同的角度对公平问题进行探讨，从而为社会组织行为提供理论依据。

美国行为科学家亚当斯（J. S. Admas）在 20 世纪 60 年代对公平问题有较系统的研究。亚当斯在《工人关于工资不公平的内心冲突同其生产率的关系》（1962，与罗森鲍姆合写）、《工资不公平对工作质量的影响》（1964，与雅各布森合写）、《社会交换中的不公平》（1965）等著作中提出了以公平实施激励的理论，它侧重于研究工资报酬分配的合理性、公平性及其对职工生产积极性的影响。亚当斯认为，当一个人取得了成绩并获得了报酬以后，他不仅关心自己所得报酬的绝对量，而且关心自己所得报酬的相对量。因此，他要进行种种比较来确定自己所获报酬是否合理，依据比较的结果调整今后对工作投入的积极性。

一种比较称为横向比较，即他要将自己获得的"报偿"（包括金钱、工作安排以及获得的赏识等）与自己的"投入"（包括教育程度、所做的努力、用于工作的时间、精力和其他无形损耗等）的比值与组织内其他人作社会比较，只有相等时，他才认为公平。这种比较的思想用公式表示如下：

$$Op/Ip = Oa/Ia$$

其中，Op 表示自己对个人所获报酬的感觉；Oa 表示自己对他人所获报酬的感觉；Ip 表示自己对个人所做投入的感觉；Ia 表示自己对他人所做投入的感觉。

当上式为不等式时，可能出现以下两种情况：

$Op/Ip < Oa/Ia$。在这种情况下，个人会采取两种办法调适公平感。第一种办法是他可能要求增加自己的收入或减小自己今后的努力程度；第二种办法是他可能要求组织减少比较对象的收入或者让其今后增大努力程度以便使等式趋于相等。此外，他还可能另外找人作为比较对象，以便达到心理上的平衡。

$Op/Ip > Oa/Ia$。在这种情况下，他可能要求减少自己的报酬或在开始时自动多做些工作，但久而久之，他会重新估计自己的技术和工作情况，最后觉得他确实应当得到那么高的待遇。

另一种比较是纵向比较，把自己目前投入的努力与目前所获得报偿的比值，同自己过去投入的努力与过去所获报偿的比值进行比较。只有相等

时，他才认为公平。这种比较的思想用公式表示如下：

Op/Ip＝Oh/Ih

其中，Op 表示自己对现在所获报酬的感觉；Oh 表示自己对过去所获报酬的感觉；Ip 表示自己对个人现在投入的感觉；Ih 表示自己对个人过去投入的感觉。

当上式为不等式时，也可能出现以下两种情况：

Op/Ip＜Oh/Ih。当出现这种情况时，人会有不公平的感觉，可能导致工作积极性下降。

Op/Ip＞Oh/Ih。当出现这种情况时，人不会因此产生不公平的感觉，但也不会觉得自己多拿了报酬从而主动多做些工作。[①]

公平理论对我们的启示在于：影响激励效果的不仅有报酬的绝对值，而且有报酬的相对值；激励时应力求公平，使等式在客观上成立，尽管有主观判断的误差，也不致造成严重的不公平感。但是，影响公平感觉的原因很复杂，如个人的主观判断、个人所持的公平标准、对绩效的评定，以及谁来评定等。[②] 为了避免教职工产生不公平的感觉，学校管理应采取各种手段，创造一种公平合理的气氛，使教职工产生一种主观上的公平感。此外，学校管理的过程公平往往比结果公平更重要。公平理论要求学校管理不仅应该关注分配的结果，而且应该在过程上通过公平的政策、制度来解决学校面临的问题。

五、管理方格理论及其对学校管理的影响

人际关系理论虽然注意了人的社会属性，提出了"非正式组织"的概念，但在对如何协调正式组织与非正式组织间的关系方面又表现得较为欠缺。因此，出现了专门研究正式组织与非正式组织相互关系的组织行为理论。其中，管理方格理论是比较有代表性的。

管理方格理论由美国行为科学家布莱克（Robert R. Blake）和穆顿（Jane S. Mouton）在 1964 年出版的《管理方格法》一书中提出。他们认为，领导方式存在着"对人的关心"和"对生产的关心"两种因素的不同结合，领导者应避免只关心一个方面的极端倾向。管理方格如图 2-1 所示。

图 2-1 中，纵轴表示对人的关心，自下而上，关心的程度由低到高；横

[①] 孙耀君：《西方管理思想史》，第 329～331 页，太原，山西经济出版社，1987。

[②] 孙怀平、朱成飞：《基于公平理论的人力资源管理政策》，载《现代管理科学》，2007（1）。

轴表示对生产的关心，自左而右，关心的程度由低到高。图中共有 81 个小方格，代表 81 种"对生产的关心"和"对人的关心"两个基本因素以不同的比例相结合的领导方式。比较典型的有：

1.1——贫乏型管理。对必需的工作付出最少的努力以维持恰当的组织成员关系。这种管理对人、对生产都不关心。

9.1——任务型管理。由于工作条件的安排达到高效率的运作，使人的因素的影响降到最低程度。这种管理只关心生产，不关心人。

1.9——乡村俱乐部型管理。对员工的需要关怀备至，创造了一种舒适、友好氛围和工作基调。这种管理只关心人，不关心生产。

9.9——团队型管理。工作的完成来自奉献，由于组织目标的"共同利益"关系而形成了相互依赖，创造了信任和管理的关系。这种管理对人、对生产的关心都达到最高点，是理想的管理。

5.5——中庸之道型管理。通过保持必须完成的工作和维持令人满意的士气之间的平衡，使组织的绩效有实现的可能。这种管理既不偏重对人的关心，也不偏重对生产的关心，任务完成过得去，但不突出，人际关系既不特别好，也不特别差，领导者安于现状，不求进取。[1]

高	9	1.9							9.9
关心人	8								
	7								
	6								
	5				5.5				
	4								
	3								
	2								
	1	1.1							9.1
低		1	2	3	4	5	6	7	8	9
		低				关心生产				高

图 2-1 管理方格图

管理方格理论，注意了领导行为在对待组织中的人和组织任务之间相互关系上的重要性，区分了不同的领导行为风格，为学校管理者选择恰当的行为方式提供了借鉴。但这一理论对影响领导行为因素的认识尚有缺陷。例如，除了人的因素和组织任务的因素外，忽视了影响领导行为及管理效率的环境因素。因此，有人提出了三因素的领导行为理论，将环境因素

---

[1] 孙耀君：《西方管理思想史》，第 394～395 页，太原，山西经济出版社，1987。

（如被领导者的成熟程度等）也作为研究领导行为的侧重点。

第三节　当代管理理论及其对学校管理的影响

一、社会系统理论及其对学校管理的影响

社会系统学派的主要代表人物是美国的管理学家巴纳德（Chester I. Barnard），其代表作是1938年出版的《经理人员的职能》。巴纳德认为，"效率（efficiency）"和"效果（effectiveness）"（"有效性"）这两个词是有差异的。"如果一项行动达到了它特定的客观目标，我们就说它是有效果的。如果一项行动满足了它所设定目标的某些动机，而又没有产生消极后果，那么无论它是不是有效果的，我们都说它是有效率的。如果一项行动没有使动机得到满足，或是产生了消极后果，那么即使它是有效果的，我们也认为它是无效率的。"① 巴纳德还认为，"组织的构成要素主要有三个：（1）沟通交流；（2）作出贡献的意愿；（3）共同的目标"。② "组织要想持续存在，有效性和效率都是必不可少的，而且组织存在的时间越长，这两者的必要性就越发突出。组织的活力在于组织成员贡献力量的意愿，而这种意愿要求这样一种信念，即共同目标能够实现。如果在进行过程中发现目标无法实现，那么这种信念就会逐渐削弱并降到零，这样，有效性就不复存在了，作出贡献的意愿也就随之消失。同时，意愿的持续性还取决于成员个人在实现目标的过程中所获得的满足，如果这种满足不能超过个人所做出的牺牲，意愿也会消失，组织就没有效率，反之，如果个人的满足超过其牺牲，作出贡献的意愿就会持续下去，组织就富有效率。"③ 巴纳德同时认为，组织的建立往往取决于沟通交流、作出贡献的意愿、共同的目标这三个要素的组合（它们一定要能够适应当时的外部条件），组织的存在则取决于合作系统中均衡的维持。起初，这种均衡是组织内部的，但最终，这种均衡是合作系统与整个外部环境之间的均衡。一般来说，外部均衡需要组织的有效性（涉及组织目标与外部环境之间的关系）和组织的效率（包括组织与成员个人之间的交换）两个基本条件。因此，上述三个要素会

---

① ［美］切斯特 I. 巴纳德：《经理人员的职能》，第15页，王永贵译，北京，机械工业出版社，2007。
② 同上书，第56页。
③ 同上书，第56~57页。

随着外部因素的变化而发生变化。当一种要素发生变化之后，其他要素也必须发生补偿性的变化，只有这样，才能维持合作系统的均衡，并使之得以存在和持续下去。① 可见，在巴纳德看来，一个组织要有效果，个人一定要有效率，即正式组织目标同组织成员个人的需要之间要协调统一、不可偏废。

巴纳德的社会系统理论同时重视组织的效果和个人的意愿，认为组织是一种复杂的有机体，组织效果，必须兼顾组织本身及组织成员两个方面，协调组织和个人两个方面的关系。这种以系统的观点和方法来分析管理问题，均衡组织与组织中的人两个方面相互关系的态度，为学校管理实践提供了重要的指导。在其影响下，人们开始将学校放在学区、社会大系统中来研究其管理问题，将组织中的个人放在学校、学区、社会大系统中来研究其特征。前者要平衡学校与学区、社会大系统之间的关系，后者要平衡个人（如教师、学生）与学校、学区、社会大系统之间的关系。

二、权变理论及其对学校管理的影响

20世纪70年代权变理论形成，并对学校管理产生重要的影响。权变理论认为，没有一成不变、普遍适用的"最好的"管理理论和方法。管理的方式和技术要随内外环境的变化而改变。作为管理的因变量的思想、方法、技术与自变量内外环境成函数关系（不一定是因果关系），这种关系可以解释为"如果——就要"的关系。

美国著名心理学和管理专家弗雷德·费德勒（Fred E. Fiedler）提出"领导权变理论"，开创了西方领导学理论的一个新阶段。他的主要著作包括《一种领导效果理论》（1967），《让工作适应管理者》（1965），《权变模型：领导效用的新方向》（1974）等。费德勒提出了有效领导的权变模型（fiedler contingency model），他认为任何领导风格均可能有效，其有效性完全取决于所处的环境是否适合。费德勒指出影响领导风格有效性的环境因素有三个：

1. 领导者与成员的关系。领导者是否受到下级的喜爱、尊敬和信任，是否能吸引并使下级愿意追随他。

2. 任务结构。工作团队要完成的任务是否明确，有无含糊不清之处，其规范和程序化程度如何。

---

① ［美］切斯特 I. 巴纳德：《经理人员的职能》，第57页，王永贵译，北京，机械工业出版社，2007。

3. 岗位权力。领导者所处的职位能提供的权力和权威是否明确充分，在上级和整个组织中所得到的支持是否有力，对雇佣、解雇、纪律、晋升和增加工资影响程度的大小。

费德勒模型利用上面三个权变量的不同情形来评估情境。领导者与成员关系或好或差，任务结构或高或低，职位权力或强或弱，三项权变量的总和得到多种不同的情境或类型，每个领导者都可以从中找到自己的位置。费德勒相信领导风格是影响领导成功的关键因素之一。他为发现领导风格而设计了最不喜欢的同事调查问卷（least preferred co-worker questionnaire, LPC），问卷由16组对应形容词构成（如快乐——不快乐、高效——低效、开放——防备、助人——敌意）。回答者要先回想一下自己共事过的所有同事，并找出一个最不喜欢的同事，在16组形容词中按1~8等级对他进行评估（即1~8分，由将16个项目的分数相加除以16得之）。如果以相对积极的词汇描述最不喜欢的同事（LPC得分高，在4.1~5.7之间），则作答者很乐于与同事形成良好的人际关系，就是关系取向型的领导者。相反，如果对最不喜欢同事的看法很消极（LPC得分低，在1.2~2.2之间），则说明回答者可能更关注生产，就是任务取向型的领导者。费德勒运用LPC问卷将绝大多数回答者划分为两种领导风格。费德勒模型指出，当个体的LPC分数与三项权变因素的评估分数相匹配时，则会达到最佳的领导效果。费德勒得出的结论是：任务取向的领导者在非常有利的情境和非常不利的情境下工作得更好；关系取向的领导者则在中度有利的情境中工作得更好。

费德勒认为领导风格是与生俱来的，你不可能改变你的风格去适应变化的情境。因此提高领导者的有效性实际上只有两条途径：

1. 替换领导者以适应环境。比如，如果群体所处的情境被评估为十分不利，而目前又是一个关系取向的管理者进行领导，那么替换一个任务取向型的领导者则能提高群体绩效。

2. 改变情境以适应领导者。费德勒提出了一些改善领导者与成员的关系、职位权力和任务结构的建议。领导者与下属之间的关系可以通过改组下属组成加以改善，使下属的经历、技术专长和文化水平更为合适；领导的职位权力可以通过变更职位充分授权，或明确宣布职权而增加其权威性；任务结构可以通过详细布置工作内容而使其更加定型化，也可以对工作只做一般性指示而使其非程序化。费德勒模型表明，并不存在一种绝对的、最好的领导形态，领导者必须具有适应力，自行适应变化的情境。同时也提示管理层必须根据实际情况选用合适的领导者。①

权变理论对学校管理的影响表现在许多方面。比较突出的是用"有组织的无序状态"和"松散结合"来分析学校组织行为的选择。"有组织的无序状态"是指教育处于有组织的无序状态，其特点是：有问题的偏好、模糊的技术和流动的参与。"有问题的偏好"是指有组织的无序状态的目的是不清楚的，即教育机构的目的是不清楚的，其目标往往是委婉地陈述的，对清晰的决策提供不了什么指导。例如："'优秀'和'教育质量'等概念一直在困扰着大家，但是在机构的背景中为这些术语做应用性定义的努力却面临着激烈的论争。"② 模糊的技术是指教育教学过程几乎不理解知识的传输，也很少达到理性化的程度。诸如对什么是教学，学习过程何时发生，什么对此负责等一系列问题，教育决策者几乎是在一种试验和错误的基础上行动的，对教育教学过程中的问题很难找出准确的原因和恰当的解决办法。流动的参与是指在教育组织中，不同地区的不同个人用在决策上的时间和精力是不同的。组织决策过程中参与者的范围依各种不同的因素而变化。不同的问题会吸引不同的集体和个人。一些问题牵扯到另一些问题，由此产生了各种不同的、变化的关系和联盟。模糊的目标和模糊的技术又使这些困难变得更加复杂化。在认定教育有组织的无序状态的基础上，韦克（Weik）等人提出了教育组织是松散结合的系统的观点。韦克认为："松散的结合意味着结合在一起的成分是有责任的，但各种成分保持其本性及可分离性的迹象。松散的结合借用了'非永久性、可解散性、默许性'这样一些形象，这是维系组织'胶水'的一些非常重要的潜在性质（韦克，1976）。"③

权变理论引导学校领导者走出僵化的管理模式，按照管理对象的内在规律及其与外界环境的关系，在动态过程中去寻找相应的方式与技术，对不同的学校管理对象采用不同的个性化管理。应当说，应用权变理论管理学校的难度较大，其中权变量的确定比较困难。

三、学习型组织理论及其对学校管理的影响

虽然权变理论被称为是引导人们走出"管理理论丛林"的理论，但管

---

① ［美］斯蒂芬·P. 罗宾斯：《组织行为学》，第349～351页，孙健敏、李原译，北京，中国人民大学出版社，2005。

② 中央教育科学研究所比较教育研究室编译：《简明国际教育百科全书·教育管理》，第84页，北京，教育科学出版社，1992。

③ 同上书，第85页。

理理论的研究并未就此停步,管理中的困境激发管理者不断创新。1972 年,联合国教科文组织向各国提出了"向学习化社会前进"的目标,指出:"如果我们接受持久的、全面的教育体系这个观念,如果我们接受'学习化的社会'这个观点,不是把它作为未来的梦想,而是把它作为我们时代的客观事实和社会设想(对于这个事实和设想,教育家们、教师们、科学家们、政治家们和学者们都正在有意无意地作出贡献),那么我们就必须立即从两个方向争取行动:对现有教育体系进行内部改革和继续改进,寻求革新的形式、各种可供选择的途径和新的资源。"[1] 在这一目标的激励下,20 世纪 80 年代,美国、日本等发达国家提出了由学历社会向学习型社会过渡的策略。20 世纪 90 年代以后,一些更能反映时代特点和要求的管理理论相继问世。其中,学习型组织理论引起了人们较为广泛的关注,并对创建学习型学校、学习型政府、学习型企业、学习型城市等起着重要的激励作用。学习型组织理论是知识经济时代的必然产物,是对科学管理理论强调职能分工及"金字塔"式的等级权力控制型组织结构的挑战。

美国哈佛大学教授佛睿思特(Jay Forrester)是学习型组织理论的主要代表人物。1965 年,佛睿思特在《企业的设计》一文中提出了"学习型组织"的概念,并运用系统动力学(system dynamics)原理构想出学习型组织的基本特征在于:组织结构扁平化、组织信息化、组织更具开放性、组织不断学习、不断调整组织内部的结构关系等。

20 世纪 90 年代,佛睿思特的学生彼得·圣吉(Peter Senge)经过十几年的大量案例分析、总结与提炼,使学习型组织理论更加系统化。他在《第五项修炼——学习型组织的艺术与实务》一书中指出,"建立不断创新、进步的'学习型组织';在其中,大家得以不断突破自己的能力上限,创造真心向往的结果,培养全新、前瞻开阔的思考方式,全力实现共同的抱负,以及不断一起学习如何共同学习"。[2] 彼得·圣吉认为:真正的学习涉及人之所以为人这一意义的核心。通过学习,人们可以重新创造自我,能够做到从未能做到的事情,能够重新认识这个世界及人们跟它的关系,以及扩展创造未来的能量。人们渴望真正的学习,它是学习型组织的真谛,它能

---

[1] 联合国教科文组织国际教育发展委员会:《学会生存——教育世界的今天和明天》,第 218 页,北京,教育科学出版社,1996。

[2] [美]彼得·圣吉:《第五项修炼——学习型组织的艺术与实务》,第 3 页,郭进隆译,上海,上海三联书店,1998。

让大家在组织内由工作活出生命的意义。①

彼得·圣吉倡导的学习型组织包括"五项修炼"技能。

1. 自我超越（personal mastery）——实现心灵深处的渴望。这是学习型组织的精神基础，是突破极限的自我实现。

2. 改善心智模式（improving mental models）——用新眼睛看世界。"心智模式"是存在于人们大脑中的许多设想、信念或图像、印象，即心理素质和思维方式。它存在于人们的心中，源于对过去事物的认识过程，参与对现实事物的认识，影响人们看世界、对待事物的态度，有时直接决定人们的成功与否。要改变心智模式，一是要把镜子转向自己；二是要有效地表达自己的想法；三是要以开放的心灵容纳别人的想法。

3. 建立共同愿景（building shared vision）——打造生命共同体。这是指组织中人们共同愿望的景象。它要求组织的全体成员拥有一个衷心的共有目标，价值观与使命感，把大家凝聚在一起，为实现渴望的目标认真学习，追求卓越。共同愿景分为个人愿景、团队愿景和组织愿景三个层次，它为学习提供了焦点与能量。

4. 团队学习（team learning）——激发群众智慧。这是发展团体成员整体搭配能力和提高实现共同目标能力的过程。在现代组织中，学习的基本单位是团体而不是个人。

5. 系统思考（systems thinking）——见树又见林。系统思考要求人们运用系统的观点看待组织的发展。它引导人们从看局部到纵观整体，从看事物的表面到洞察其变化背后的结构，以及从静态的分析到认识各种因素的相互影响，进而寻找一种动态的平衡。②

学习型组织"五项修炼"技能的关系是："系统思考"需要有"建立共同愿景""改善心智模式""团队学习"与"自我超越"四项修炼来发挥它的潜力。"建立共同愿景"培养成员对团体的长期承诺；"改善心智模式"专注于开放的方式，反思人们认知方面的缺点失误，"团队学习"是发挥团体力量，使团体力量超乎个人力量总和的技术；"自我超越"是不断反照个人对周围影响的一面镜子，缺少自我超越的修炼，人们将陷入"压力——

---

① [美]彼得·圣吉：《第五项修炼——学习型组织的艺术与实务》，第14页，郭进隆译，上海，上海三联书店，1998。

② 同上书，第7～14页。

反应"式的被动困境。①

彼得·圣吉对学习型组织的创建充满了信心和辩证的理念。他认为：学习型组织虽已被发明出来，但还没有达到创新的地步。由于每个人都是天生的学习者，所以，创建学习型组织是可能的。学习是一个终身的过程，学习得愈多，愈觉察自己无知，因而人们永远不能说："我们已经是一个学习型组织。"五项修炼的融合，不是以缔造一个学习型组织为最终目的的，而是引导出一个实验与进步的新观念，使组织不断创造未来。目前，有些组织已扮演拓荒先锋的角色，朝这条路上走去，但学习型组织的领域仍有大部分亟待开垦。②

学习型组织理论不仅启迪学校管理者转变职能，也使学校管理者开始思考创建学习型学校的问题，目的在于调动教师、学生学习与研究的积极性，使学校成为他们向往的地方，成为他们创造未来、实现人生价值的合作场所，使他们能够在学校环境中活出生命的意义。

本章小结

学校管理需要经验的积累，更需要理论的指导。科学管理理论、行为科学理论、社会系统理论、权变理论、学习型组织理论等，对学校管理均产生过较大的影响。

科学管理理论从不同的角度探讨了提高劳动生产率的问题，虽然将人视为"经济人"的前提假设是有失偏颇的，但是它确实曾推动了管理的发展，而且在今天，它仍对学校管理具有一定的指导意义。

行为科学理论从人本主义出发，用试验的方法去探讨管理过程中人的因素对管理效率的影响，给学校管理者提供了新的思路。学校管理效率的提高，既不能单纯从学校组织的观点去设想，也不能完全从科学的工作分析方法去解决。提高学校管理效率的重要途径在于建立和谐的人际关系，在于为师生的自我实现提供公平的发展机会。学校领导者在对待组织中的人和组织任务之间的相互关系上要注意选择恰当的行为方式。

社会系统理论同时重视组织的效能和个人的价值、态度、动机及需要，认为组织是一种复杂的有机体，组织效率的提高，必须兼顾组织本身及组

---

① ［美］彼得·圣吉：《第五项修炼——学习型组织的艺术与实务》，第13页，郭进隆译，上海，上海三联书店，1998。

② 同上书，第12页。

织中的成员两个方面，协调组织和个人两方面的关系。这种以系统的观点和方法来分析管理问题，均衡组织与组织中的人两方面相互关系的态度，为学校管理实践提供了重要的指导。

权变理论引导学校领导者走出僵化的管理模式，按照管理对象的内在规律及其与外界环境的关系，在动态过程中去寻找相应的管理方式与技术，对不同的学校、不同的学校管理对象采用不同的个性化管理具有重要的指导意义。

学习型组织理论以系统思考的思维方式，引领学校管理者开始思考创建学习型学校的问题，目的在于调动教师、学生学习与研究的积极性，使他们能够在学校环境中活出生命的意义、实现人的价值。学习型组织理论是学校管理者需要研究的重要理论，将不断指导学校管理走向未来。

思考与练习

1. 科学管理理论在今天是否对学校管理还有指导意义？为什么？
2. 应如何运用行为科学的相关理论来提高学校管理的效益？
3. 社会系统理论对学校管理有哪些启示？
4. 权变理论对学校管理有哪些启示？
5. 学习型组织理论对学校管理具有哪些现实意义？

案例分析

校长与教师谈心的误区①

上课铃响过之后，A校长突然走进体育组办公室，来到李老师的面前，当着办公室所有教师的面，语气较为严厉地说道："李老师，你出来一下，我有话跟你说……"李老师忐忑不安，以为"暴风雨"即将来临。

在人来人往的走廊上，B校长见到了迎面而来的王老师——一位年轻的班主任，连忙将其喊住，并指出其班级管理中存在的问题。王老师看着过往的同事，面红耳赤、局促不安，至于B校长所说的内容，一个字也没听进去。

下班时间到了，林老师收拾好东西，准备动身回家。因为今天是儿子的五周岁生日，她要赶着回家做饭。这时，C校长打来电话，让林老师去他

---

① 吕赟：《例谈校长与教师谈心的误区》，载《教学与管理》，2010（23）。

办公室一下。在校长室，C校长和风细雨、不紧不慢地说着，可林老师却心神不安，不时地偷看手表，心里暗暗叫苦："校长，您今天就饶了我吧，我还要回家给儿子庆祝生日呢。"

案例思考题

1. 请用管理理论分析三位校长与教师的谈心为什么得不到教师的认可？
2. 如果您是校长，那么您在与教师谈心时应该注意些什么？

阅读链接

1. 刘志毅：《关于建立学习型学校的思考》，载《才智》，2010（9）。
2. 林天伦：《有关校长影响力的几个基本问题》，载《教育发展研究》，2010（10）。

第三章 学校管理理念

内容提要

学校管理理念是指校长对客观存在经过思维活动而产生的管理学校的意识或信念。学校管理理念决定着学校的发展方向，引导学校在坚持一定客观标准的前提下，选择学校管理行为，体现管理价值。在学校管理理念的积淀过程中，越来越多地体现着民主、权利、合作、人本等精神，反映了学生发展的基本规律。

学习目标

1. 掌握学校管理理念与学校管理工作的关系。
2. 掌握学校管理理念的演变趋势。
3. 理解现代学校管理理念的基本精神。

正确的学校管理理念是学校取得成功的基础，对学校管理起着重要的导向作用。一所好学校需要一位好校长，而一位好校长需要有现代的、人性的、科学的管理理念。请看案例：

　　　　四川安县桑枣中学的地震演习挽救了 2300 名师生的生命[1]
　　从 2005 年开始，桑枣中学校长叶志平每学期组织一次全校紧急疏散演习。他会事先告诉学生，本周有演习，但不说是哪一天。等到特定的一天，课间操或者学生休息时，学校会突然用高音喇叭喊：全校紧急疏散！
　　每个班的疏散路线都是固定的，学校早已规划好。两个班疏散时合用一个楼梯，每班必须排成单行。每个班级疏散到操场上的位置也是固定的，每次各班级都站在自己的地方，不会错。

---

[1] 朱玉、万一、刘红灿：《校长多年坚持加固危楼　2300 余师生震灾中无一伤亡》，http://news.xinhuanet.com/edu/2008-05/26/content_8253158.htm，2008-05-26。

教室里面一般是 9 列 8 行，前 4 行从前门撤离，后 4 行从后门撤离，每列走哪条通道，娃娃早已被事先教育好。孩子们事先还被告知，2 楼、3 楼的学生要跑得快些，以免堵塞逃生通道；4 楼、5 楼的学生要跑得慢些，否则会在楼道中造成人流积压。

疏散时，他让人计时，不比速度，只讲评各班级存在的问题。刚搞紧急疏散时，学生当是娱乐，半大孩子除了觉得好玩外，还认为多此一举。但后来，学生老师都习惯了，每次疏散都井然有序。

叶志平对老师的站位都有要求。老师在适当的时候要站在适当的位置，他认为：下课后、课间操、午饭晚饭，放晚自习和紧急疏散时——都是教学楼中人流量最大的时候，而各层的楼梯拐弯处是适当的位置。他认为拐弯处最容易摔倒，孩子如果在这时摔了，老师可以把孩子从人流中抓住提起来，不至于让别人踩到娃娃。

每周二都是学校规定的安全教育时间，让老师专门讲交通安全和饮食卫生等。集体开会时，他不允许学生拖着椅子走，要求大家平端椅子——因为拖着的椅子会绊倒人，后面的学生看不到前面的人倒了，会往前涌，所有的踩踏都是这样出现的。

地震那天，叶志平不在。学生们正是按照平时学校要求、他们也练熟了的方式疏散的。地震波一来，老师喊：所有人趴在桌子下！学生们立即趴下去。老师们把教室的前后门都打开了，怕地震扭曲了房门。震波一过，学生们立即冲出教室。

那天，连怀孕的老师都按照平时的要求行事。地震强烈得使挺着大肚子的女老师站不住，抓紧黑板跪在讲台上，但也没有先于学生逃走。唯一不合学校要求的是，几个男生护送着怀孕的老师同时下了楼。

由于平时的多次演习，地震发生后，全校 2200 多名学生，上百名老师，从不同的教学楼和不同的教室中，全部冲到操场，以班级为组织站好，用时 1 分 36 秒。

学校所在的安县紧邻最重灾区北川，学校外的房子百分之百受损，90 多位教师的房子垮塌了，其中 70 多位老师家里砸得什么都没了。

叶志平疯了似的赶回学校，看到的是这样的情景：8 栋教学楼部分坍塌，全部成为危楼。他的学生，11 岁到 15 岁的娃娃们，都挨得紧紧地站在操场上，四周是教学楼。

他最为担心的那栋他主持修理了多年的实验教学楼，没有塌，地震时那座楼里坐着 700 多名学生和老师。

老师们迎着他报告：学生没事，老师们都没事。

叶志平后来说,那时他浑身都软了。55岁的他,哭了。

通信恢复后,老师们接到家长的电话,骄傲地告诉家长:我们学校,学生无一伤亡,老师无一伤亡——说话时眼中噙着泪。

那时,学校墙外的镇子上房倒屋塌,但一个镇里的农村初中,却在大震后,把孩子们带到了家长面前,告诉家长,娃娃连汗毛也没有伤一根。

桑枣中学坚持数年的地震演习挽救了2000多名学生的生命,也为中小学树立了榜样。但需要我们思考的是为什么桑枣中学能这样一如既往地进行地震演习?应当说,如果校长没有以学生的生命为重的学校管理理念,那么,这种枯燥的演习也不会坚持数年,直至在汶川地震中显露这一行动的价值。这种价值恰恰是学校领导者需要坚守的、需要张扬的,即以人为本,为了学生的安全和发展而实施学校管理。

第一节 学校管理理念的变革与发展

一、学校管理理念与学校管理工作的关系

什么样的校长是好校长?好校长的最重要条件在于具有科学的管理理念。

学校管理理念是指校长对客观存在经过思维活动而产生的管理学校的意识或信念。学校管理理念决定着学校的发展方向,引导学校在坚持一定客观标准的前提下,选择学校管理行为,体现管理价值。

学校管理工作如果没有正确的管理理念就会迷失方向,所以,学校管理的失败首先表现在学校管理理念的混乱,这种混乱不仅会造成管理资源的浪费,而且会直接殃及人才的培养。以往,许多学校领导者并未对学校管理理念引起充分的重视,片面地认为管理理念是"软指标"、"看不见"、"摸不着",重不重视学校管理理念并不会影响学校管理工作的效果,其实不然。学校管理理念是学校管理理论在学校管理实践中的反映,并可以丰富学校管理理论。正确的学校管理理论是对学校管理实践的系统概括和总结,是学校管理规律的反映。因此,学校领导者必须具备正确的学校管理理念。

二、学校管理理念的变革

新中国成立以来,学校管理理念经历了一个逐渐转变的过程。

首先,在对学校领导者与教师关系的认识上,由"主被动"关系向"双主动"关系转变。新中国成立以后至"文化大革命"结束前,学校管理学的研究曾经一度中断,中断的原因除受苏联教育学体系的影响将学校管理活动混同于教育活动之外,还受对领导者与被领导者相互关系片面认识的影响。在这一问题上,有人片面地认为管理是领导者的事,是领导者权力作用的结果。所以,学校管理活动实际上是命令与服从的关系。尽管在新中国成立初期,我国在中小学也曾以校务委员会制吸收过教师、学生参加学校决策,但由于缺乏监督机制,这种体制很快被取缔。以后,学校领导体制虽不断变换,但始终未能对被领导者有权参与学校管理的问题给予充分的重视。1985年,《中共中央关于教育体制改革的决定》(以下简称《决定》)提出了"学校逐步实行校长负责制,有条件的学校要设立由校长主持的、人数不多的、有威信的校务委员会作为审议机构。要建立和健全以教师为主体的教职工代表大会制度,加强民主管理和民主监督。"1993年,《中华人民共和国教师法》(以下简称《教师法》)第七条规定,教师有"对学校教育教学、管理工作和教育行政部门的工作提出意见和建议,通过教职工代表大会或者其他形式,参与学校的民主管理"的权利。《决定》和《教师法》分别从政策和法律的角度明确了教师在学校管理中的地位和作用,重新确认了学校领导者与被领导者的民主平等关系。由于对学校领导者与被领导者关系认识的转变,被领导者在学校管理过程中改变了以往作为服从者的被动局面,成为主动参与管理的决策者和监督者。

其次,在对学校领导者行为的认识上,由绝对权威向相对权威转变。受对学校领导者与被领导者关系的传统认识的影响,学校领导者曾被视为权力的象征,由此认为管理就是领导者对权力的运用。这种认识是将权力等同于领导者的权威,将权力作为领导者的私有物的结果。随着社会的发展、知识的普及和民主理念的深入,管理被视为服务,被看做为被领导者提供发展机会的行为,这种认识指明了领导者的职责以及领导者与被领导者之间的平等合作关系。进一步研究表明,领导者权力的大小,不仅取决于领导者所拥有的权力的大小,还取决于领导者个人的素质以及学校的内外环境等多方面因素,其中包括被领导者的成熟程度、学校的人际关系等。因此,学校领导者的权威是相对的,学校领导者要拥有较高的权威就要综合处理影响领导者权威的各种因素,使其形成整体效应。

再次,在对学校管理要素潜能的认识上,由量的挖掘向质的发现转变。开始,人们对学校管理要素的认识仅仅是停留在人、财、物上;后来人们逐渐发现除了人、财、物之外,时间、空间、信息也影响着学校管理工作的效果。例如，学校管理工作是以时间为流程的，不科学安排时间，不做好工作计划，就会导致工作无序、杂乱无章。又如，学校是一个开放的系统，学校的地理位置、周边环境、校园设计及美化与绿化、学校人际关系、组织气候等，均影响着学校工作的有效性。在对学校管理要素的量有了新的认识后，人们对每个要素的作用以及相互之间的关系也有了较为深入的研究。人们认识到各种要素都是学校管理的资源，资源是客观存在的，可以被人们科学地开发与利用，管理的目的就在于挖掘各种资源的潜力，使之形成合力，为实现学校的培养目标创造条件。因此，人是各种要素的核心，其他要素的管理都是为人的管理服务的。在这方面，管理学家杜拉克（Peter F. Drucker）做过深刻的阐述。杜拉克指出："资金并不是组织唯一重要的资源，也不是最珍贵的资源，组织中最珍贵的资源是人力。"[1] 在学校管理活动中，人力资源包括领导者、教职工、学生、学生家长等许多方面，要挖掘人力资源，不仅要调动被领导者的积极性，而且要激发领导者自身的积极性。人之所以是学校管理中最珍贵的资源，主要原因在于无论是领导者还是被领导者，都是拥有知识资本的管理主体，他们能够依靠知识审视、评价、判断、选择、参与学校各项管理活动，协调个人与学校组织两者之间的关系，并促进学校在动态管理过程中不断向前发展。

最后，在对学校管理职能的认识上，由维系学校组织权力向创建学习型组织转变。受古典管理理论的影响，传统的学校管理比较偏重于研究学校设置什么样的组织机构才能发挥学校管理的作用。这种研究的局限性在于未能从实质意义上认识组织的职能，因此，无论怎样改变组织结构，都不能充分发挥学校管理的作用。20世纪90年代以后，彼得·圣吉（Peter Senge）等人系统阐述的学习型组织理论对组织职能的认识有了新的飞跃。这种理论认为，现代组织应是学习型组织，学习型组织的基本特征在于扁平化、开放性以及不断学习。彼得·圣吉之所以倡导创建学习型组织是因为他认为人们从心底深深地渴望真正的学习，学习型组织能让大家在组织内从工作中活出生命的意义。学习型组织理论从人的内在需要潜能出发，认识组织的职能，倡导组织的作用在于为发挥人的创造性并实现其渴望学习的生命价值创造条件。这与从组织权力的角度冷漠对待人的理性与情感，片面追求管理效率的态度相比，无疑是极大的进步。

---

[1] ［美］杜拉克：《巨变时代的管理》，第112页，周文祥等译，太原，山西经济出版社，1998。

三、学校管理理念的发展态势

学校管理理念是引领学校管理成功与失败的价值基础，学校管理理念变革的历史轨迹表明，学校管理正在向着以人为本的方向发展，任何人都无法阻挡这种变革的必然趋势。

（一）从控制走向合作的学校管理理念

"管理是什么"是管理学科发展的逻辑起点。西方学者从不同的角度对这一问题作出解读，有的从管理的职能来界定管理，认为管理就是决策，管理就是领导；有的从管理对工作、社会、经济的作用来界定管理，认为管理就是生产力，管理就是生命线；还有的从管理对人的作用来界定管理，提出管理就是促进和提升人的积极性与主动性，张扬个性，等等。这些都成为实践中对于学校管理进行研究的重要理论支撑。但无论是从公共性还是从有效性的角度思考，我们都应当改变那种将学校管理等同于一般管理的预设，而应去积极认识学校管理的自身价值。

虽然控制是管理的一项重要职能，但它不是管理的全部。通过强化某一种职能特别是通过强化控制职能来突出管理的作用，则忽视了管理不可或缺的体现人性特征的合作属性，忽视了领导者与被领导者的行为价值。从控制走向合作的学校管理理念，是针对重古典管理理论的控制职能、轻现代管理理论的合作职能而导致的。因为学校领导者对被领导者的机械控制是有失人本精神的，是权力与权利倒置的权力本位理念的膨胀。为此，需要转变基于控制职能而引发的对学校管理要素的束缚，使被领导者得以充分的发展。

束缚式管理可谓强调控制职能的衍生性管理行为，在一定程度上会限制学生个性的自由发展、限制教师的专业发展。学校管理对师生的束缚其原因是多方面的，包括经济的、政治的、文化的等诸多因素。束缚式管理与人本管理理念不相符合，也因其不尊重师生而受到置疑。现代学校管理应当为师生提供更多的发展空间，为使他们发展的可能性转化为现实性创造条件。人的发展包括自然性的发展和社会性的发展，人的和谐发展包括人自己的和谐发展、人与自然的和谐发展、人与社会的和谐发展。现代学校管理应克服各种困难，摆脱传统管理方式的束缚，促进人的全面发展，达到社会和谐发展的目的。

（二）从割裂走向融合的学校管理理念

从割裂走向融合的学校管理理念，是针对权力本位的世俗观而导致的学校领导者与被领导者相对立的管理价值重构。为此，需要转变基于权力本位而引发的责任缺失，使领导者从权力的阴霾中走向责任的净化和张扬；需要对权力的来源进行归位，使领导者明晰与被领导者的融合是正确运用权力的必由之路。

中国的传统文化就有以"人"为本、推崇"和为贵"、强调"天时、地利不如人和"的管理理念。在现代管理中，"人和"精神已经成为基本的管理理念，由此理解的领导者与被领导者在学校管理中的地位是平等的，二者不是施予与接受的关系，也不是利用与被利用的关系。与融合管理理念有关的，诸如动态的、系统的、权变的、集成的、演进的学校管理理念层出不穷，但以等级制和过分控制为基础而导致的领导者与被领导者的割裂还未能远离学校管理的常规过程，平等、民主的融合精神还未能在学校管理中根深蒂固。因此，学校管理正在试图增加人与人之间的对话契机，强化参与管理的制度建设。

以融合的管理理念引领学校管理，可以为实现管理文化、管理人员之间的融合与发展创造更多的条件。因为融合正在通过领导者与被领导者的民主共进而追求管理的效益，保障学校成员的权益。

（三）从权力走向责任的学校管理理念

权力与责任关系的确立是学校领导者正确行使权力的关键，也是学校领导者有效协调人与人关系的基础。因为学校领导者的权力来源于被领导者的权利。那么，学校领导者如何将权力服务于权利是学校领导者权力观的现实体现。正是基于对这一原则性问题的反思，现代学校管理才将提高权力的时效性落实在责任的基点上，力图在责任意识与行为的规约中提升权力的可信度与亲和力。

但在学校管理中权力与责任并不是始终协调的。因此，有人认为：责任是控制权力的手段并应成为道德信念。[①] 虽然古典管理理论就提出责任是与权力相对应的理念，但是，权力与责任的分离在学校管理中还比较普遍。有的学校领导者，往往把权力掌握在自己手中而把责任推给制度体制或者他人，运用公共权力谋取私利。这种情况不仅仅是对责任的回避，而且是对责任的挑战，即将责任作为权力的对立物，将权力无政府化。

学校管理中的责任存在会表现于不同的情况：一是由于学校领导者的作为存在而导致责任存在；二是由于学校领导者的不作为存在而导致责任

---

① 张康之：《公共行政中的责任与信念》，载《中国人民大学学报》，2001 (3)。

存在；三是由于学校领导者的错误作为而导致责任存在。无论是哪一种情况，都会对学校管理产生负面效应，给学校工作带来损失。学校领导者的责任是行使权力的起点，无责任就无权力，这是学校领导者应当树立的信念。从责任的基点出发建立学校管理制度将有助于构建一个新的学校前景，凸显现代学校管理的精神实质。

第二节 学校管理理念与学生心灵沟通的意义及路径

学校管理理念要体现促进学生发展的价值，就要寻找到实现这一价值的路径。这就需要思考学校管理理念如何与学生的心灵沟通，如何引导和激励学生内心世界的发展。

一、学校管理理念与学生心灵沟通的意义

（一）学校管理理念引领与激励学生内心世界的发展

学生的心灵是指学生的内心世界，体现着他们向往的一种精神。中小学生正处于发育的关键时期，他们的内心世界简单而淳朴、炽热而真诚、浪漫而阳光。在他们未踏入学校之前，学校生活对他们来说是神秘的，也是令他们期盼的。当他们迈入学校的大门，便有了一种微妙的成就感，他们开始以学生的视角认识自己，感受学校生活。因此，学校的一切都在与学生的心灵碰撞着。通过碰撞，学生开始重新认识学校，重新认识自我。慢慢地，他们的心灵会在学校生活的渲染中，或更加阳光灿烂，或陷入冲突迷惘，或嵌入瑕疵污秽。而学校管理理念以管理的意识和思维影响着学校的行为，有什么样的学校管理理念，就会有什么样的学校行为。那么，作为校长就需要以阳光的理念为指导，为学生提供一个使他们的本真得以升华的阳光环境，引导和激励他们在与内心世界同步共生的环境中茁壮成长。所以，学校管理理念不是装点学校的道具，而是学校生活的缩影。学校管理理念要体会学生的内心感受，能够与学生心灵沟通。

（二）学校管理理念为校长的责任与学生的权利架起桥梁

学校管理理念以与学生的心灵沟通为起点，是校长义不容辞的责任。因为学生是学校存在的基础，没有学生的存在就没有学校的未来，而有了学生就赋予了校长领导学校的权力及为权力承担责任的双重使命。也就是说，校长与学生的关系是责任与权利的关系，这种关系存在的基础是学生的应有权利得到保障，否则，校长就要对权力的失误承担必要的责任。这

也是从控制走向合作，从割裂走向融合，从权力走向责任的学校管理理念的具体反映。但是，对于校长与学生之间责任与权利关系的认识并不是普遍的。在片面地认识学生与校长之间的关系过程中，学校管理理念的确立还会出现机械化、成人化、政绩化等非理性行为，进而导致学生对于理念的淡漠，学校对于理念的架空。对于校长来说，虽然承担着责任与权力的双重使命，但责任是第一位的，是重于权力的。对责任的正确认识，是校长正确行使权力的前提，也是有效协调与学生之间关系的基础。校长只有坚守责任的理念，才能妥善处理校长与学生之间的关系，实现人性化的管理。在这一问题上，位于香港九龙的鲜鱼行小学校长重视责任理念的行动，为我们树立了典范。这所小学曾因招生额达不到教统局要求的最低标准而面临停办的危机。但校长梁纪昌针对学生多来源于贫家子弟的实际，以"朴诚勇毅"的理念与学生的心灵沟通，承担起了将学校办下去的责任。从教师队伍建设到学校课程改进，从校园环境优化到校内设施完善，在校长的努力下，学生各方面素质大幅度提高，招生数量不断攀升。这所小学终于得到社会及教统局的认可，受到学生及家长的欢迎。

二、学校管理理念与学生心灵沟通的路径

（一）以尊重学生的人格为基础凝练学校管理理念

尊重学生的人格是国际社会追求和倡导的学校管理理念之一。这一理念不仅有着心理学上的依据，也拥有法理学上的支撑。学生在作为学生之前，首先是一个人。作为人生活在社会上、生活在学校中，需要得到尊重，包括尊重他们的身心发展规律、尊重他们的受教育权、尊重他们的个别差异。学生能够被尊重是他们在成长过程中的内在需求和发展起点，这种尊重能使他们对自己充满信心，体会别人的关爱，由此形成尊重自己、尊重别人的态度和习惯。

尊重学生不仅是学生发展的需求，也是学校管理行为的出发点和归宿。芬兰在 OECD（The Organization for Economic Co-operation and Development）组织的国际学生评量计划（Programme for International Student Assessment，PISA）测试中连续夺冠，其重要策略在于坚持不放弃学习慢的儿童、不给儿童排队。这一做法的深刻内涵在于对每一位儿童受教育权的尊重。通过尊重，扶持弱者、平等民主、合作共存的理念及行为自然在学校活动中生长。学生能够体会到，尊重与合作是共同进步的基础。所以，在芬兰的教育中，更多了一些对学习困难儿童的耐心等待，更多了一些以关心别人为荣。因此，芬兰的教育在尊重与合作中培养了学生的品行，使

学校管理理念增添了唤醒学生心灵的生命力。[1]

（二）以体现学生的年龄特征为要义表述学校管理理念

学校管理理念需要显性化，即需要校长根据学生的年龄特征，以简明易懂的语言将学校管理理念表述出来。但受学生年龄特征的影响，不同层级的学校在管理理念的表述上是有区别的。例如，小学生活泼好动，以直观具体的形象思维为主，这就需要学校管理理念的表述形象生动，反映学生的生活经验，贴近学生的心灵感受，使学生能理解其中的内涵。所以，学校管理理念不是写在墙上的口号，而是理解学生，为了学生成长的真诚信念。这种信念不需要学生的记忆和背诵，仅仅是为了学生的体验与感受。体验来自于理念辉映下的环境渲染和行动过程，学生可以在理念营建的氛围与过程中体验学习的艰辛与快乐。感受来自于学习汲取的知识营养和精神食粮，学生可以在广阔博深的知识海洋中提升自我、逾越驰骋。

目前，学校管理理念的表述是异彩纷呈的。从其语句来看，有长有短，有多有少。有的学校的管理理念可能是几句话；有的学校的管理理念可能是几个字。从其语义来看，有不同的倾向性。有的学校的管理理念关注学生的品德修养；有的学校的管理理念关注学生的学习志向；有的学校的管理理念关注学生的人格特质。从其来源来看，有的学校的管理理念来源于校长对人生经历的体验；有的学校的管理理念来源于学校的实际问题；有的学校的管理理念来源于学校发展的需求。但无论是怎样的学校管理理念，都应以促进学生的发展为出发点。这样一来，简明、概括、童真、阳光等特征则成为学校管理理念的表述所要追求的共同特性。

学校管理理念的表述要经历一个不断完善和逐渐提升的过程，因为学校的发展是一个动态的过程，对学校管理理念内涵的认识也是一个不断深化的过程。例如，北京海淀区四季青中心小学"童心教育"理念的生成就经历了"做远大人、铸远大魂"，"为每个学生的成功创造机会、为每个教师的成功创造机会"，"为每一个学生拥有美好的童年服务、为每一个学生拥有幸福的人生奠基；让师生体验快乐；让师生享受成功；让每一位师生得到发展"、"同心呵护童心，同心哺育童心，同心发展童心"，直至"童心教育"五个阶段的发展过程。[2] 在这一过程中，学校师生共同理解、揭示、凝练、诠释学校管理理念的内涵，使学校管理理念能最准确、生动、简洁

---

[1] 萧富元等：《芬兰教育，世界第一的秘密》，第112～119页，台北，天下杂志股份有限公司，2009。

[2] 宋继东：《"童心教育"促进学生幸福成长》，载《中小学管理》，2010（2）。

地反映学校的育人宗旨，反映学生心灵的期盼。

（三）以付诸行动为目的呈现学校管理理念

学校管理理念是学校管理行为的先导，学校管理行为是学校管理理念的反映。有了适合学生身心特点的理念可能使学生健康成长；缺少适合学生身心特点的理念则可能催生阻碍学生健康成长的环境。学校的一切管理行为都是在理念的引领下有目的的行动，没有理念会导致学校的盲目管理，错误的理念会导致学校管理的失误。所以，学校管理理念一定是先于及上位于学校管理行为的。但值得注意的是，理念并不能代替学校管理行为，它只是学校实施正确管理的前提，理念还需要在学校管理过程中付诸行动。

学校管理理念付诸行动是与学生心灵的主动沟通。因为理念的表述只是为学生提供一种直观的感性认识，对于这种认识的深化或感染还需要通过学校的各项活动来完成。芬兰教育成功的奥秘就在于正确的理念与具体行为的统一。如前所述，芬兰不仅实施尊重的教育，而且实施以公平为理念的教育行动。公平的理念在学校管理中具体化为：不让一个儿童落后、不放弃学习慢的儿童、不给儿童排队、确立优质教师标准、使儿童在生活中学习、在世界领域畅游等行动。这些行动从大处着眼、小处着手，不急功近利，不虚华浮躁，捕捉孩子身边的兴趣，为他们创建科学研究的殿堂，引领他们攀登世界人才的高峰。[①] 这样的行动充分体现了公平的学校管理理念，通过为每一个儿童创造发展的机会，使他们在学习活动中体会学校生活的快乐，拓展他们热爱学习、热爱生活的内心世界感受。这样，学校管理理念便自然会与学生的心灵共鸣，实现了二者的和谐与沟通。

本章小结

学校管理理念是指校长对客观存在经过思维活动而产生的管理学校的意识或信念。学校管理理念决定着学校的发展方向，引导学校在坚持一定客观标准的前提下，选择学校管理行为，体现管理价值。

新中国成立以来，学校管理理念经历了一个逐渐转变的过程。首先，在对学校领导者与被领导者关系的认识上，由"主被动"关系向"双主动"关系转变。其次，在对学校领导者行为的认识上，由绝对权威向相对权威转变。再次，在对学校管理要素潜能的认识上，由量的挖掘向质的发现转

---

① 萧富元等：《芬兰教育，世界第一的秘密》，第112～119页，台北，天下杂志股份有限公司，2009。

变。最后，在对学校管理职能的认识上，由维系学校组织权力向创建学习型组织转变。现代学校管理理念基于人本主义精神而表现出从控制走向合作、从割裂走向融合、从权力走向责任等发展态势。

学校管理理念以与学生的心灵沟通为起点，是校长义不容辞的责任。学校领导者以尊重学生的人格为基础凝练学校管理理念、以体现学生的年龄特征为要义表述学校管理理念、以付诸行动为目的呈现学校管理理念，是学校管理理念与学生心灵沟通的基本途径。

思考与练习

1. 您认为一位好校长应当具备什么样的管理理念？
2. 请结合实际阐述在学校管理中存在哪些与尊重人的管理理念相悖的管理行为，应如何改进？

案例分析

新任校长的苦恼

L小学是一所名校，师资力量强，教学设备先进，学生来源好，但新任校长却感到压力很大。最使他感到棘手的是教师的力量与积极性形成反差。因为多数教师已经有了高级职称，他们内心感到比上不足，比下有余，不用多大的劲也可以应付过去。面对教师的心理状态，L校长认为应从团队建设抓起，通过大型活动激发教师的积极性，使他们"活"起来。

案例思考题

1. 您认为L校长的想法能受到教师的欢迎吗？
2. 您还想为L校长提什么建议？

阅读链接

1. 杨颖秀：《学校管理道德观的冲突与发展》，载《教育理论与实践》，2002（12）。
2. 孙世杰：《基于学校内涵发展的有效管理理念分析》，载《当代教育科学》，2010（8）。

第四章　学校管理文化

内容提要

学校管理文化是指在学校管理过程中凝聚的，反映学校成员共同价值观体系的学校精神财富与物质财富的总和。学校管理文化可以使学校独具特色，区别于其他学校。学生的成长、教师的发展，都要求学校管理重视文化建设，营建和谐的师生关系和有价值的环境空间。

学习目标

1. 掌握学校管理文化的内涵。
2. 理解营建学校管理文化的意义。
3. 了解营建学校管理文化的理论基础。
4. 掌握营建学校管理文化的基本策略。

学校是培养人的场域，促进学生的发展是对学生的终极关怀。而要关怀学生，就要懂得学生，要懂得学生就要营建为学生服务的学校管理文化。请看案例：

用行动感动中国的教师[①]

聚源中学，北川一中，青川一中，汉旺镇中学……在四川汶川大地震中，人民教师第一个站出来，用他们的沉着、冷静、机智，甚至鲜血生命，挽救了无数个花朵般的生命，奏响了无数次荡气回肠的生命颂歌。

2008年5月13日22时12分，四川地震救援人员扒出了德阳市东汽中学教导主任谭千秋的遗体。只见他双臂张开趴在一张课桌上，死死地护着

---

① 《感动的温暖 爱心在传递（抗震救灾感动故事集二——教师篇）》，引自阳光光泽博客，http://eblog.cersp.com/userlog16/30769/archives/2008/894264.shtml，2008-05-18。

桌下的4个孩子。孩子们得以生还，而他们的谭老师却永远地去了……

当汶川县映秀镇的群众徒手搬开垮塌的镇小学教学楼的一角时，被眼前的一幕惊呆了：一名男子跪扑在废墟上，双臂紧紧搂着两个孩子，两个孩子还活着，而他已经气绝！由于紧抱孩子的手臂已经僵硬，救援人员只得含泪将之锯掉才把孩子救出。这就是该校29岁的老师张米亚。"摘下我的翅膀，送给你飞翔。"多才多艺、最爱唱歌的张米亚老师用生命诠释了这句歌词，用血肉之躯为他的学生牢牢把守住了生命之门。

"出来了，出来了……"废墟中出现了一位遇难者遗体。一旁焦急等候的人们立即认出，这正是被掩埋在废墟中的张辉兵老师。"快看，他的两只手臂，都指向了逃生大门的方向……"另一位参与营救的红白中学老师告诉记者，他从被营救出来的学生口中得知：地震发生之时，张辉兵老师正在二楼的讲台上，距离房门只有一步之遥。发现地震之后，张老师立即叫孩子们往外跑，并用双手撑开房门，将孩子们一个一个地往外推。等十来个同学跑出一楼之后，整幢教学楼就塌了下来，张老师却倒在了房门之下。

谭千秋、张米亚、张辉兵……他们在最危难的一刻，用自己的无私无畏向世人展示着他们的良知，维护着他们的师尊，铸就着他们的师魂。

教师的行为是学校管理文化的缩影，受价值观的支配，也受学校管理制度的影响。而这种无形的价值观及管理制度则构成学校管理文化的基本要素，潜移默化地感染着并教育着学生。

第一节　学校管理文化的内涵及理论依据

一、学校管理文化的内涵

哈佛大学在350年校庆时，有人问学校最值得自豪的是什么，校长回答道："哈佛最引以自豪的不是培养了6位总统，36位诺贝尔奖获得者，最重要的是给予每个学生以充分的选择机会和发展空间，让每一颗金子都闪闪发光。"[1] 校长的回答反映了哈佛大学的办学理念、办学精神和办学的价值标准。正是因为哈佛大学"给予每个学生以充分的选择机会和发展空间，让每一颗金子都闪闪发光"的育人标准，才使得哈佛大学一直矗立于世界

---

[1] 中华人民共和国教育部《素质教育观念学习提要》编写组：《素质教育观念学习提要》，第20页，北京，生活·读书·新知三联书店，2001。

一流大学的前沿，一直受到世界众多杰出学子的敬仰，一直在世界人才培养的进程中成绩斐然。也正是因为这一切，才孕育和酿成哈佛大学的特有文化。

从众多优秀学校的育人标准和实践活动中我们可以得知，学校管理文化是指在学校管理过程中凝聚的，反映学校成员共同价值观体系的学校精神财富和物质财富的总和。学校管理文化可以使学校独具特色，区别于其他学校。学校管理文化不是抽象的，既可以通过学校领导的作风、教师的教风、学生的学风被学校成员体验和描述，也可以通过制度文化得以链接，更可以通过各种有形的、无形的学校环境表现出来。诸如，学校理念、校训、校徽等，都不同程度地反映着学校的价值标准，构成学校管理文化的重要组成部分。

二、营建学校管理文化的意义

（一）营建学校管理文化是学生发展的需要

学生的发展不仅包括作为生物有机体的生理发展，而且包括作为社会有机体的心理的发展，即物质需要与精神需要的满足是学生发展的两条主线。物质需要是基础，精神需要是更高层次的追求。学生在物质需要和精神需要得到满足时不仅会产生幸福的体验，而且会成为自身发展和社会发展的不竭动力。营建学校管理文化就是要为学生物质需要与精神需要的满足创造良好的条件，使学校管理能反映学生成长的规律，协调学生需求的内外关系。

（二）营建学校管理文化是增强学校凝聚力的需要

学校管理文化可以引导和塑造学校成员的态度与行为，使学校成员明辨是非、行为正义；可以表达学校成员对学校的一种认同感，使学校成员不仅注重自我利益，而且考虑组织利益；可以增强学校系统的稳定性，通过学校成员的行动标准把学校组织聚合起来，减少流动和降低成本。

（三）营建学校管理文化是创建学习型社会的基础

1972年，联合国教科文组织向各国提出了"向学习化社会前进"的目标，[1] 今天，创建学习型社会也成为我国未来发展的奋斗目标，学校管理则在实现这一目标的过程中承担着创造机会、选择途径、挖掘资源的重要责

---

[1] 联合国教科文组织国际教育发展委员会：《学会生存——教育世界的今天和明天》，第218页，北京，教育科学出版社，1996。

任。学习型社会的创建以及学校管理的历史责任都要求学校管理重视文化建设，为学生的成长、教师的发展营建和谐的师生关系与有价值的环境空间。

三、营建学校管理文化的理论依据

人际关系理论认为：人是"社会人"，是复杂社会系统中的一员，必须以社会系统的观点来对待。人不能单纯为了追求金钱收入，还要追求社会、心理方面的满足，即要追求人与人之间的友谊，追求安全感、归属感，要求受到他人的尊重等。在人际关系理论的影响下，许多研究人及组织行为的理论相继诞生，需要层次理论、团体动力理论、社会系统理论等，都对学校管理文化的营建具有重要的指导意义。

团体动力理论的主要倡导者是德裔美国心理学家和行为科学家科特·勒温（Kurt Lewin）。勒温认为，团体有三个要素：活动，相互影响，情绪。"活动"指人们在工作和日常生活中的一切行为；"相互影响"指人在组织中相互发生作用的行为；"情绪"是人们内在的、看不见的心理活动，如态度、情感、意见、信念，但可以从人的"活动"和"相互影响"中推知其活动。团体中各个成员的活动、相互影响和情绪的综合就构成团体行为，其中一项变动会影响到其他因素的变动。团体是处于均衡状态的各种力的一种"力场"，叫做"生活场所"、"自由运动场所"。这些力不仅涉及团体在其中活动的环境，而且涉及团体成员的个性、感情及其相互间的看法。团体成员在向其目标运动时，可以看成是力图从紧张状态解脱出来。在此基础上，勒温提出人的心理和行为决定于内在需要和周围环境的相互作用〔行为是人与环境相互作用的函数，可用公式表示为：$B=f(P, E)$〕。当人的需要没有得到满足时，会产生内部力场的张力，而周围环境因素起着导火线的作用。人的行为方向取决于内部力场与情境力场（环境因素）的相互作用，而以内部力场的张力为主。同样，勒温认为，团体活动的方向也取决于内部力场与情境力场的相互作用。[①] 勒温的团体动力理论给学校管理文化的营建以较大的启迪。其一，情感活动会对人的行为产生重要的影响，是学校管理必须关注的因素。情感活动不仅包括学生的情感反应，而且包括学校其他成员的情感投入，每一个成员的情感活动都会对其他成员产生交互作用。外界的情感因素如果不能与学生的情感张力达成平衡，学生就

---

① [美]罗伯特·欧文斯：《教育组织行为学》，第211页，孙绵涛等译，武汉，华中师范大学出版社，1987。

无法摆脱紧张状态，从而会影响学生的心理发展。其二，人的情感需要对情感性环境能够体验。情感体验可以通过学校的管理活动明显地折射出来。例如，学生的主体地位是否得到尊重可以通过伴随他们的教学活动与管理活动得以证实。领导者是否对工作负责任，学生的意见是否有权利表达，学校的规章制度是否指向于促进学生的发展等，学校的各种活动特别是管理活动都在自觉或不自觉地反映着一种正在被人所体验着的情感态度，并伴随着对人的行为的影响。很明显，心理环境是一个难以控制的因素，学校领导者必须理智地设计、精心地策划，努力为学生创建一个愉快、和谐、积极、健康的心理环境，使他们能在其中拼搏逾越。

　　社会系统理论也从宏观与微观的角度客观地分析了个人与组织、组织与社会、人与物之间的相互关系，指导我们以整体的视野和科学的态度正确认识人、组织、社会、物在学生成长中的作用。学校管理要赢得社会的赞誉，就要妥善处理各种关系，努力为学生的成长创造条件，特别是要为学生提供满意的心理环境和舒适的物理环境，使学生能够在愉快的环境中健康地成长。例如，简陋的教学设备会淡化学生的学习兴趣与学习态度，但可以通过教师无微不至的关怀得以补偿；豪华的教学设施可以激发学生的学习情绪，但教师不当的教育理念却会使学生感到压抑。实践表明，学生情绪情感的两极性可能受到学校物理环境、心理环境某一方面条件的影响，也可能受到两者交互作用的影响。这种影响不仅是物理环境与心理环境的协调问题，而且是学校环境客体与学生发展主体相互作用的问题。因而协调学校物理环境与心理环境的关系问题，实质是协调学校组织环境与学生个体之间的关系问题。请看案例：

学生为什么有这么多压力[①]

　　一名省级重点学校的老师，去年做了高一某班的班主任。班里刚入学的学生在初中都是佼佼者，到了新的环境很快发现还有更优秀的同学。不止一位女生对那位老师说：老师我觉得自己很失败，班里那么多的同学在数理化竞赛中获过奖，甚至有的同学三科都是一等奖。还有的女生上课不敢大胆发言，甚至不敢正视老师。她们有的人眼里含着泪水，充满恐惧……一位男生平时学习很努力，每天放学后同学们都回家了，他还一人在教室里做作业，可成绩总是不如别人。一次期中考试后，一位男生坚

[①] 陈永明：《基础教育改革案例分析》，第32～33页，天津，天津教育出版社，2006。

决要求调座位，因为他的同桌是一位他在初中赶了三年成绩都未赶上，而如今仍位于年级前茅的女生。他感到同桌对他的压力很大，使他有失男子汉的尊严。一位女生文采不错、字很漂亮，但物理较差，她在日记中写道："我是黑色之城，喜欢活在自己的世界中，喜欢夜，夜的漆黑给了我一种敢于面对自己的勇气。我梦想有一天能走入自己黑色的城堡中。可是一切可以让人伪装的因素将我内心的一切不安因素掩饰起来，于是我成了乖孩子。"

这一案例不能不使我们深思：为什么学习好的学生与学习差的学生都感到自己生活在较大的学习压力之下？学校究竟应采取什么策略才能引领学生走出学习压力感的羁绊，为他们创建一个充满快乐的环境空间，使他们能够享受学习过程的快乐呢？

第二节　营建学校管理文化的基本策略

学校管理文化无论是精神的还是物质的都不是抽象的。学校管理文化的营建，既可以通过校长的管理、教师的管理、学生的管理活动体现出来，也可以通过教学管理、教研管理、安全管理等活动体现出来，更可以通过理念引领、情感投入、制度设计、设施提供、特色创建等管理活动体现出来，达到营建健康的学校管理文化的目的。

一、管理理念的引领

学校管理理念是领导者价值观的体现，引领学校管理工作的方向，没有正确的学校管理理念就会导致盲目的管理，甚至导致物质文明与精神文明的对立。在学校管理要素中，人与其他要素相比，是最重要的管理要素，一切物的管理都是为人的管理服务的。因此，反映现代社会精神的学校管理理念应当建立在以人为本的基础之上。弗吉尼亚大学达顿学院的理念是建立在人的管理基础上的"恪尽教职"，所有教职人员要随时为学生提供咨询和帮助。新来的教师首先知道的是"咖啡时间"，即在25分钟的课间休息时，教师和学生要聚在一起闲聊，从早间经济新闻、课堂表现到学校新举措，无所不谈。每当未来的学生或教员参加面试，总会被告知咖啡时间，而且经常被带去亲自体验一下。这种以"咖啡时间"为媒介的"恪尽教职"

理念，为弗吉尼亚大学创建世界一流的商学院奠定了基础。①

现代管理理念五彩纷呈、无法穷尽。然而，千变万化的管理理念都集中地指向于人或指向于物，而指向于物的理念又是为指向于人的理念服务的。从管理的职能出发，学校管理的民主化则既能反映以实现人的发展为目的的管理理念，又能反映为实现人的发展而运行的管理程序，即学校管理的民主化是管理理念与管理手段的统一。从这一意义上讲，学校管理的民主化是实现学校管理目标的合理内核。学校管理的民主理念是在充分尊重人的权利的基础上，为促进人的和谐发展而进行的提高教育质量与效益的各种活动过程的反映。学校管理要尊重人的权利，主要是尊重学生和教师的权利。它要求将应当属于学生和教师的权利归还给他们，使其从中体会到他们是被尊重的主体，是自主管理的主体。

学校管理的民主是与专制相对立的。专制就是人治，就是学校领导者滥用权力，凭借自己的主观意志独断专行。专制的学校管理不顾及被领导者的权利与尊严、个性与差异，在领导者的权力专制与被领导者的权益拥有之间选择前者，忽视后者，忽视被领导者的内在需要与根本利益。这种管理是畸形的、压抑的、狭隘的、沉闷的。在这样的管理环境中，学生和教师无法成为真正意义上的人。

强调发挥人的主体性的民主的学校管理，并不否定和排除人的主体性在现代社会发展中的残缺性。就现代人的主体性而言，还存在着一定程度的以自我为中心的占有性个体主义、以统治自然为目标的人类中心说及不包含交互主体性的单独主体性。正因为如此，强调民主的学校管理就要与强调集中、有序、开放、合作等促进人的完整主体性的管理理念相统一，避免尊重人的个性与放纵个体主义的混淆，防止促进人的发展与保护自然的割裂与冲突。因此，民主的学校管理是与学校管理的集中、有序相辅相成的。

二、管理情感的投入

管理情感是学校领导者对学校管理过程中反映出的各种行为及现象所持的肯定或否定的态度。管理情感是与社会需要相联系的内心体验，同时会影响到其他人的情感或行为。学校领导者的情感可以通过责任感突出地反映出来，这也是其道德感的集中表现。责任感是受伦理标准影响的，不

---

① ［美］詹姆斯·斯通纳、爱德华·弗雷曼、丹尼尔·小吉尔伯特：《管理学教程》，第149页，刘学译，北京，华夏出版社，2001。

同的学校领导者由于伦理水平不同，在决策过程中也会存在公正与偏私、诚实与虚伪、野蛮与文明等价值取向中选择不同的标准。因此，学校领导者的责任感可以感染学校的教师与学生，为学校形成良好的校风奠定基础，使学校管理工作产生一定的影响力和感召力，甚至会决定学校管理工作的成败。《国家中长期教育改革和发展规划纲要（2010—2020 年）》将坚持以人为本、全面实施素质教育作为教育改革发展的战略主题，将面向全体学生、促进学生全面发展，着力提高学生服务国家、服务人民的社会责任感作为实现这一战略的重点，这足以说明责任感在人的发展中的重要性。

学校领导者的责任感可以通过甄选人的标准集中体现出来，这种甄选可以使学校成员体会到哪些行为是可以被学校组织接受的；哪些行为是不可以被学校组织接受的。可以被接受的行为标准在管理过程中被不断强化，就可以使学校成员感受到学校组织的文化氛围，形成与学校组织的价值标准相一致的行为。

三、管理制度的设计

制度是要求大家共同遵守的办事规程或行动准则。[①] 制度是管理的手段，也是管理价值的体现。通过对事不对人的制度进行管理是官僚制度理论的基本要点之一，其优势在于提高管理绩效，体现管理的公平性。官僚制度理论在西方公共管理领域曾经取得过巨大的成功，但 20 世纪 80 年代以后对官僚制度理论的质疑愈来愈多，质疑的焦点指向于官僚制度本身的技术化与理性化的高效设想以及与之相反的官僚制度统治下政府管理的垄断与低效。因此，以公共选择理论为代表的经济学理论试图超越官僚制度下的公共行政，由此导致世界范围内以"政府再造"为呼声的行政体制改革运动的此起彼伏。在此情况下，我国学校在依托于政府管理的存续过程中，制度是否还具有价值意义？对此应当给予肯定。

首先，我国现阶段学校管理状况表明，官僚制度倡导的明确分工与对事不对人的制度管理还处于比较茫然的状态。学校的人员安排、组织机构的设置、组织职能的划分、学校制度的设计与执行等，还存在着不同程度的"人治"色彩，以主观性、随意性为迹象的管理行为仍然充斥着学校管理环境，影响着人们的情绪与交往。这种情况意味着一个应当建立的、能够制约学校管理活动的客观制度体系还未能建立起来，这无论是对领导者

---

① 中国社会科学院语言研究所词典编辑室：《现代汉语词典》，2002 年增补本，第 1622 页，北京，商务印书馆，2002。

还是对被领导者都是缺乏制约机制、缺乏行为标准的，再加之学校领导者存在的趋利性，制度的缺失会导致学校管理的滞后。

其次，学校制度是学校管理理念的具体化。强调制度管理的重要性并不排除制度的价值标准和理性特征。学校制度的设计是为营建和谐平等的学校管理环境服务的，是为调动人的积极性创建的可依据性标准。健全科学的学校制度既能规范学校管理活动，又能为人的创造性的发挥提供可能。所以，学校制度的设计并不是以约束人的行为为目的，而是以挖掘人的潜能为宗旨。制定学校制度的出发点不同，其内容及对人的作用也会不同。

再次，"规制"与"解制"是学校管理制度设计需要关注的相对的行为状态。当学校领导者的权力极其集中，从而滥用职权，以致使权力成为束缚人发展的工具的时候，解权力之制则成为迫切需要解决的问题。当学校管理无所适从，常规管理都无法保证的时候，规行为之制则是十分必要的。事实上，解制与规制相互转化，解制的同时正是在建立一种新的制约机制，只是在制约的对象、制约的范围、制约的内容等方面会有所调整罢了。正是从这一意义出发，学校制度的存在是必然的。

最后，强调学校制度在学校管理中的作用并不排斥对学校伦理的追求，因为再好的制度也具有局限性、短期性和外部性。学校管理要发挥教师与学生的潜能，最重要的是提升他们自我教育的能力，提高他们的伦理意识。从现代社会的知识经济特点和发展速度来看，权力已经无法绝对属于学校领导者，当然制度也就无法成为全部意义上的制约机制。只有当教师与学生以其自觉的行为遵守学校制度时，制度才能体现出其存在的价值。

四、学校设施的提供

首先是提供安全的设施。学校设施是学校教育教学活动正常运行的必要条件，它不仅影响着教育教学质量的高低，而且影响着教师与学生的生命安全与否。学校能否为师生提供安全的设施反映着学校管理的理念和价值。安全的设施包括建筑的设计、环境的布置、设备的选用等，都要尊重人的身心发展规律，特别是对中小学生而言，他们是未成年人，处于身心发展的关键期，具有特殊性，学校设施的提供要严格按照国家规定的基本标准，保障学生的安全。值得注意的是，确保学校设施的安全与学校设施的美观是不矛盾的，美观的设施首先应当是安全的。

其次是提供方便的设施。安全的学校设施是师生发展成长的需要，是以人为本的学校管理理念的必然要求，但仅此还不够，在保障学校设施安全的基础上，为师生提供方便实用的设施也是学校管理价值观的反映。方便的设施可以从学校设施的每一个细节反映出来,诸如学校甬道的设计、草坪的铺垫、辅助设施的位置等,都有着不可忽视的科学性,体现着学校领导者是以人为本还是以物为本,是以权利为本还是以效率为本的价值追求。方便的学校设施不仅可以为师生提供实用的教育教学环境,而且可以为师生传递一种舒心的感受,这种感受会深深地镌刻在师生的心底,使其产生对学校的眷恋,产生作为学校人的自豪感,进而形成对学校的向心力。

最后是提供内涵深刻的设施。学校设施不仅具有直观的表象意义,而且具有深刻的内涵力量,这种内涵是与其设计的理念息息相关的。学校设施在设计上需要关注它应当具有的教育意义,以各种艺术的手段表现其丰富的感染力,以表象性的物质文化衬托其具有丰富内涵的精神文化。学校设施的内涵特性是与学校设施的安全性、方便性、美观性等特点相统一的,学校设施的提供需要同时关注这些特性,使学校管理文化在促进学生全面发展的精神指导下得以升华。

五、学校特色的创建

学校特色是指学校在发展过程中表现出的独特色彩和风格。当这种独特的色彩和风格随着学校的发展其程度不断提高,成绩特别显著的时候,则可能成为以此为特色的学校。所以,学校特色和特色学校在内涵上既有联系,又有区别。学校特色和特色学校都以其特色作为区别于他校的标志,但特色学校的特色更明确、更厚重,更具有整体性。而学校特色创建则是一个学校改进的动态过程,其目的不是为了成为特色学校,而是为了表现学校独自的特点和创造力,为了净化学校的育人环境。每一所学校都会在不断努力之下表现出某一方面或某几方面的特色。例如,有的学校将文明行为习惯的养成作为特色;有的学校将科学小制作作为特色;有的学校将课外体育活动作为特色等。那么,体育特色学校要比学校中的体育特色更具有整体效应和特点,取得的成绩也应更大。之所以要做这样的区别,是为了避免追求将学校都办成特色学校,这是不可能的,也是不必要的。中小学属于基础教育阶段,学生主要的任务是文化课的学习,而不是学习某一方面的专长。但这并不是否定学校搞一些丰富多彩的特色活动,以激发或培养学生的兴趣与爱好。也不否认有的学生在某一方面有特殊的天赋,可以特殊培养。因此,无论是学校特色创建还是创建特色学校,其根本宗旨都是为了以积极的校风、健康的育人环境、科学的教育规律培养人、教育人,而不是为了特色学校或学校特色的声名。请看案例:

美国弗吉尼亚大学的荣誉学生宿舍

在弗吉尼亚大学的校园中心坐落着几幢令人瞩目的房子,被称为荣誉学生宿舍。荣誉学生宿舍大约有80个房间,每年在大四学生中公开竞争,会有400多名最优秀的学生前来申请,录取率不足20%。您是否以为荣誉学生宿舍的条件有多好?其实不然。宿舍不仅租金高,而且极其简陋,没有卫生间,甚至要烧柴取暖。可为什么在拥有现代化王国之称的美国,学生们还要竞争条件这样艰苦的宿舍?因为只有荣誉学生才能住在这里。"荣誉"二字对学生来说价值无限,自豪万千。

这一案例不仅使我们体会了弗吉尼亚大学的育人理念,而且领会了学校逆向思维的智慧。强调逆向思维是要呼唤教育思维方式的转换,因为学校发展与改革是一个系统工程,它不仅表现在教材内容的改革上,而且也表现在课程资源的改革上。毋庸置疑,学校特色是潜在的课程资源,这种资源的利用来自校长的精心设计与开发。如果说传统的教育教学在一定程度上僵化了学生的思维方式,那么,我们认为它不仅表现在教材编写的单向思维上,而且表现在学校管理文化的单向思维上。例如,学校的奖励一直是以奖金、奖品等形式呈现的,奖励的硬性指标也主要是学生的学习成绩。久而久之,学生则形成了学习成绩与奖金、奖品之间的刺激反应方式,而不知道得到奖金、奖品的真正意义,更不知道奖励还会有其他的方式,甚至有的学生不知道自己被评为军训标兵算不算奖励。学校虽然不是社会的原型,但它可以是模拟的社会。学生表现出色受到奖励意味着他是强者,强者则要在社会上承担更重要的任务和责任。所以,奖励可以是奖金、奖品,也可以是艰苦的磨炼。通过磨炼,可以促进学生更快地成长、更快地成才。如果一所学校能形成对适应艰苦的条件也被视为光荣的文化氛围,那么,我们的教育实效性则会以更小的成本换来更大的效益。因为教育的思维从其真实意义来说反映着育人的理念,育人理念是对学生素质要达到目的的理想追求,是以人为本的价值反映,它需要通过各项教育教学活动反映出来。学校需要懂得,很多教学内容是不能仅仅反映在教材里的,还在更广泛的意义上反映在教育过程之中。从理念到思维、从课堂到操场、从校长到教师、从开学到毕业,每一个动与静、人与物的交融都无时不在影响着学生。弗吉尼亚大学的荣誉学生宿舍制度鲜明地反映了学校在育人过程中的特色创意。

本章小结

学校管理文化是指在学校管理过程中凝聚的、反映学校成员共同价值观体系的学校精神财富和物质财富的总和。学校管理文化可以使学校独具特色，区别于其他学校。学生的成长、教师的发展，都要求学校管理重视文化建设，营建和谐的师生关系与有价值的环境空间。学校管理文化可以引导和塑造学校成员的态度和行为，使学校成员明辨是非，行为正义；可以表达学校成员对学校的一种认同感，使学校成员不仅注重自我利益，而且考虑组织利益，还可以增强学校系统的稳定性，通过学校成员的行动标准把学校组织聚合起来，减少流动和降低成本。学校管理文化的营建有团体动力理论、社会系统理论等很多的理论支持。营建学校管理文化可以从管理理念的引领、管理情感的投入、管理制度的设计、学校设施的提供、学校特色的创建等多方面入手。

思考与练习

1. 什么是学校管理文化？
2. 请结合实际阐述营建学校管理文化的意义。
3. 营建学校管理文化可以依据哪些理论？
4. 实际中应如何营建学校管理文化？

案例分析

国旗下的讲话[1]

南京晓庄学院是 2000 年 3 月经教育部批准成立的一所本科层次的全日制普通高等院校。该校多年以来，一直坚持每日升挂国旗，每周一早晨举行升旗仪式，并用"国旗下的讲话"这一形式进行主题教育。这一简单的教育形式，能释放出巨大的爱国主义教育能量，使参与这个仪式中的每一位师生都在这一特定的氛围中获得崇高的心理体验，思想上受到启迪，情感上得到熏陶，从而产生认同感、使命感和自豪感。在南京晓庄学院，升旗仪式上的"国旗下的讲话"是一个已形成传统的开放性课堂。短短三五

---

[1] 冯刚：《高校校园文化建设理论与实践》，第 10～11 页，长沙，湖南大学出版社，2006。

分钟主题演讲中，有对校训校风的系统阐释，也有对陶行知先生原著节选和语录的介绍，还有以丰富的人生阅历和丰厚的专业学养启迪学子的教授寄语。国旗下讲话的演讲者，既有学校党政领导，也有普通教职工；既有在校大学生，也有杰出校友；既有学识渊博的老教授，也有学生公寓的物业管理员。

由于升国旗仪式及"国旗下的讲话"这种教育形式在十多年时间内保持了相当的稳定性和连续性，对于校风、学风的培养以及学生对学校的心理归属感都起到了积极的促进作用。不少毕业生在回忆校园生活时，都会发出这样的感言："国旗下的讲话"是留给自己印象最深的校园记忆之一。

案例思考题

1. 这一案例对您有哪些启示？
2. 您认为营建学校管理文化应注意哪些问题？

阅读链接

1. 李炳亭、韩世文：《课堂兴校 文化立校——北京市昌平区长陵中学课改文化建设纪实》，载《中国教师报》，第 B 03 版，2010-06-30。

2. 任国安：《基于细节的学校文化建设》，载《上海教育科研》，2010 (9)。

3. 周庆九：《学校文化建设的基本认知与理性探索》，载《兰州教育学院学报》，2010 (10)。

第五章　学校管理过程

内容提要

学校管理要为学校成员提供充分发展的空间，就要有序运转，使学校成员有条件充分参与到学校管理过程中，成为学校管理的主体，提高学校管理的质量。管理过程理论为解决这样的问题进行了较为深入的研究，为提高学校管理的有效性奠定了基础。

学习目标

1. 掌握学校管理过程的内涵。
2. 理解戴明的管理过程理论。
3. 掌握学校管理过程的基本环节。
4. 理解学校全面质量管理的内涵及实施途径。

学校管理要有效组织各要素，协调各要素之间的关系，使学校管理工作有序进行，特别是要调动教师与学生的积极性，使之充分参与学校管理。这就要求学校领导者重视学校管理过程，在决策中了解实际情况，掌握教师与学生的需求。请看案例：

破解教师可持续发展难题[1]

这是一所充满了教育智慧的学校，校园中的很多景观都被赋予丰富的教育内涵；从学生出发的课改，学校把突破点首先放在了教师的专业发展上，着力打造出一支具有专业素养，能更好地服务于学生"学"的课改队伍。这所学校就是黑龙江省牡丹江市实验中学。这所学校在破解教师可持续发展难题方面采取了以下策略：

---

[1] 李炳亭、刘汶莉、洪湖：《破解教师可持续发展难题》，载《中国教师报》，第B03版，2010-11-24。

1. 五大措施助力教师成长

这五大措施可以概括为读经典、写反思、3分钟晨讲、教师解题集、同伴导师。

为鼓励教师读书，学校为教师们报销购书费用，建议每位教师都系统地学习一位教育家的教育思想；有一本自己最喜爱的教育名著，精心研读；有一份高质量的教育报刊，有一个经常浏览的教育网站，了解最新教育信息；有自己的教育博客，书写教育心得、感悟。学校还主办了校刊《视点》，每期发表教师优秀作品。

学校要求每位教师每天坚持写自己的教育反思、随笔。每人每学期推出自己的反思集，学校还为每位教师印制了"经验手册"。时间长了，教师的反思成为一笔很大的财富。

3分钟晨讲是牡丹江实验中学的特色。每天上班前的3分钟，轮到的教师都要在前台讲述自己的课改故事。"说教育智慧，扬师德正气"，每天短短的3分钟成为令老师们感动和期待的时刻，老师们互相学习彼此促进。好的演讲还被搬上国旗下教师励志演讲，师生共同感悟，共同提高。

在牡丹江实验中学，每位教师都有自己的解题本，学校为引导教师们注重积累，要求每天坚持做5道题。渐渐地，老师们的"积累"越来越多，老师已在新学期将解题集汇编成册，有的老师不仅成为"牡丹江名师大讲堂"中的主讲教师，而且在全国英语课堂大赛中屡获佳绩。水滴石穿，靠的是工夫。教师正是在积累中每日精进。

牡丹江实验中学还建立起一对一的教师帮扶"同伴导师"对子。具体做法是：老师和老师结对子，随时进行思想交流、教学经验共享，彼此支持，互相帮助。教师感到，教师之间融洽得像一家人。

2. 多元管理紧扣教师发展核心

《学生课堂自我评价手册》是牡丹江实验中学课改的亮点。在对学生思想品德量化管理的基础上，最终形成了相对完整的多元评价体系：学生自我评价、小组评价、家校沟通平台评价。在手册中，项目有今日计划、我的反思、家长寄语、同学眼中的我等，"评"更多的是建议和帮助。

与学生评价类似，牡丹江实验中学教师也实行多元管理。学校实行3次备课形成学生用导学案，每次备课都会有一次评价和改进。由教师独立编写的个性案到集体备课研讨后的修订案，最后是个人上课后的完善案，教师们对课题不断深入研究、完善，突出学生的自主、合作与探究，使学案成为新型学习形式的有效载体。

对于学习成果的巩固，学校实行3次过关保障。学校要求教师对学生当日所学知识进行过关检测,每周进行一次过关复习,每月则进行一次过关考核。学校则对每一位教师进行抽测,3次抽测,考核学生,评价的则是教师。

以学生为本,牡丹江实验中学专门设立"互动空间室",由专人负责管理,学校则选择最优秀的任课教师轮流值岗。各班日、周、月过关检测不合格的同学,可自主到"互动空间室",找相应学科教师进行辅导。辅导后学生学习目标达成,纳入教师的绩效考核。在此基础上鼓励师生结对,建立一帮一的导师制培养模式,学生的成长提高也作为教师考核的依据。

牡丹江实验中学每月一次学生对教师的满意度评价,其实也构成了多元管理的一层。此外,学校年级组、学科组还有对教师的考核与评价等,共同促进着教师的不断反思和自我完善。诸多评价、多元管理的核心其实都共同指向了教师的发展。

3. SWOT 分析与 PDCA 管理

SWOT 和 PDCA 不是牡丹江实验中学的首创,这两种在企业中常用的激励管理方法却被他们引入到学校的教师激励中。

SWOT 分析,S 代表优势、W 代表劣势、O 代表机会点、T 代表威胁点。使用 SWOT 分析法,使学校可以更准确地制定近远期的规划,同时在分析中不断作出调整。每位教师也在认真分析自身 SWOT 的基础上,制定自我发展规划,学校则努力使每位教师在不同层面达到最佳的发展水平。校长认为,"让合适的人到合适的位置做合适的事"是一种管理的精细化体现。

注重教学质量提高的 PDCA 管理,P 代表计划,D 代表实行,C 代表检查,A 代表处理。使用 PDCA 管理,强调事事有策划、执行、反思,有总结,有提高。学校每月坚持开展学生评教活动,对教师进行满意度测评,根据 PDCA 管理理论,学校定方案,学生测评,再进行满意度评价汇总,出具分析方案,教师再进行个人反思,写出总结和改进方案,在工作中贯彻执行。PDCA 是牡丹江实验中学在管理中注重细节提升的重要尝试。实行 PDCA 管理,师生间的沟通更及时有效了,自己的满意度更高了。校长表示,PDCA 管理有效地调整了师生关系,提高了教师的服务意识,增强了教师工作的主动性,以学生为本的理念在学生满意度测评制度中渐渐化为行动。课改得到了促进,教师得到发展和提高。

教师的发展和成熟需要一个过程,学校对教师的管理则需要注重教师成长过程中的需求,采取适当的措施激励教师逐渐提升,直至走向成熟。

牡丹江实验中学的做法给我们以很大的启迪，学校领导者依据管理过程理论，对教师发展从有计划的设计入手，有针对性地诊断问题，采取适当措施，帮助教师顺利度过高原期，解决了教师可持续发展的难题。由此我们可以得知，管理是一个过程，学校管理要了解和遵循管理过程的有序性规律。

第一节　学校管理过程的内涵及理论依据

一、学校管理过程的内涵

学校管理过程是指反映学校管理活动运行状态的时间流程，主要由计划、实行、检查、总结等基本环节组成。学校管理的目的是为了提高教育质量，而学校领导者如果能够掌握学校管理过程的发展变化规律，做好每一个环节的工作，就能有效地促进学校管理工作的有序进行，进而保证教育质量的提高。

二、学校管理过程的特性

（一）学校管理过程是有目的多主体的交互作用过程

学校的根本目的在于育人，培养人的目的制约着学校的全部工作，也制约着学校管理工作。在学校管理过程中涉及学校领导、教职工、学生、家长等人的因素，他们在学校管理过程中交互作用，形成"学校领导——教职工""教职工——学生""学校领导——学生""教职工——家长""家长——学生"等多主体关系。人是具有主观能动性的，因此，学校管理过程中的各项活动具有双向传递的性质。一方面是领导者对被领导者的管理；另一方面是被领导者的动态反馈。所以，在学校管理过程中必须调动多方面的积极性，使之密切配合，协调一致，以提升管理过程的有效性。

（二）学校管理过程是多因素多层次的协调过程

学校管理过程会面临人、财、物、时间、空间、信息等多种因素的综合管理。例如，学生的成长会面临多种因素的影响，这些因素又来自学校、家庭和社会各个方面。仅以学校为例，学校环境、学校风气、学校活动设计等都会影响学生的成长。面对众多因素对学生的影响，就需要对其做出组织和协调，使之相互促进和相互补充。同时，学校内部也存在着不同的层次，如上层、中层、基层，他们都在实现学校总体目标中各自发挥参与管理的作用，这也需要做一些组织和协调工作。另外，在学校管理的每个层次中，又有着多种结构，如上层有党的组织、校长、副校长，中层有各管理职能系统，基层有各种教学组织、研究组织、社团组织等。因此，学校管理要有效组织和协调各因素、各结构、各层次的关系，使之形成教育合力。

（三）学校管理过程是有顺序须控制的活动过程

学校管理对各因素、各层次、各结构进行组织与协调，目的在于集中一切力量，使受教育者在德、智、体等方面都得到发展。由于学校教育活动周期长、各阶段有其不同的特点，因此学校管理需要根据各阶段在育人周期中的地位和作用，按照其活动过程的一定顺序进行。同时，学校管理还要对管理过程的各要素实行严格控制，以保证各阶段及全部育人周期的教育质量。例如，受教育者具有极大的可塑性，在整个管理过程中可能会表现出一定的偏差，领导者对此需要及时调整学校活动进程、活动内容、活动方式等，实行必要的控制，以实现预定的育人目的。

三、学校管理过程的理论依据

研究管理过程的理论很多，比较著名的是美国管理学家爱德华兹·戴明（W. Edwards Deming）关于管理过程诸环节及其相互关系的论述以及在此基础上的关于全面质量管理的论述。戴明认为，管理过程由计划（plan）、实行（do）、检查（check）、处理（act）四个环节组成，这四个环节相互关联、相互促进，构成一个圆环（PDCA环）。计划环节包括确定目的、制订方案、选择决策、拟定行动计划等，这是管理过程的起点。实行环节包括建立机构、完善制度、组织资源、指挥行动、协调关系等，这是对计划环节的实施。检查环节包括监督计划的实施、查验原计划的合理性、建立反馈渠道与机构、提供反馈信息等，这是对计划环节、实行环节的监督。处理环节包括肯定成果、处理问题、总结教训、推广经验、使行为规范化、管理质量标准化等，这是对计划环节、实行环节、检查环节的总评价，也是管理过程的终点。从计划到处理构成一个相对完整的管理过程，但处理又可以为下一个管理过程的开始提供基础。管理过程每循环一次，管理工作和管理水平都提高一步，呈现阶梯式螺旋上升状态。

戴明倡导的PDCA循环说是他的全面质量管理（TQM）理论的基础。戴明认为，产品的价格是相对于质量而有意义的，生产每一个零件的目标要尽可能精确，第一次就做好，并力求始终完美，而不是"够好"就行。为此，最高管理层必须将改进产品和服务作为永久的目的，不能容忍粗劣的原料、不良的操作、有瑕疵的产品和松散的服务。要对生产的全过程进行质量控制，要实施严谨的教育及培训计划，要打破部门之间的围墙，发挥团队精神，激发员工的积极性使之致力于提高产品的质量，取消工作标准及数量化的定额。① 戴明的全面质量管理理论的核心在于强调全员、全部门、全过程的管理，即在管理过程中，不能忽视任何一个人、一个部门、一个环节。与戴明共同倡导全面质量管理的主要代表人物还有约瑟夫·朱兰（Joseph M. Juran）。

在管理过程中，每一个环节都很重要，但做好计划是保障管理过程有效运行的关键。与做好计划相关，战略管理过程（strategic management process）理论提出的 SWOT 分析技术，受到广泛的关注。战略管理过程理论认为，战略管理过程包括九个步骤，即步骤 1 确定组织当前的宗旨、目标和战略，步骤 2 分析环境，步骤 3 发现机会和威胁，步骤 4 分析组织的资源，步骤 5 识别优势和劣势，步骤 6 重新评价组织的宗旨和目标，步骤 7 制定战略，步骤 8 实施战略，步骤 9 评价结果。在这九个步骤中，将步骤 3 和步骤 5 合并在一起，导致对组织机会的再评价，通常称为 SWOT 分析，它把对组织的优势（strengths）、劣势（weaknesses）、机会（opportunities）、威胁（threats）的分析结合在一起，以便发现组织可能发掘的空间。根据 SWOT 分析，组织可以对自身的机会进行分析和识别，为组织做出正确的战略决策奠定基础。②

管理过程理论是较系统地阐述管理过程运行规律的理论，为认识学校管理过程提供了指导。学校管理过程不仅要遵循管理过程的一般规律，而且要反映学校管理过程的特殊性。

第二节　学校管理过程的基本环节

一、计划

管理工作只有有了计划，才能有明确的目的和要求，才能通过组织实行计划实现管理活动的最终目的。关于计划的研究很多，如法约尔（Henri Fayol）、古利克（Luther Gulick）、孔茨（Harkld Koontz）等人关于管理职

---

① 郭咸纲：《西方管理学说史》，第 430～431 页，北京，中国经济出版社，2003。
② ［美］斯蒂芬·P. 罗宾斯：《管理学》，第四版，第 171～174 页，黄卫伟等译，北京，中国人民大学出版社，1997。

能的学说均将计划作为管理的首要职能，并将计划视为确定或选择目标的过程。孔茨还把目标定义为指导组织和个人活动的最终目的，并认为，由于理论和实际工作者并没有明确地区分各项具体目标（goals）和一定时期的目标（objectives）这两个名词，所以两者可以互换使用。但从其内容上可以看出是长期目标还是短期目标。[①] 由此可见，制订计划是为了实现组织和个人的最终目的，而目的的具体化则是目标，制订计划的过程就是确定目标的过程。

（一）学校计划的类型

学校计划是指学校为实现一定的目的所拟定的具体工作内容和步骤。计划是学校管理过程的起始环节，常见的计划可以分为以下几类：

按性质分为常规性计划与专题性的或临时性的计划。常规性计划，如学校工作计划、各部门（处、组、室等）工作计划、各成员（班主任、教师等）工作计划等。专题性的或临时性的计划是指在一学期中，根据上级部署或临时下达的任务或者学校有某些重大事件或活动而制订的计划。

按时间分为长期计划、中期计划和短期计划。长期计划如远景规划、五年发展计划等。中期计划如学年计划、学期计划等。短期计划如学月计划、学周计划和学日计划等。

按范围分为学校总体计划、部门计划和个人计划。全校性的学年计划和学期计划属于整体计划。教导处工作计划、总务处工作计划、教研组工作计划、班主任工作计划、共青团和少先队工作计划属于部门计划。部门计划要服从整体计划，但具有一定的独立性。教师的教学计划、个人发展计划属于个人计划。个人计划要服从部门计划和学校计划，但也具有一定的独立性。

（二）学校如何制订计划

1. 掌握依据，提出目标

在制订计划阶段，学校领导者需要明确制订计划的依据，并提出切合实际的目标。依据主要来自三个方面：一是来自国家及上级具有全局性的、长期性的方针政策、计划规划；二是来自学校内部的实际情况；三是来自理论研究及教育规律。在确立依据的基础上提出学校发展的目标，目标要有明确的方向和重点，并要确定实现目标的策略或措施。

---

① ［美］哈罗德·孔茨、海因茨·韦里克：《管理学》，第 91 页，张晓君等编译，北京，经济科学出版社，1998。

2. 共同参与，拟订方案

制订学校工作计划，要调动教职工和学生的积极性。在学校管理过程中要充分发扬民主，使教职工和学生共同参与管理。在确定计划目标以及实现目标的措施等问题上，要充分听取教职工和学生的意见，使他们积极参与学校管理。

3. 深入思考，果断决策

制订计划的过程也是一个决策过程，计划阶段的核心问题是决策，领导者就是决策者。计划在经由全校教职工的广泛讨论之后，经领导者的深思熟虑，进行果断决策，使计划切实可行。

二、实行

实行是学校管理过程的中心环节，是实现学校管理目标的重要手段。衡量一个组织机构的工作不仅要看其计划订得如何，而且要看其计划实施得如何。要使计划落实，需要对计划实行管理。在这一问题上，经验主义学派代表人物杜拉克（Peter F. Drucker）的目标管理理论（Management By Objectives，MBO）为我们提供了指导。杜拉克认为，管理是特殊的工作，因此要有一些特殊的技能，其中包括：做出有效的决策；在组织内部和外部进行信息联系；正确运用控制与衡量；正确运用分析工具等。而目标管理则是使管理人员和广大职工在工作中实行自我控制并达到工作目标的一种管理技能和管理制度。目标管理要求一个组织中的上级和下级管理人员一起制定共同的目标，目标同每一个人的应有成果相联系，规定他的主要职责范围，并用这些措施作为经营一个单位和评价其每一个成员贡献的指导。[①] 为实现目标管理，在计划的实行阶段，可以将工作分为组织、指导、协调、激励等环节。

（一）组织

学校计划制订后，教职工虽已明确任务，但并不一定会自动发挥作用。因此，实行阶段的组织包括任务的合理分配和资源的妥善安排。在这个阶段，学校领导者要根据计划的要求，正确地做好教育教学分工，科学地布置和使用教师力量，保证人尽其才。同时，要科学建立组织机构，健全规章制度。

（二）指导

在实行阶段总会有人出现诸如对工作目标不明确、工作方法不了解等

---

① 孙耀君：《西方管理思想史》，第 623 页，太原，山西经济出版社，1987。

情况，为了更好地实行计划，就需要针对各种情况及时做好指导，使学校成员明确为什么干、干什么、干到什么程度，以及怎样干的问题。同时，在指导过程中还要善于交流情感，使指导更有成效。

（三）协调

协调是实行阶段一项重要的管理工作，贯穿于实行阶段的全过程。在实行阶段，机构与机构之间、人与人之间、事与事之间，难免会产生这样或那样的冲突，这就需要协调。协调的目的，是把各种关系处理好，使机构与机构之间相互配合、职责分明，人与人之间，关系融洽，以保证学校工作不停滞，不偏离方向，不浪费资源。

（四）激励

实行阶段工作的好坏，取决于学校成员在工作中的积极性和主动性。为了保持和提高学校成员按计划进行工作的积极性和创造性，除了必要的规章制度外，还要运用激励的手段。激励有很多方式，诸如以学校愿景激励学校成员的进取心，增强学校成员的事业心和责任感，以表扬与批评、奖励与惩罚，强化学校成员的行为，调动学校成员的积极性等。

组织、指导、协调、激励，是学校领导者在实行阶段自始至终都须重视的管理活动，这些活动是一个有机的整体，互相联系、互相配合。在采取这些措施时，要充分发挥学校各级各类职能机构的作用，同时领导者也要亲临工作第一线，以身作则，了解民意，帮助学校成员解决一些自身难以解决的问题。

三、检查

检查是学校管理过程的中继环节，是学校领导者为实现计划目标而施加影响的一种重要手段，是提高学校管理效能的必要措施。

（一）检查阶段的主要工作

为了达到有效的检查，在工作中需要做好四个方面的工作。第一，将计划中所确定的要求作为检查的标准。第二，灵活采用各种检查方式，获取足够信息，掌握全面而真实的情况。第三，认真研究纠正偏差的措施，分析实际结果与标准要求的偏差，并采取有针对性的应对措施。第四，在结果分析上，要注意对工作过程的分析。

（二）检查的方式

检查的方式多种多样，从时间上分，有常规检查和阶段检查；从内容上分，有全面检查和专题检查；从主体上分，有领导检查、相互检查和自我检查。这些方式各具特点，在实际检查中，各种方式往往结合使用。这里仅介绍常规检查和阶段检查两种检查方式。

1. 常规检查

学校管理对学校各项工作的检查，最基本的方式是常规检查。这种检查要求检查者直接参与到教育、教学、管理等活动中，通过观察、听课、调查、个别谈话等方式获得大量的第一手资料，经过分析与研究，对被检查者实施必要的审视和指导。

2. 阶段检查

在学校管理工作中，除了进行常规的工作检查外，一般在学期中和学期末各进行一次较为全面的教育、教学、管理工作的检查。这种检查是按统一的计划，组织专人进行的有目的、有系统、分阶段的检查。

四、总结

总结是学校管理活动过程的终结环节，这个环节是在检查的基础上，对照计划提出的预定目标进行的。总结是检查的继续，是对计划执行的分析和评价，又是下一个管理周期的基础，起着承前启后的作用，能促进管理水平提高的作用。总结需要做好以下工作：

（一）确定总结方式

总结的种类很多，按时间分，有学年总结、学期总结等；按范围分，有全校性的总结、各部门的总结、个人总结等。学校领导者可以根据需要确定总结方式，提高总结的时效性。

（二）突出总结特性

1. 比较性

总结就是把计划与最近的工作结果对照比较，从中肯定成绩、寻找问题，通过深入分析和思考，总结经验和教训。因此，总结必须以检查为基础，通过检查加以比较。比较主要包括：和计划所确定的要求、标准比较；和上级所给予的任务比较；和本校过去的工作比较；和其他学校的工作比较；和先进的经验、理论的比较等。

2. 客观性

总结要实事求是，如实客观地反映情况。对情况的分析要一分为二，既要看到成绩，也要看到问题。要分清主流和支流、现象和本质，要看到在原有基础上所取得的成绩和进步，还要注意突出重点，点面结合。

3. 激励性

总结应具有激励作用。在总结阶段，学校领导者要深入研究导致成绩与问题的原因,总结经验教训,提出新的目标和措施,激励学校成员继续前进。

计划、实行、检查、总结这几个基本环节的有机结合,构成学校管理的全过程。同时,这几个基本环节在学校管理过程中又不是简单地重复,而是阶梯式螺旋上升的。

第三节 学校全面质量管理的内涵及实施途径

一、学校全面质量管理的内涵

学校全面质量管理是指学校全员参与,对学校各项工作进行全部门、全过程的管理。学校实施全面质量管理的目的,是为了调动学校成员的积极性,实现不让一个教师掉队、不让一个学生掉队,全面提高学校的教育教学质量的目的。例如,通过建立教育质量监控系统提高教育质量的行为,就是学校实施全面质量管理的行动策略。

学校实施全面质量管理是现代学校发展的必然要求。许多学者在分析影响学校全面质量管理要素的基础上,提出了关于学校全面质量管理的不同见解。例如,加拿大的摩格特伊(Stephen Murgatroyd)和英国的摩根(Colin Morgan)在合著的《全面质量管理与学校》(*Total Quality Management and the School*)一书中,把全面质量管理理解为维护一个组织正常供求关系的系统管理,认为这种管理旨在保障质量性能的深层、持续改进,并提出了学校实施全面质量管理的五个关键要素、三个基础和三个条件。波斯汀(Bonsiting)认为质量学校与现行学校相比,有四大支柱:顾客——供方焦点、投入持续改进活动、过程——系统方法、持之以恒的质量领导能力。[①]

二、学校全面质量管理的实施途径

学校实施全面质量管理有许多途径,从对学校全面质量管理的理解出发,在此强调以下几个方面的实施途径。

[①] 程凤春:《教育中的全面质量管理:模式、政论和趋势》,载《中国教育管理评论》(第1卷),第99~108页,北京,教育科学出版社,2003。

（一）关注全员

1. 关注学生

学校管理要为学生提供优质的教育教学环境，为学生的成长发展服务。但学生是一个不成熟的、有发展个性的个体，对学生的管理具有复杂性。因此，学校要关心、爱护每一个学生，采取一切措施教育好每一个学生，实现全面提高教育质量的目的。

2. 关注教师

教师是学校的重要成员，教师的工作积极性和热情直接影响学校的教育教学质量。教师在独立完成学校工作的过程中，无论出现什么问题，都会给学生的发展造成不可弥补的损失。因此，教师培训、教师参与管理、教师权益保护、教师人格尊重等问题都是学校在实施全面质量管理中需要关注的。

3. 关注家长

家长是学校管理不可忽视的主体，家长对学校的满意度决定学校的知名度、美誉度。学校要使家长满意，就需要多与家长沟通。学校可以通过成立家长委员会、家长学校、定期召开家长会等方式，让家长了解学校，使家长参与学校管理，在家长与学校的合作中逐步改进学校工作，提高学校工作的质量。

（二）关注全部门

1. 关注学校组织

教导处、总务处、年级组、教研组、党、团、少先队、工会等组织，是学校工作中不可缺少的部门，任何一个部门出现问题，都有可能影响全局工作的进展。因此，学校要合理地分配人、财、物、时间、空间、信息等资源，明确规定各部门的任务和职责，协调各部门之间的关系。

2. 关注社会组织

任何学校都处在一定的社会环境中，社会中的各行各业与学校有着千丝万缕的联系。积极的社会环境可以为学校提供所需要的资源支持，影响学校的发展水平和发展方向，消极的社会环境也会对学校产生负面影响，阻碍学校的发展进程。因此，学校要实施全面质量管理，就需要与社会相关部门协调关系，特别是要加强与社区的沟通合作，促使社区人员参与学校管理，为学生营建积极的社区环境。

（三）关注管理全过程

学校管理是一个动态的过程，也是一个循环往复的过程。学生从入学开始,经过各个年级直到毕业,属于纵向运行过程;每学期围绕教育目标的循环过程,属于横向运行过程。这些过程的任何一个环节,都影响着全面质量管理的效果,忽视任何一个环节的质量管理,都会直接影响整体教育质量的提高。因此,学校管理要做到一环扣一环,预防各环节在质量管理上的失误。

本章小结

学校管理过程是指反映学校管理活动运行状态的时间流程,主要由计划、实行、检查、总结等基本环节组成的。学校管理的目的是为了提高教育教学质量,而学校领导者如果能掌握学校管理过程的发展变化规律,做好每一个环节的工作,就能有效地促进学校管理工作的有序进行,进而提高教育质量。

美国管理学家 W. 爱德华兹·戴明(W. Edwards Deming)关于管理过程诸环节及其相互关系的论述以及在此基础上关于全面质量管理的论述,对学校管理具有重要的指导作用。戴明认为,管理过程由计划(plan)、实行(do)、检查(check)、处理(act)四个环节组成,这四个环节相互关联、相互促进,构成一个圆环(PDCA 环)。与做好计划相关,战略管理过程(strategic management process)理论提出的 SWOT 分析技术,受到广泛的关注。战略管理过程理论把对组织的优势(strengths)、劣势(weaknesses)、机会(opportunities)、威胁(threats)的分析结合在一起,以便发现组织可能发掘的空间。根据 SWOT 分析,组织可以对自身的机会进行分析和识别,为组织做出正确的战略决策奠定基础。

学校管理过程既要遵循管理过程的一般规律,又要反映学校管理过程的特殊性。学校管理过程一般来说由计划、实行、检查、总结几个基本环节组成,这几个基本环节呈阶梯式地螺旋上升,每一个环节都有其特定的内容。学校也可以进行 SWOT 分析,以便正确制定学校发展战略。

戴明倡导的 PDCA 循环说是他的全面质量管理(TQM)理论的基础。而全面质量管理理论的核心在于强调全员、全部门、全过程的管理。根据全面质量管理理论的核心思想,学校也可实施全面质量管理,即学校全员参与,对学校各项工作进行全部门、全过程的管理,其目的是为了全面提高学校的教育教学质量。

思考与练习

1. 什么是学校管理过程?
2. 戴明管理过程理论的主要内容是什么?
3. 学校需要制订哪些计划?如何制订?
4. 什么是学校全面质量管理?学校应如何实施全面质量管理?

案例分析

破解课堂"三位"困境①
——河南省淮阳县一中课堂教学改革解读

设定目标—自主预习—展示交流—合作探究—学生小结—检测训练—点评拓展,看似无奇的教学规范与流程,背后却有着独具特色的教学尝试和韵味。以"七环相扣·和谐互动"教学引导自主学习,在实践中规避了课堂教学中的越位、缺位、错位现象,开启了独特的课堂教学变革之道。创造这一典型经验的就是河南省淮阳县第一中学。

1. 矫正越位:学生如何不被老师牵着走

淮阳一中的教学改革从课堂的问题开始。学校为此专门成立了课改研究课题组。

"学生被老师们牵着走"的问题,是课改初淮阳一中课堂中普遍存在的问题。课题组发现了很多有趣的现象:学生解答问题总是看着老师;问题解答对了,老师默许,才敢坐下;解答问题时,一有同学质疑,马上看老师,很不自信。

教师牵制课堂,在课堂教学中包办、替代学生,不引导、发动学生,对学生的疑问、质疑不耐烦,这都是典型的教师"越位"现象。

从教学方式开始着手,淮阳一中立足于"变"。重视指导、自学、小组合作交流。他们积极探索班级和小组、个人多层次结合的学习组织形式。指导、自学、小组合作研讨的教学形式:一是增强学生的合作意识;二是让学生尝试发现,体验过程中的创造性;三是相互学习,相互借鉴,逐步完成对知识的认识。

---

① 李炳亭、洪湖:《破解课堂"三位困境"》,载《中国教师报》,第 B 03 版,2010-09-01。

营造浓厚的自主合作学习氛围是淮阳一中课题组"反越位"的第二条策略。浓厚的自主氛围，能唤起学生的主体意识，激起学习需要，学生能真正调动自身的学习潜能，探究学习，在学会、会学的自信中，体会学习的快乐。

淮阳一中要求老师们尊重、热爱、信任每一位学生，让学生都感受到重视和关注；给予学生充分的探究学习时间和空间，开掘创新的潜质；引导全体学生参与学习的全过程，多给学生"跳一跳就能摘到果子"的机会；引导学生探索适合于自己的学习方法，使学生掌握学习的规律；引导学生自我评价，使学生及时了解学习的结果。

尝试后讲解，先猜想再验证，先独立思考，再小组合作探究交流：在"七环相扣·和谐互动"教学的引导下，淮阳一中学生已经形成独立自主的学习习惯。很多课堂的自主度、开放度都是教师"牵制"时不可能做到的。

2. 弥补缺位：直击合作学习的"软肋"

课改初的淮阳一中，合作学习很快开展起来，但也很快流于形式。假合作、假学习，表面上的合作、实质上的各顾各，合作内容简单粗放等一度蔓延。

课题组在经过仔细的调研后发现，造成合作学习显现"软肋"的关键所在，是教师课堂教学的缺位。

教师课堂教学目标设定得不明确，在备课时设定教学目标，往往以列提纲形式把三维目标笼统地展示出来，知识技能目标是什么，过程方法、情感态度价值观目标又是什么，更多的是体现对知识目标的要求，不能体现出学生在课堂教学中的动态教学目标。而且备课时的目标设定都是静态、滞后的预设和假定，无法体现出课堂教学即时性和生成性目标的要求。

对自主学习引导的缺位也是很重要的一方面。学生在自主预习之前往往不明晰教师设定的学习目标，没有带着问题去自学；对学生学力层次的区分不足，往往造成"好学生吃不饱，弱学生消化不了"的局面；学习层次的区分模糊，往往造成预习的无主次；小组长关心学习困难学生的不足，合作、互帮互助得不到真正落实，也造成了学业水平参差不齐。

对展示交流过程引导的缺失也很大程度上影响合作学习的效果。课堂教学中展示、交流存于表面，教师如果不注重有效引导，将课堂教学引向深入，没有注重课堂背后对提高学生学习能力的追求，合作学习是不可能收到实效的。

为此，在学习目标的设置上，淮阳一中要求教师注重对学生创造性思维的开发，营造主动活泼的课堂气氛，通过课堂教学中师生互动，形成学生探求创新、吸取知识的习惯；在引导自主学习中，通过自主预习解决基础知识，进而注意对学生自主搜集信息、处理信息能力的培养；在加强展示交流的能力训练时，注意激发展示交流的情感、提高展示交流兴趣，创设展示交流氛围，激励展示交流尝试，鼓励学生质疑问难、培养学生探究能力。

3. 调整错位：让有效评价襄助课堂教学

课堂教学的效果是决定教学改革成败的决定因素。

以往的课堂教学，是用大量的作业、习题来实现学生学习目标的达成。教师评价学生，也往往以学习成绩作为唯一的因素。在这种评价方式的错位中，学生厌学、弃学，学习压力大、负担重，课堂教学低效，毫无乐趣可言。

在实行"七环相扣·和谐互动"教学改革后，淮阳一中从有效评价出发，纠正错位，夯实课堂教学。

对课堂的即时点评是淮阳一中有效评价的开始。学生学到了什么？学生在学习的过程中是否体验到成功和快乐？课堂的管理是否到位？课堂上学生是否有疑问？在淮阳一中，每一节课，老师们都要在心中不断地问自己这些问题。而这也促使老师对课堂进行及时的点评。关注教学的有效性，关注学习效率、效果及知识深度、广度；关注学生的能力培养和终身发展；关注课堂中生命的活力、思想碰撞与交锋、创造与生成。

淮阳一中也注重在课堂小结中加强评价。课堂小结有目标性、引导性、针对性、趣味性、方法性等特点，在形式上也有"天窗式"（填空式）、系统式、对比式、趣味式、引导讨论式等。为了保证效果，老师们也很注意小结中容易出现的问题：格式化、走过场、包办代替、偏重情感而忽略知识。

检测训练也是淮阳一中评价的有效形式。"七环相扣·和谐互动"教学的检测训练，围绕学习目标设计内容，突出三维性，教师在设计题目时，充分考虑了检测训练题目与教学目标的内在联系，是教学目标的具体化和操作化，在内容选择上既有基础知识与基本技能，又有灵活应用和拓展延伸；训练内容具有层次性，适合不同层次学习需要；检测训练全部参加、重分析、快矫正，矫正时认真做好错因分析。

经过几重有效评价后，淮阳一中的课堂教学成果显著、更加高效。与以往"一刀切"的课后作业和"题海战术"相比，他们目标达成率更高，也显得更为有效、实用。

面对已经取得的课改成绩，淮阳一中校长认为：改变自己本身是一件比较痛苦的事情,但是面对传统教学方式的弊端,只有尽快走出困境,寻求到教师乐教、学生愿学的教学方式,才能实现教书育人的最终目的。

案例思考题

1. 请用管理过程理论分析淮阳一中破解"三位"困境的课改措施为什么能够收到效果。

2. 淮阳一中坚持先设定教学目标的做法,对解决课改困境具有什么意义?

阅读链接

1. 朱英挺:《应用全面质量管理思想 提高教学质量》,载《辽宁教育行政学院学报》,2009(2)。

2. 孟凡永:《校长要以教师为镜》,载《中国教育学刊》,2009(11)。

3. 吕赟:《请假条在学校管理过程中的妙用》,载《教学与管理》,2010(29)。

第六章 学校领导体制

内容提要

学校领导体制是指学校的组织制度，也称内部管理体制。中等及中等以下学校实行校长负责制，这一体制要求校长对学校工作全面负责，党的学校基层组织保证监督，教职工、学生及家长、社区组织参与民主管理与监督。学校要通过学校章程及制度设计、学校组织机构设置及权限划分等管理机制，协调权利与权力的关系、权利与义务的关系，保证学校的发展。

学习目标

1. 掌握学校领导体制的内涵及了解学校领导体制的演变过程。
2. 掌握校长负责制的内涵及各主体的权力。
3. 掌握学校章程的内容及学校相关制度。
4. 理解学校组织机构的设置及职能。
5. 理解学校领导体制改进要解决的核心问题。

学校发展需要以良好的组织制度协调学校内外的各种关系，明确各主体的权利和义务、权力和责任，这正是学校领导体制要解决的问题。请看案例：

分粥制度[①]

由7个人组成的小团体，其中每个人都平凡且平等，但不免自私自利。他们想通过制定制度来解决每天的吃饭问题——要分食一锅粥，但并没有称量用具。大家试验了不同的方法。方法一：指定一个人负责分粥事宜。很快大家就发现，这个人为自己分的粥最多。于是又换了一个人，结果总是主持分粥的人碗里的粥最多最好。对此，阿克顿勋爵作的结论是：权力

[①] 江超庸：《行政管理学案例教程》，第87页，广州，中山大学出版社，2001。

会导致腐败；绝对的权力导致绝对的腐败。方法二：大家轮流主持分粥，每人一天。虽然看起来平等，但是每个人在一周中只有一天吃得饱而且有剩余，其余 6 天都饥饿难挨。大家认为这种办法造成了资源浪费。方法三：大家选举一个信得过的人主持分粥。开始这位品德尚数上乘的人还能公平分粥，但不久他开始为自己和溜须拍马的人多分。方法四：选举一个分粥委员会和一个监督委员会，形成监督和制约。公平基本上做到了，可是由于监督委员会常提出种种议案，分粥委员会又据理力争，等分粥完毕时，粥早就凉了。方法五：每个人轮流值日分粥，但分粥的那个人要最后一个领粥。令人惊奇的是，在这个制度下，7 只碗里的粥每次都是一样多。每个主持分粥的人都认识到，如果 7 只碗里的粥不相同，他确定无疑将享用那份最少的。

从上述案例来看，建立组织制度的目的在于调动人的积极性，为此就要解决谁负责、谁监督，如何保证权力公平、程序公平等问题，这些问题则是领导体制要研究的问题。

第一节　学校领导体制的演变

学校领导体制是指学校的组织制度，也称内部管理体制。学校要通过学校章程及制度设计、学校组织机构设置及权限划分等管理机制，协调权利与权力的关系、权利与义务的关系，保证学校的发展。从新中国成立至 1985 年《中共中央关于教育体制改革的决定》发布之前，中小学实行过六种领导体制。此后，中等及中等以下学校实行校长负责制。

一、校务委员会制

新中国成立初期，实行校务委员会制。各地学校建立起由进步的教职工和学生代表组成的校务委员会，校长由政府委派。这种体制对于旧学校的改造、稳定学校秩序、发扬民主等，起到了积极的作用，但这种体制由于实行集体领导的方式，所以容易导致极端民主和工作无人负责的现象。

二、校长责任制

1952 年 3 月，经政务院批准，中央教育部发布《小学暂行规程（草案）》和《中学暂行规程（草案）》，对中小学校领导体制做了规定。按照规定，中小学实行校长责任制，设校长一人，负责领导全校工作。学校行政的一切重大问题都由校长决定。这种体制极大地加强了学校的行政领导，改进了学校管理工作，改变了学校工作无人负责的现象，但由于当时学校对加强党的领导和发扬民主方面重视不够，还没有建立起相应的监督机制，因而会出现校长个人独断专行的现象，忽视广大教职工参与管理的权利。

三、党支部领导下的校长负责制

1958年9月，中共中央、国务院发布《关于教育工作的指示》，指出："一长制容易脱离党委领导，所以是不妥的"，"一切中等学校和初等学校也应放在党委领导之下"。此后，中小学普遍设立了党支部，实行党支部领导下的校长负责制。这种领导体制在加强学校的思想政治工作方面起到一定的作用，但由于党政职责不清，出现了党政不分、以党代政的现象，行政机构和行政负责人的作用没有得到充分发挥。

四、当地党委和教育行政部门领导下的校长负责制

1963年3月，中共中央印发《全体制中学暂行工作条例（草案）》和《全日制小学暂行工作条例（草案）》，明确指出："校长是学校行政负责人，在当地党委和主管的教育行政部门领导下，负责领导全校的工作。""学校党支部对学校行政工作负有保证和监督的责任。"这种体制的实施，在保证党对学校领导的同时，也加强了校长管理学校的职能，使得学校党政有了分工，职责较为分明，但这种领导体制缺乏民主机制。

五、"革命委员会"制

"文化大革命"期间，学校领导体制混乱不堪，群体组织夺权，工宣队、军宣队和农宣队管理学校的状况相继出现，后来又成立了以造反派组织头头为主的"革命委员会"，取消了校长的称谓。"革命委员会"制是在特定的历史条件下产生的，其活动及任务都有很大的主观随意性和模糊性。

六、党支部领导下的校长分工负责制

1978年全国教育工作会议后，教育部重新发布《全日制小学暂行工作条例（试行草案）》和《全日制中学暂行工作条例（试行草案）》，分别规定全日制中小学"实行党支部领导下的校长分工负责制。学校的一切重大问题，必须经过党支部讨论决定。"这一领导体制对于改变"文化大革命"时期的混乱局面，整顿恢复学校正常教学秩序，起到了重要的作用，但它混淆了党政工作的界限，把"领导"与"负责"分开，使校长有责无权，党

支部有权无责，不可避免地造成党政不分、以党代政的局面，从而影响了学校行政管理的效果。

从上述学校领导体制的演变过程来看，还存在着权力与责任分离的状况，并未从学校领导体制需要系统协调组织机构之间的相互关系以及张扬民主管理的精神入手进行制度设计，因而学校管理的权力与责任始终未能对应，教职工参与学校管理的民主权利始终未能得到保障。学校领导体制的确立，需要从解决谁负责、谁监督，如何对权力公平分配，如何保证民主权利等方面进行系统思考，并要通过学校章程及制度设计、学校组织机构设置及权限划分等管理机制，协调权利与权力的关系、权利与义务的关系，保证学校领导体制的有效运行。

第二节　校长负责制

一、校长负责制的内涵

校长负责制是指校长对学校工作全面负责，党的学校基层组织保证监督，教职工、学生及家长、社区组织参与民主管理与监督的学校领导体制。

实行校长负责制，是针对历史上中小学经历的校务委员会制、校长责任制、党支部领导下的校长负责制、当地党委和主管的教育行政部门领导下的校长负责制、"革命委员会"制、党支部领导下的校长分工负责制六种不同的学校领导体制的问题而提出的。1985年中共中央发布的《关于教育体制改革的决定》和1993年中共中央国务院发布的《中国教育改革和发展纲要》分别提出"学校逐步实行校长负责制"和"中等及中等以下各类学校实行校长负责制"的要求。2004年，国务院批转教育部发布《2003—2007年教育振兴行动计划》，明确要求继续深化学校内部管理体制改革，完善学校法人制度。中小学要实行校长负责、党组织发挥政治核心作用、教代会参与管理与监督的制度。积极推动社区、学生及家长对学校管理的参与和监督。2006年6月29日，第十届全国人民代表大会常务委员会第二十二次会议修订《中华人民共和国义务教育法》，第二十六条中规定："学校实行校长负责制。"2010年，《国家中长期教育改革和发展规划纲要（2010—2020年）》要求推进政校分开、管办分离。适应中国国情和时代要求，建设依法办学、自主管理、民主监督、社会参与的现代学校制度，构建政府、学校、社会之间的新型关系。强调要完善中小学学校管理制度。完善普通中小学和中等职业学校校长负责制，完善校长任职条件和任用办法。实行校务会议等管理制度，建立、健全教职工代表大会制度，不断完善科学民主决策机制。建立中小学家长委员会。引导社区和有关专业人士参与学校管理和监督。这些规定，不仅对校长负责制作出诠释，也对校长负责制的实施起到重要保障作用。

实行校长负责制一方面要保证校长有权和能够有效行使职权；另一方面，也要防止校长滥用职权。因而，校长负责制不仅要明确校长对学校行政工作全面负责的职权范围，而且要明确党的学校基层组织、教职工代表大会、学生和家长以及社区组织的监督作用，突出权利与义务的对应性，负责与问责的统一性。这也是管理理论所倡导的民主管理、权责一致原则的体现，是现代学校管理理念的真实反映。

二、实行校长负责制各主体的职权

（一）校长的职权

校长是学校的行政负责人，是学校的法定代表人。校长具有以下职权：

决策权。校长有权根据党和国家的教育方针政策、法律法规，组织制定学校发展战略、工作计划及规章制度；有权通过主持校务会议等形式，对学校管理工作中的重大问题做出决定和策划。

人事权。校长有权推荐或提名副校长，有权任免学校内设机构的负责人，有权对教职工的聘任、考核、评价、培训等作出决定。

财经权。校长有权按照财务制度使用经费，管理校产。学校的经费、设备、校舍等是学校的物质资源，必须有效管理。对此，国家有相应的管理制度，校长必须按章行事，遵守规约，依法管理。

培训权。校长有权参加国家规定的培训。要当校长必须取得校长任职资格，这需要参加岗前培训。当了校长之后，还要参加规定时数的提高培训。

建议权。校长有权对上级主管部门的工作提出意见和建议。校长在工作中要执行上级的方针政策、法律法规，在执行过程中发现问题要及时向上级反映，并提出改进的意见或建议。

其他职权。校长有权行使法律法规授予的其他职权。

（二）中国共产党学校基层组织的职权

党的学校基层组织是学校的政治核心，对学校工作具有保证监督的作用。党的学校基层组织具有以下职权：

参与决策权。党的学校基层组织有权参与学校重大问题的决策，保证、监督党和国家的方针政策、法律法规的贯彻执行，保证学校的办学方向。

行政工作监督权。党的学校基层组织有权对学校行政人员的工作及任免进行教育、考察和监督，有权监督学校的经费使用和校产管理。

思想教育权。党的学校基层组织有权做好教职工的思想政治工作，加强学校的精神文明建设，提高党员的素质，更好地发挥党员的先锋模范带头作用。

群团工作领导权。党的学校基层组织有权领导教职工代表会议、共青团、少先队、学生会等群众团体的工作，支持他们独立开展工作，充分发挥他们在学校中的作用。

其他职权。党的学校基层组织有权行使党和国家授予的其他职权。

(三) 教职工代表大会的职权

教职工代表大会是在党的学校基层组织领导下的学校民主管理机构，是校长负责制的重要实施机构。学校民主管理要求教职工等学校管理主体能依法行使参与学校管理的权利，共同决定学校的重大事务，对学校工作进行监督。

学校教职工参与学校管理的权利，是《中华人民共和国宪法》（以下简称《宪法》）规定的作为中华人民共和国公民应当享有的基本权利，也是《中华人民共和国教育法》（以下简称《教育法》）和《中华人民共和国教师法》（以下简称《教师法》）赋予教师等学校管理主体的基本权利。《宪法》第二条第一款和第三款分别规定："中华人民共和国的一切权力属于人民。""人民依照法律规定，通过各种途径和形式，管理国家事务，管理经济和文化事业，管理社会事务。"《教育法》第三十条第三款规定："学校及其他教育机构应当按照国家有关规定，通过以教师为主体的教职工代表大会等组织形式，保障教职工参与民主管理和监督。"《教师法》第七条规定教师享有的基本权利之一是："对学校教育教学、管理工作和教育行政部门的工作提出意见和建议，通过教职工代表大会或者其他形式，参与学校的民主管理。"这些法律规定明确要求学校要实施民主管理，保证教职工民主管理的权利。

学校实行民主管理可以调动教职工参与管理的积极性，增强校长决策的准确性和效力，融洽校长与教职工的关系，提高校长在学校的地位与权威，同时能防止权力集中导致不良现象。学校实施民主管理要体现在管理程序民主和实质民主两方面。在管理程序上要保证学校重大决策经过教职工代表大会的充分讨论，做到校务公开，在实质上要保证教职工代表大会行使参与和监督学校管理的权利，做到管理的公平与公正。教职工代表大会具有以下职权：

审议权。教职工代表大会有权对学校发展规划、工作计划、规章制度、财务及校产管理进行审议，有权听取、评议和审议校长的述职和工作报告。

建议权。教职工代表大会有权对学校领导者的奖惩、晋升、处分、免职提出意见或建议。

提案权。教职工代表大会有权对教职工的聘任、奖惩、进修、保险、待遇等关系教职工切身利益的问题进行讨论，提出议案。

决议权。教职工代表大会有权对学校重要规章制度通过合法程序做出决议。

监督权。教职工代表大会有权对学校的办学方向、教育改革、教育教学管理中的重大问题、学校的财务、人事管理进行监督，有权对学校职能部门贯彻教职工代表大会的决议、落实提案的情况进行检查，有权要求校务公开。

其他职权。教职工代表大会有权行使法律法规授予的其他职权。

（四）学生及家长、社区组织的职权

学生及家长、社区组织是现代学校管理的重要主体，有权参与和监督学校管理。他们具有以下职权：

建议权。学生及家长、社区组织有权参与学校的重要决策，有权对学校决策提出建议。

知情权。学生及家长有权要求学校对学生进行公正评价，家长有权了解学生在学校的表现。

监督权。学生及家长、社区组织有权监督学校的课程设置及实施，有权要求学校公开收费项目及其使用去向。

其他职权。学生及家长、社区组织有权行使法律法规授予的其他职权。

需要注意的是，我国中小学实行公办与民办两种办学体制，民办学校的内部管理体制与公办学校不同。按照《中华人民共和国民办教育促进法》的规定，民办学校应当设立学校理事会、董事会或者其他形式的决策机构。学校理事会或者董事会具有聘任和解聘校长的职权。民办学校的法定代表人由理事长、董事长或者校长担任。

第三节　学校章程及制度

一、学校章程

（一）学校章程的内涵

《现代汉语词典》中将章程解释为：书面写定的组织规程或办事条例。[1]

---

[1]　中国社会科学院语言研究所词典编辑室：《现代汉语词典》，2002年增补本，第1585页，北京，商务印书馆，2002。

结合学校的实际情况,我们认为,学校章程是指一所学校将学校名称、校址、办学宗旨、内部管理体制、财务制度、主体的权利与义务等涉及学校发展的重要问题,进行全面规范而形成的保证学校正常运行的组织规程。

学校章程是学校成为法人的必备条件,学校有权在其章程规定的范围内自主开展活动,不受外界非法干涉。[①] 同时,学校章程具有约束性。学校章程一旦形成,就会对全校师生产生约束作用,是全校师生必须遵守和执行的规程,它将引导师生的行为向既定的方向发展,以形成学校自主发展、自我约束的运行机制,提高学校管理的效益。

(二) 学校章程的内容

根据《教育法》第二十六条的规定,设立学校及其他教育机构,必须具备的基本条件之一是"有组织机构和章程"。第二十八条中规定:"学校及其他教育机构有按照章程自主管理"的权利。目前,我国并没有专门的法律对中小学章程的内容加以规定,仅在《中华人民共和国高等教育法》(以下简称《高等教育法》)中对高等学校章程做出了相关规定。根据《高等教育法》第二十七条的规定:"申请设立高等学校的,应当向审批机关提交包括章程的材料。"第二十八条规定:"高等学校的章程应当规定以下事项:

(一) 学校名称、校址;
(二) 办学宗旨;
(三) 办学规模;
(四) 学科门类的设置;
(五) 教育形式;
(六) 内部管理体制;
(七) 经费来源、财产和财务制度;
(八) 举办者与学校之间的权利、义务;
(九) 章程修改程序;
(十) 其他必须由章程规定的事项。"

同时,第二十九条第三款中规定:"高等学校章程的修改,应当报原批机关核准。"

公办中小学可参照高等学校章程应规定的事项拟定学校章程,可重点规定学校的名称、校址;办学宗旨;内部管理体制;教育教学管理;教职工及

---

① 陈立鹏:《学校章程》,第 7 页,北京,光明日报出版社,1999。

学生的权利与义务；经费来源、财产和财务制度；章程修改程序等内容。

二、学校制度

（一）学校制度的内涵

学校制度是指学校为了落实章程，实现学校目标，要求教职工和学生共同遵守的行为准则。学校制度是学校管理的客观依据，也是学校按照一定程序办事的规则，它具有一定的规范性和约束力，有利于保证学校各项工作有秩序、有成效地进行。

（二）学校常规性制度

1. 会议制度

会议是学校集思广益、发挥集体领导作用和实行民主管理的必要形式，会议制度是保证会议有效进行的必要规则。通过会议把相关人员召集在一起，共同磋商，探讨事情，进而达成共识，使得学校能够采取统一的行动，推动学校工作顺利进行。学校会议一般有：

学校领导班子会议。校长、党的学校基层组织书记、副校长和工会主席等学校领导班子成员参加，一般于学期初、学期中、学期末及每周一召开。会议由校长主持，主要研究学校工作的重大事项、某一阶段的工作重点以及偶发事项。

校务委员会会议。学校校务委员会成员参加，一般于学期初、学期中、学期末及有重大事项需要讨论时召开。会议由校长主持，主要讨论研究如何落实上级的重要指示，讨论学校工作计划和工作总结以及其他重大事项。

学校行政会议。正副校长、正副教导主任、总务主任等学校行政组织的主要负责人参加，每周或隔周召开一次。会议由校长主持，主要研究学校日常行政工作的重要事项。

职能部门会议。教导处、总务处、团委、工会等各职能部门组成人员参加，每周或间周召开一次。会议由职能部门负责人主持，主要研究本部门的重要工作。

年级组长会议。年级组长参加，不定期召开。会议一般由教导主任或德育主任主持，主要讨论年级组工作中的重要事项，听取各年级组长的工作汇报或对其布置工作。

教研组长会议。教研组长参加，不定期召开。会议一般由教导主任主持，主要讨论教学工作中的重要事项，听取各教研组长的工作汇报或对其布置工作。

年级组会议。年级全体教师参加，不定期召开。会议一般由年级组长主持，主要讨论和研究如何落实学校工作，如何改进年级工作等。

教研组会议。学科组全体教师参加，不定期召开。会议一般由教研组长主持，主要讨论和研究备课、上课、考试等教学事项。

班主任会议。全体或部分班主任参加，不定期召开。会议一般由教导主任或德育主任或年级组长主持，主要讨论和研究学生的思想教育工作和班级工作，交流情况和经验。

家长会议。全体或一定年级或一定年段的家长参加，在学期初或学期中或学期末召开。会议一般由校长主持，主要由校长或班主任及任课教师向家长报告工作，介绍学校情况及学生在校情况，征求家长对改进学校教育教学工作的意见。

教职工会议。教职工代表或全体教职工参加，根据需要不定期召开。会上听取教师对学校各方面工作的意见和要求。

学生会议。学生代表或全体学生参加，根据需要不定期召开。会上听取学生对学校各方面工作的意见和要求。

2. 安全制度

保证学校师生的安全是学校的重点工作，以制度防范学生在校伤害事故的发生是学校必须履行的义务。学校应当建立的安全制度包括安全教育制度、安全组织制度、领导人员责任制度、教师责任制度、职能人员责任制度、隐患排查制度、自护自救制度、危机预案制度、经费投入制度等。

3. 教职工工作制度

教职工工作守则。用来约束教师的言行，包括对教职工"为人师表"、出勤及考勤等方面的规则。

教职工政治业务学习制度。用来提高教职工的理论素养和业务素养，包括丰富教师的理论知识，促进教师的专业发展等方面的规则。

教职工评比制度。用来激励教师的工作热情，包括组织公开课比赛，优秀教师评比等方面的规则。

班主任工作制度。用来提升班主任在学校中的地位，规范班主任的工作行为，包括班主任工作职责、奖惩等方面的规则。

4. 学生管理制度

学生守则及行为规范。用来规范学生的言行，培养学生的良好习惯，教育部已统一制定了中小学生守则和行为规范。

学生成绩考核和升留级制度。用来检测学生的学习效果，确定学生升留级范围，包括学生考试或考核的时间、内容、形式、评价标准等方面的规则。

学生考勤制度。用来规范学生的纪律，帮助教师了解学生可能发生的特殊情况，包括对学生到校时间、离校时间、课堂出席等方面的规则。

学生奖惩制度。用来激励或约束学生的在校表现，促使学生努力完成学业。学生奖励制度包括奖学金发放、优秀学生称号授予等方面的规则。学生惩罚制度包括对违反校规校纪、法律法规的学生给予与其违纪、违法行为的性质和过错相适应的纪律处分方面的规则。纪律处分的种类包括警告、严重警告、记过、留校察看、开除学籍等。但实施义务教育的学校，对违反学校管理制度的学生，应当批评教育，不得开除。

5. 资料档案保管制度

资料档案的保管对学校保持工作的连续性，总结经验教训，提高管理质量具有重要的意义，因此，建立健全资料档案保管制度是十分必要的。学校的资料档案一般分为四类：

教职工资料档案。主要有：教师的一般情况登记表，教师业务档案，教师考核登记表，教师的文章、著作、经验总结，班主任名单，优秀教师名单及事迹，优秀教案，学校教职工分工一览表等。

学生资料档案。主要有：学生学籍册、各种成绩统计表、奖惩登记表、毕业证书发放存根、毕业去向、健康档案、优秀作业等。

学校整体工作资料档案。主要有：学校工作计划和总结、请示报告和上报材料、教育研究资料、学校大事记、会议记录、校历、作息时间表等。

国家和上级主管部门的文件。主要有：国家和上级主管部门的政策、法律、法规、规章、制度等。

6. 日常行为规则

用来规范教职工和学生的日常行为，保证学校常规工作的有序进行，包括课堂规则、宿舍规则、食堂规则、图书室规则、实验室规则等。

第四节 学校组织机构

一、学校组织机构的内涵

在管理领域，组织通常是指对人与事的有效组合，管理的组织职能需要通过相应的组织机构发挥作用，组织机构是指组织各个部分的组合与排列。学校组织机构是指为实现学校教育目标，依据国家有关规定设置的、相互联系的组织运作系统。

二、学校组织机构的设置

依据学校组织活动性质的不同,可将学校组织机构分为学校行政性组织机构和学校非行政性组织机构,前者承担学校的行政职能,维持学校的正常运转,后者承担保证、监督职能,二者相互配合,成为学校有效管理不可缺少的重要组成部分。

(一) 学校行政性组织机构

1. 学校行政领导班子

学校行政领导班子是指由校长、副校长组成的学校领导集体。校级领导除学校行政领导外,还包括党的学校基层组织书记、工会主席等,他们共同组成学校领导班子。教育部《〈关于制定中小学教职工编制标准的意见〉的实施意见》要求确定中小学内设机构和领导职数。中小学根据学校类别、规模和任务设置管理机构,重点中学和24个班以上的学校可增设1～2个机构。完全小学职能机构设教导处(室)、总务处(室)。其中12个班以下的小学只设管理岗位不设职能机构,可配备教导主任和总务主任各1人。普通中学规模在12个班以下的,配备校级领导1～2人;13～23个班的,配备校级领导2～3人;24～36个班的,配备校级领导3人。完全小学规模在12个班以下的,配备校级领导1～2人;13～23个班的,配备校级领导2～3人;24～36个班的,配备校级领导3人。普通中学和完全小学规模在36个班以上的,可酌情增加校级领导1～2人。农村初级小学(1～3年级)或分校、教学点指定1名教师负责学校工作。根据国办发〔2002〕28号文件精神,乡(镇)中心学校校长负责本乡(镇)的教育教学业务管理,因此乡(镇)中心学校可增加校级领导1人。[①]

学校行政领导班子的主要职能是:全面负责学校的各项行政工作;对学校重大事项进行决策;制定学校发展规划;组织、指导、检查学校的教学、德育、教研、总务等工作。

2. 校长办公室

校长办公室是校长领导下协助校长处理日常校务工作的具体办事机构(有些学校不设办公室,设专职秘书或干事,规模小的学校也不设专职人员)。办公室可设主任和干事1～2人。规模较小的学校,可不设校长办公室,只设专职秘书处理校务工作。

---

① 教育部政策研究与法制建设司:《现行教育法规与政策选编·中小学教师读本(修订版)》,第232页,北京,教育科学出版社,2002。

校长办公室的主要职能是：协助校长处理对外联系及对内协调工作；负责文件、印章、人事档案的管理；负责人事保卫工作；负责信访接待和一般纠纷处理；处理校长交办的通知、信件、上级文件等。

3. 教导处

教导处是协助校长组织领导学校教学业务和学生思想教育工作的机构。教导处一般设主任1人，副主任及职能人员1~3人，主任统筹教导处的全面工作，检查协调教导处职责范围内的工作。副主任可按照具体情况分工，分别管理教学工作与学生思想教育工作。规模较小的学校可不设副主任，只设教导主任和一定数量的职能人员。有些较大的学校将教导处分设为教务处和政教处，分管教学和思想教育工作。还有些较大的学校分设教务处、政教处和教研处，分管教学、思想教育和教育研究工作。

教导处的主要职能是：具体领导各科教学研究组和学年组、班主任工作；负责领导体育室、卫生室、图书室、实验室、电化教研室工作；管理学籍、教学档案、成绩统计工作；安排作息时间，编制课程表；组织学生课外活动；安排各年级组的德育工作；组织学校的教育教学研究工作等。

4. 总务处

总务处是负责协助校长组织后勤事务工作的职能机构（规模较大的学校设主任、副主任；规模较小的学校只设总务主任或专职事务员）。总务处一般设主任1人，会计、出纳各1人，其他职能人员数人，具体数量依据学校的实际情况而定。

总务处的主要职能是：负责经费的安排使用；进行学校校舍和设备的维修；绿化、美化学校环境；管理卫生保健工作；管理学校食堂及生活福利工作；处理日常总务行政工作等。

5. 教研组

教研组即各科教学研究组，是学校的基层教学活动组织。教研组由同学科的教师组成，规模较小的学校或同学科教师不足时，可与邻近学科合成一个教研组。规模较大的教研组还分设若干备课组。教研组通常设组长1人。

教研组的主要职能是：制订课程计划，进行课程标准的学习；组织本学科教学及教研活动，检查本学科的教学进度；组织本学科教师的进修，帮助教师提高业务水平与教学能力；了解本学科备课、布置作业、命题考试的情况；负责本学科教学质量的提高等。

6. 年级组

年级组是由同一年级的班主任和任课教师组成的集体组织。一般来说，学校的教研组和年级组并存，但学校规模较小时可将二者合并。年级组通常设组长1人，较大的学校有的将年级组称年部，年级组长称年部主任。

年级组的主要职能是：了解同年级学生的德、智、体发展情况，沟通和协调班主任与班主任、班主任与任课教师之间的关系；统一组内教师的认识和步调，提高教育质量。同时，年级组长要统筹安排本年级教学工作、思想教育工作、体育卫生工作及课外活动等。

(二) 学校非行政性组织机构

1. 中国共产党的学校基层组织

中国共产党在中小学设基层组织党支部（或党总支、或联合支部）。党支部要着重抓好全校师生的思想政治工作；保证党的方针、政策和上级党委各项决议的贯彻落实；对校长的权力行使进行监督；对学校的教学、人事、财务等进行监督。

2. 群众团体

学校的群众团体包括教职工代表大会、学校工会委员会、共青团和少先队等。它们都是中国共产党领导下代表一定范围的群众组织，是党政联系群众的纽带和桥梁。这些组织要依法维护教职工的合法权益；围绕学校中心工作开展活动。

教职工代表大会是学校民主管理的基本形式，是教职工行使民主管理权力的机构，依照法律规定行使职权。

工会是职工自愿结合的工人阶级的群众组织。学校工会委员会是职工代表大会的工作机构，负责教职工代表大会的日常工作，检查、督促职工代表大会决议的执行。

中国共产主义青年团是中国共产党领导的先进青年的群众组织，是广大青年在实践中学习中国特色社会主义和共产主义的学校，是中国共产党的助手和后备军。年龄在十四周岁以上，二十八周岁以下的中国青年，承认团的章程，愿意参加团的一个组织并在其中积极工作、执行团的决议和按期缴纳团费的，可以申请加入中国共产主义青年团。在学校，凡是有团员三人以上的，应当建立团的基层组织。团的基层组织，根据工作需要和团员人数，经上级团的委员会批准，分别设立团的基层委员会、总支部委员会、支部委员会。在基层委员会、总支部下建立支部。如果工作需要，在基层委员会下也可以建立总支部。在一个支部内可以分若干个小组。共青团学校基层组织是党和行政组织的有力助手，发挥团结教育学校广大青年的核心作用，接受上级团委和党组织的领导。

中国少年先锋队是中国少年儿童的群众组织，是少年儿童学习中国特色社会主义和共产主义的学校，是建设社会主义和共产主义的预备队。少先队的创立者和领导者是中国共产党。中国共产主义青年团受党的委托直接领导少先队。在学校，少先队组织在共青团学校基层组织的领导下开展活动。学校少先队组织建立大队或中队，中队下设小队。小队由5～13人组成，设正副小队长。中队由两个以上的小队组成，成立中队委员会，由3～7人组成。凡是6～14周岁的少年儿童，愿意参加少先队，愿意遵守队章，向所在学校少先队组织提出申请，经批准，就成为队员。

有的学校还设专门研究教育教学工作和管理工作的组织，或附属于当地各种学会的小组，如教学研究会等，由具有研究能力和研究兴趣的教师自愿参加。这些组织在组织教师形成良好的研究风气、提高研究水平等方面发挥重要的作用。除此之外，还有学生课外组织的读书小组、科技小组、艺术小组等各种活动团体。这些组织在扩大学生知识领域，培养学生学习兴趣和创造能力等方面发挥重要的作用。

三、学校组织机构的改进及面临的挑战

（一）学校组织机构的改进

学校组织机构改进的根本目的是增强活力，提高效益，全面提高教育教学工作质量。近几年来，不少学校采取了完善机构设置、强化组织职能、确定岗位职责、健全制度建设等改进措施，使学校组织在提高工作效率，保证教育教学工作质量方面发挥了积极的作用。

1. 确立校长治校的中心地位

学校实行校长负责制，使学校有了一定的自主权，成为独立的办学实体，校长有职有权，对学校的教育教学和行政工作实行统一领导、全面负责。在校长领导下，建立起集中统一的指挥系统，行政领导人员合理分工、分级管理，提高了管理效率，激发了校长的工作热情和奋发进取精神，校长队伍的素质和办学治校的水平普遍有所提高。

2. 建立健全教职工代表大会制度

许多学校的教职工代表大会已经成为在党支部领导下，广大教职工集思广益，对学校工作进行民主管理和民主监督的基本组织形式。在学校的规章制度中严格规定教职工代表大会制度，使其不再流于形式，能真正发挥它的民主管理与民主监督作用。

3. 强化学校基层组织职能

随着学校人员素质的提高和学习型组织建设的需要，学校组织越来越趋于扁平化，更多的学校以年级组作为教育、教学、教研的实体。由于教

师集体重新组合，同年级教师共同制订计划，组织实施，组内人员实行动态配置，加强了学生的思想教育工作，增进了教学研究工作，促进了教育质量的提高。

4. 密切学校与社会的关系

许多学校开始与社区建立起教育协作关系，指导家庭教育，组织本地区学生参加地区精神文明建设活动，使学校教育、社会教育、家庭教育密切结合，优化了育人环境，出现了学校教育社会化的新格局。

(二) 学校组织机构面临的挑战

学校组织机构是组织的一种重要形式，由于组织机构本身的一些特点，决定了它不可能是"完美无瑕"的。学校组织机构要想持续发展，就要在动态发展过程中不断接受挑战。学校组织机构发展面临的挑战主要有：

1. 组织机构过于庞大，容易导致组织效能的低下

组织机构不断庞大是学校组织机构改革面临的一个重要问题。组织幅度的扩大是有条件的，如果学校在组织机构不断扩大的同时，不能充分明确各自的职权和职责，不能有效地实施组织之间的沟通及协调方式，就可能在扩大组织幅度的同时，降低学校管理的效率和质量。

2. 管理职权与职责不对应，容易导致权力与权利的错位

学校改革的重要前提是管理职能的转换。目前在学校管理中，仍有领导者不能对自己准确定位，一人说了算的情况依然存在。要落实校长负责制，重要的是要建立相应的监督体系，监督校长权力的行使，监督学校各项工作的落实，保证权力服务于权利。

第五节 学校领导体制的改进

一、学校改进的由来

学校改进是与学校效能相继出现的学校变革行动。20 世纪 60 年代，美国国会要对公共教育制度各个层次进行专门调查，调查不同种族、肤色、宗教等人群的教育机会平等问题，以便形成有针对性的公共政策。科尔曼 (Coleman) 等人接受了这一任务，通过大量的调查，最终向国会递交了《关于教育机会平等性的报告》。报告中的重要观点包括：美国公立学校中存在种族隔离情况，学生的社会背景（社会阶层和经济地位）是造成其学习水平低下的主要原因，对学生的影响大于学校对学生的影响，因此对教育机会均等的审视重心应从对学校条件的关注转到对独立于家庭背景的学生学业成就的关注。这种结论实际上等于否定了学校教育的重要性，进而激发了学校对其效能的研究与思考。20世纪70年代，学校效能研究肯定了学校教育的重要作用，并将研究推向如何使学校收到高效能的研究，即开始了学校改进（school improvement）的研究。由此可见，学校效能研究更注重于教育的结果（尽管后来发展到对多元结果的关注），而学校改进研究则更注重于教育的过程。

而对于什么是学校改进也存在着不同的理解。其一是世界经合组织（OECD）的教育研究发展中心于1982年发起的国际学校改进项目（International School Improvement Project，ISIP），历时4年，14个国家150人参与，将学校改进定义为：一种系统而持续的努力，旨在改变学校内的学习条件（learning conditions）和其他相关条件（related internal conditions），最终能让学校更有效地实现教育目标（Van Velzen，et al.，1985）。[1] 这是一种关注学校改进过程的定义。其二是认为学校改进是相同的一批学生每年的成果提升。这是一种关注结果的定义。[2] 其三是剑桥大学教育学院学校改进研究小组的定义，认为：学校改进是教育变革的一种策略，它可以增进学生的学习成效；同时还能增强学校应对变革的能量。这样的学校改进通过聚焦教学过程以及支持它的相关条件，从而提升学生的学业成果。它是在变革的时代中为提供优质教育而提升学校能量（capacity）的策略，而不是盲目地、毫无批判性地接受、实施政府的法令（Hopkins et al.，1994；Hopkins，2005）。[3] 这是一种既关注过程又关注结果的定义，因而受到了更多的支持和引用。

由于学校改进将教育过程与教育结果相结合，因而学校改进的内容涉及学校管理的方方面面，既有学校课堂教学及教师培训等内部条件的改进，也有与之相关的其他条件的改进，诸如学校领导体制改进、学校氛围改进、学校与家长关系改进、学校政策改进、学校课程改进、学校教学研究改进等。至今，学校改进研究在国际范围内历经40余年，取得了令人瞩目的成果。例如，来自于芝加哥大学对芝加哥学校改进的研究就为学校改进提供了很好的经验。芝加哥的学校改进构建了领导者、教师、家长等主体在学

---

[1] 梁歆、黄显华：《学校改进理论和实证研究》，第8页，上海，华东师范大学出版社，2010。

[2] 同上书，第12~13页。

[3] 同上书，第13页。

校改进中相互信任的关系模式，使学校改进的意义在本质上得到凸显。① 我国也有越来越多的主体参与学校改进行动，并且出现了大学、教育行政部门和中小学共同参与的学校改进模式。

二、学校领导体制改进举隅

(一) 校本管理

校本管理（School-Based Management）于 20 世纪中期起源于澳大利亚、美国等国家，以后向世界各地延伸。原因在于管理的集权化压制了学校及地方管理教育的积极性，很多改革不能落实。因而，提倡以校为本的管理，试图通过权力重心下移实现民主管理的精神，促进学校的改进与发展，达到提高教育质量的目的。权力的下移不是将权力转移给校长，而是转移给以校长为代表的学校董事会（有的国家称学校委员会）。董事会的组成来自校长、教师、家长、中学的学生、社区人员、其他管理人员等各个方面，目的在于加强各方面的合作，共同管理学校，强化基层人员管理学校的权力。因此，校本管理不是以校长为本的管理，而是以学校的发展为本、增进学校民主化进程、着眼于学校成员共同参与的管理，这种管理是以人为本的管理理念的具体化，是学校领导体制变革要解决的主要问题。

实施校本管理，各个国家的做法不尽相同，但采取的措施主要有：

转变政府职能，扩大学校的自主权。以往由于学校管理的权力集中于教育行政部门，在许多方面束缚了学校自主管理的积极性。实行校本管理后，学校有权根据实际情况制定发展目标、管理财务、评聘教师、设计课程等。教育行政部门由原来的对学校实行全面控制转为实行宏观调控，通过法律、政策、信息、拨款、督导等引导和支持学校的发展。

加强民主管理，多方面参与学校决策。由于校本管理将权力转移给各学校管理主体，使学校管理的民主性加强，决策不再是少数人的事，保证了教师、学生等主体参与决策的权利。

实施校本培训，采取多种措施调动教师的积极性。校本培训是从学校实际出发确定培训内容、培训时间、培训人员的学校自主管理模式之一，目的在于促进教师的专业化。

改进管理技术，促进信息沟通。实行校本管理必须有通畅的信息，使

---

① Anthony S. Bryk, Penny Bender Sebring, Elaine Allensworth, Stuart Luppeacu, and John Q. Easton, *Organizing Schools for Improvement Lessons from Chicago*, The University of Chicago Press, Chicago and London, 2010, pp. 147-157.

领导者了解学校人员的心理状态、困难障碍、理想期待等信息，以便改进学校管理工作。因此，国外特别重视通过现代管理技术促进教师、家长、社区共同参与学校管理，通过参与，促进校长、教师、家长及社区之间的交流，增进相互了解，不断改进学校的各项工作。

（二）特许（契约）学校

特许学校也称契约学校，是20世纪90年代在美国兴起的学校领导体制改革模式之一，并受到克林顿及布什政府的支持。这种改进采取学校、家长、教育行政部门共同参与决定学校课程设置、教师选聘、教学时间安排的做法，由政府部门承担教育经费。申请者可以是教师团体、教师个人、也可以是社区组织，但必须与政府签订契约，提出明确的办学目标，一旦不能达到目标，政府有权终止契约。政府支持创办特许学校的目的在于为学生及其家长提供选择学校的机会，由此促进学校提高教育质量。特许学校存在三种情况，一是由原来的公立学校转变的；二是由私立学校转变的；三是新开的特许学校。第三种情况的特许学校较多。不同的特许学校有着自己不同的特色追求。有的强调价值理念，有的强调课程重点，有的强调学校特殊项目等。特许学校最大的优势在于有相对多的自主权，但与此同时也必须承担与权力相对应的责任。如果不能承担责任，就得不到学生及其家长的认可；不能提高教育质量，特许学校则无法继续生存。

特许学校虽然具有优势，但也存在问题。一般来说，特许学校的规模不大，这就需要较高的教育投入，它会导致较大的办学成本。另外，特许学校是选择学校，一般在学区之外，如果解决不了校车的问题，学生及其家长则不愿意选择特许学校就读。美国公立学校的条件较好，发展也比较均衡，特许学校若不具有特殊的优势，则无法得到较多和较稳定的生源。因此，特许学校只在公立学校中占有较小的比例。

本章小结

学校领导体制是指学校的组织制度，也称内部管理体制。学校要通过学校章程及制度设计、学校组织机构设置及权限划分等管理机制，协调权利与权力的关系、权利与义务的关系，保证学校的发展。

中等及中等以下学校实行校长负责制。校长负责制是指校长对学校工作全面负责，党的学校基层组织保证监督，教职工、学生及家长、社区组织参与民主管理与监督的学校领导体制。实行校长负责制一方面要保证校长有权和能够有效行使职权；另一方面也要防止校长滥用职权。因而，校长负责制不仅要明确校长对学校行政工作全面负责的职权范围,而且要明确党的学校基层组织、教职工代表大会、学生和家长以及社区组织的监督作用,突出权利与义务的对应性,负责与问责的统一性。这也是管理理论所倡导的民主管理、权责一致原则的体现,是现代学校管理理念的真实反映。

学校管理离不开学校章程与制度。学校章程是指一所学校将办学宗旨、内部管理体制、财务制度、主体的权利与义务等涉及学校发展的重要问题,进行全面规范而形成的保证学校正常运行的组织规程。学校章程是学校成为法人的必备条件。学校要确立其法人地位,必须首先具有章程,学校有权在其章程规定的范围内自主开展活动,不受外界非法干涉。同时,学校章程具有约束性。学校章程一旦形成,就会对全校师生产生约束作用,是全校师生必须遵守和执行的规程,它将引导师生的行为向既定的方向发展,以形成学校自主发展、自我约束的运行机制,提高学校管理的效益。学校制度是指学校为了落实章程,实现学校目标,要求教职工和学生共同遵守的行为准则。学校制度是学校管理的客观依据,也是学校按照一定程序办事的规则,它具有一定的规范性和约束力,有利于保证学校各项工作有秩序、有成效地进行。

学校组织机构是指为实现学校教育目标,依据国家有关规定设置的相互联系的组织运作系统。依据学校组织活动性质的不同,可将学校组织机构分为学校行政性组织机构和学校非行政性组织机构,前者承担学校的行政职能,维持学校正常运转,后者承担保证、监督职能,二者相互配合,成为学校有效管理不可缺少的重要组成部分。学校组织机构也处于改进之中,改进的目的是增强活力,提高效益,全面提高教育教学质量。

学校领导体制正在不断变革,实施校本管理受到世界各国的普遍关注。校本管理不是以校长为本的管理,而是以学校的发展为本、增进学校民主化进程、着眼于学校成员共同参与的管理,这种管理是以人为本的管理理念的具体化,是学校领导体制变革要解决的主要问题。

思考与练习

1. 什么是学校领导体制?
2. 什么是校长负责制?实施校长负责制各主体主要有哪些权力?
3. 学校章程包括哪些内容?学校制度包括哪些内容?
4. 学校有哪些组织机构?各自的职能是什么?

5. 学校领导体制改进主要解决什么问题？

案例分析

S校长的困惑①

S校长今年32岁，精力充沛，干劲十足。为了把学校办好，他自上任以来就以校为家，抛下老婆孩子，独自住在学校宿舍。他严格要求自己，公私分明，做任何工作都要尽量做到最优，努力为全校教职工树立榜样。但是一学期还不到，学校工作非但没有起色，反而变得一团糟。更让S校长百思不得其解的是：教师看见他就像老鼠见到猫一样，能避则避，不能回避时，见面问声好后就马上开溜。

案例思考题

1. 谈谈S校长的做法问题出在哪儿，为什么？
2. 如果您是校长，您会怎么做？

阅读链接

1. 肖宗六：《论我国中小学内部领导体制的改革》，载《教育研究与实验》，1984（3）。

2. 肖宗六：《学校领导体制的重大改革》，载《教育研究与实验》，1985（2）。

3. 肖宗六：《为什么要"逐步实行校长负责制"？》，载《人民教育》，1985（10）。

4. 李树峰：《从我国中小学领导体制的变迁看建立校长问责制的必要性》，载《当代教育科学》，2005（17）。

---

① 周信达：《S校长的困惑》，载《中小学管理》，2006（4）。

第七章　校长的塑造与管理

内容提要

中小学实行校长负责制，校长是学校的法定代表人，对学校行政工作全面负责，校长的素质影响学校工作的成败。因此，建立有效的校长管理制度，促进校长的专业发展，实现教育家办学的期待是校长队伍建设的亟须。实行校长负责制除校长要认真履行职责外，学校其他领导者也需要有较高的素质，支持校长工作。

学习目标

1. 掌握校长的地位与作用、职责与素质。
2. 掌握校长的专业发展需求及任职制度要求。
3. 理解学校其他领导人员的地位与作用、职责与素质。
4. 掌握创建学校领导团队的技能。

校长是学校最重要的领导者，教师的发展需要校长、学生的成长需要校长。如此艰巨的任务没有校长积极性的发挥是难以完成的，没有懂得教育规律的专家型校长也是难以完成的。而要发挥校长的积极性就要科学地设计校长管理制度，明确校长在学校管理中的地位和作用，划分校长的职责和权限，提高校长的素质。请看案例：

两位校长的运筹帷幄[①]

A 校与 B 校对面相望，教学条件与学生来源旗鼓相当。较为均衡的教学环境与教学质量使两校之间形成了一种莫名其妙的感觉。每年高考结束，相互之间都要暗自比较升学的基本情况。由于两校的实力相当，所以一直无法区分高低。然而，终于有一年 A 校在竞争中出现了闪失，从此一蹶不

---

① 杨颖秀根据真人真事编写。

振。而B校却一如既往，生源和社会声望不断看好，教师和学生的士气也越来越高。为什么会出现如此情况？原来是教师队伍建设导致的结果。很长时间以来，一批经验丰富、实力较强、资历较深的教师都在高年级把关，使得两校之间的竞争也一直相持不下。但两校均存在着教师队伍的断层现象，老教师很快到了退休的年龄。老教师退下后，A校与B校均换上了年轻教师，承担起了挑大梁的任务。可由于B校校长对教师队伍断层问题不仅早有所见，而且早有所行，提早进入了对后备力量的校本培训，让老教师与年轻教师配成对子，并在机制上对老教师以激励，年级组、学科组之间提倡和鼓励合作研究与相互学习。逐渐地，年轻教师在老教师的帮助带领下成长起来了，他们不仅从老教师那里学到了教学的经验和方法，而且从老教师那里学到了认真负责的精神。老教师退下后，他们马上进入状态，加之他们充沛的精力和敏捷的思维，使B校的锐气不减。而A校校长虽然也知道教师队伍的断层情况，但迫于压力，一直不肯让老教师分配精力培养年轻教师，因而，老教师退下后，不很成熟的年轻教师却难于立刻进入状态。于是，两校的差距立刻显露出来。

由此看来，校长作为学校的最高行政负责人，最重要的是对学生负责，对教师负责，对学校的发展负责。要负责不能仅靠校长对工作的热心，还要靠校长理智地策划。这种策划要有科学的依据，要有对未来的、动态的、系统的思考。人的培养是长期的、连续的过程，每一个环节都不允许出现失误。一旦失误，将影响培养人的全过程和培养人的质量。

第一节 校长的地位与作用

一、校长的地位

校长的地位是指校长在学校中的位置，它体现在两个方面：其一，校长是学校的最高行政负责人；其二，校长是学校的法定代表人。作为行政负责人，校长要对外代表学校向上级党组织和教育行政部门负责，对内要全面领导和负责学校的各项行政工作，对教职工、学生及其家长负责。作为法定代表人，校长要依法行使职权，保障学校各方面的利益，同时要依法履行义务，对自己及学校的行为负责，对行为的不利后果承担相应的责任。校长的地位是具有法律依据的。《中华人民共和国教育法》第三十条中规定："学校的教学及其他行政管理，由校长负责。"第三十一条第一款规定:"学校及其他教育机构具备法人条件的,自批准设立或者登记注册之日起取得法人资格。"下述案例直观地说明了校长的地位。

教育合同引发的纠纷①

某县职业高中发布《招生简章》,载明学生"取得学历后由县教育局安排到各乡镇小学、幼儿园代课,以后视其工作优劣逐年纳入教师编制"。李某等16人报考了该校并被录取。但是3年学习期满取得毕业证后,没有任何组织和个人安排他们就业。于是,他们向法院提起诉讼,称县职业高中严重违约,给他们造成了巨大损失,要求双倍返还学杂费并赔偿损失共计38.4万元。

一审法院认为,《招生简章》中发布不真实的信息实属不当。但李某等人对毕业待遇盲目听信,实属认识错误,而且接受了学校提供的教育,其要求双倍返还学杂费的主张显失公平。同时由于国家政策变化,任何大中专毕业生均不再享有国家分配工作的权利,所提误工损失的主张不能成立。因此判决驳回诉讼请求,案件受理费8270元予以免交。李某等人不服,向省高级人民法院提起上诉。

省高院经过审理认为,双方虽然没有签订书面合同,但均以自己的行为实际履行了主要义务,应认定双方的职业教育培训合同已经成立。职业中学所主张的国家政策调整并非《中华人民共和国合同法》中规定的不可抗力,职业中学毕业生也不属于国家政策规定的由国家安排就业的范围。所以,职业中学以国家政策调整不能安排代课进行抗辩是不成立的,其未能履行《招生简章》中的承诺,应该承担相应的违约责任。但李某等人要求由职业中学双倍返还学杂费没有法律依据,其损失也无法进行认定。鉴于双方之间的教育合同的主要内容已经履行完毕,基本上实现了权利与义务的统一。因此,参照李某等人3年中所交学杂费,省高院依法做出二审判决,由该县职业高中向李某等16人每人赔偿2000元,合计3.2万元。

从这一案例来看,校长不仅要对自己的行政行为负责,而且要对自己的法律行为负责。校长作为学校的法定代表人需要从法律关系主体的角度依法决定或处理一些事情。校长在工作中有权做出承诺,但要对承诺负责,并不可以随便承诺。否则,将要付出一定的代价。

---

① 屈明光、牛光新:《一起少见的教育合同纠纷案》,载《中国教育报》,第8版,2005-05-16。

二、校长的作用

校长在学校中的地位决定了校长的作用。校长的作用从学校管理过程来看主要包括以下几个方面：

（一）校长是学校发展的设计者

学校管理是一个动态的过程，在现代社会迅速变革的环境中，在社会不断对学校提出更高要求的情况下，学校的发展是学校生存的基础，而要发展就要科学地设计。校长是学校行政工作的负责人，承担着设计学校如何发展的重要责任，决定着学校发展的方向和进程。根据管理过程原理，学校设计也就是提出学校发展战略以及制订学校发展计划的活动，这是学校管理过程的起点。

（二）校长是学校改进的探索者

学校管理活动的动态过程是连续的，连续意味着不断改进，改进要求不断提高和创新。因此，学校改进的过程也是一个探索的过程。校长既要全面了解学校的发展状态，又要善于发现学校存在的问题，还要在比较分析之中找到学校改进的策略。学校改进需要校长有一种积极进取和不断探索的精神，要善于思考，拓宽视野。学校改进在更多的情况下不是对学校的全部否定，而是在原有基础上的提高。不改进，学校的发展就会停滞，停滞就会后退。美国的中小学校长很重视学校改进，在《不让一个儿童落后法》实施之后，学校改进更成为学校发展的重要任务，谋求学校改进策略成为校长最关注的问题。

（三）校长是和谐学校的营建者

现代学校管理不仅面临着管理理念、物质条件、技术手段、社会文化的变化，也面临着人的素质的变化。特别是中国，在人口政策、改革理念等客观条件的影响下，学校管理中的教师、学生、家长等人的因素特点正在悄然发生变化。例如，校长正面临着教师是独生子女、学生是独生子女、家长也是独生子女的现实。独生子女一方面可能在较为优越的物质条件影响下拥有较好的知识素养；另一方面也可能在较为优越的环境中养成唯我独有、唯我独尊的个人不良习惯。这种状况会给校长工作增添难度。因而，校长需要掌握有效处理各种冲突的技能，努力营建和谐的校园环境。

（四）校长是学习型学校的缔造者

追求学习型学校建设是现代学校管理的重要目标指向，无论是学生的成长，还是教师的发展，或者是校长的自身成熟，都需要学习型组织氛围的渲染、陶冶和支持，这与培养高质量的人才目标是相一致的，它经历了一个对不同学校指称的逐渐认识和转化过程。如效率学校、效能学校、全面质量学校、成功学校、责任学校、学习型学校等。追求学习型学校是学习型组织理论的精神体现，它有利于学校改善心智模式，挖掘内在潜力，提高学校内部的组织能力，共同创设美好的发展前景，形成团队学习的氛围与系统思考的思维方式，最终实现人们对学习的渴望，实现人们的生命价值。但学习永无止境，学习型学校的创建也永无止境。

第二节 校长的职责与素质

一、校长的职责

校长的职责是指担任校长职务所应当履行的义务和承担的责任。校长的职责是与校长的职权相对应的，即有权必有责。一个负责任的校长最关心或者最应当履行以下职责：

（一）营建学校管理文化，形成良好的育人环境

学校管理文化是无形、无味、无声的软环境，主要反映的是学校的价值标准。营建学校管理文化可以从理念引领、情感投入、制度设计、设施提供、特色创意等不同方面入手，这在学校管理文化一章已经述及。

（二）贯彻执行教育方针，发挥行政负责人的作用

教育方针是学校管理工作的方向，是学校培养人的质量标准。校风建设离不开教育方针的指引。《教育法》第五条规定："教育必须为社会主义现代化建设服务，必须与生产劳动相结合，培养德、智、体等方面全面发展的社会主义事业的建设者和接班人。"这表明，教育方针具有法律效力。因此，贯彻执行教育方针是校长必须履行的职责。贯彻执行教育方针要将德、智、体等方面有机结合，不可以片面地强调某一个方面而忽视其他方面。

1. 管理德育工作

良好的道德行为准则和习惯是学生做人的基础，必须从小培养。特别是在信息技术迅速发展的国际背景下，多元文化、多元价值共同涌入学校，不同程度地对中小学生产生这样或那样的影响。学校培养什么样的人以及如何培养人是既重要又复杂的问题，需要校长精心思考和策划。因此，校长要将德育工作置于重要的位置，保障学生的切身利益，尊重学生的人格，关心学生的成长。在此基础上，校长要制订学校德育工作计划，建设德育工作队伍，采取切实有效的措施，坚持不懈地加强学生的思想、政治、品德、法制教育，加强学生心理健康教育。为加强中小学的德育工作，2004年2月，中共中央国务院发布《关于进一步加强和改进未成年人思想道德建设的若干意见》，提出了改进中小学德育工作的要求，《国家中长期教育改革和发展规划纲要（2010—2020年)》也提出了德育为先、能力为重、全面发展的育人主题。

2. 管理教学工作

教学工作是学校的中心工作，它不仅教学生知识、培养学生能力，而且陶冶学生的情操。所以，坚持学校工作以教学为主，按照国家规定的课程方案、课程标准，科学设计和实施课程是校长的重要职责。2001年1月，教育部发布《基础教育课程改革纲要（试行)》，据此，中小学开始新一轮课程改革。校长要管理教学工作，就要遵循教学规律，妥善组织教学，建立和完善教学管理制度，搞好教学常规管理。校长还需要深入教学第一线，正确指导教师进行教育教学研究活动，科学评价教学质量，建设教学质量保障体系。请看案例：

让学生敢说"我不懂"[1]

一位校长去听一位教师的课，课讲完了，老师问学生："听懂了吗?""听懂了!"同学们齐声回答。"还有谁不懂请举手。"全班静悄悄的，一位学生的手稍稍伸了一下很快就缩了回去。细心的老师还是发现了，他温和地说："你哪里不懂，没关系，讲出来。"孩子怯怯地站起来叙述着，老师一边鼓励孩子大声点儿，一边走过去俯下身听，很耐心地又讲了一遍，最后对这位学生说："请坐，以后要注意听讲。"

下课后，校长把老师和这位学生请进了办公室。学生小声说："校长，我以后上课一定要用心听讲。"校长对他说："孩子，今天请你来是要表扬你，你敢说真话，不懂就问，这是很了不起的，今后要理直气壮地问，不懂就把手高高地举起，你说对吗?"老师听了校长的话顿时若有所悟。

这个案例告诉我们，校长领导和组织教学工作是为培养人的价值理念所支配的。老师先前的做法虽然很好，但最后一句话却导致了对学生提问的否定，使学生面对校长不知所措。这说明教师的教学理念也是需要不断提升的。而校长抓住了这一关键问题，及时启发，循循善诱，使教师与学

---

[1] 中华人民共和国教育部《素质教育观念学习提要》编写组：《素质教育观念学习提要》，第148页，北京，生活·读书·新知三联书店，2001。

生双双对自己的行为都有了新的认识,达到了教学的目的,也反映了校长听课的意义和机智的管理艺术。

学校体育、卫生、美育及实践活动也是学校教育教学工作的重要组成部分,对促进学生德、智、体等方面全面发展,实现学校的培养目标具有举足轻重的作用。良好的身体素质是学生学习知识、积蓄力量和发挥聪明才智的资本。学校体育能帮助学生拥有健康的体魄和良好的体能,促使学生顺利完成学习任务,将来为祖国建设服务。学校卫生同样关系着学生的身心健康,它能帮助学生了解卫生常识、养成良好的卫生习惯和心理素质。学校美育能引导学生形成鉴赏美的标准,提高审美能力。实践活动是课堂教学的延伸,是学生消化、理解、掌握、应用所学知识的重要环节,是提高学生能力,以正确的价值标准认识社会的重要途径。

3. 管理教育研究工作

学校进行教育研究是《教育法》支持和鼓励的行为,也是调动教师的积极性,有效利用各种教育资源,提高教学质量的重要途径。校长要管理好学校的教育研究可以从多方面入手,采取多种方式,但关键的是要解决教育教学中的问题,达到提高学生的素质,保证教育教学质量的目的。

4. 管理总务工作

总务工作是保证学校教育教学工作的基础,也是学校工作的重要方面。校长管理总务工作需要依据财务、校产等管理制度,贯彻勤俭办学的原则,坚持总务工作为教育教学服务。学校总务管理的内容主要包括学校财务管理、固定资产管理、非固定资产管理,以及师生饮食、住宿、交通、安全等学校日常生活的管理。学校总务管理的勤俭、服务与安全是统一的,需要校长精心策划。例如,在现代学校建筑中,有的学校进行弹性教室设计,通过软墙壁、电控移动桌椅等性能达到扩大教室空间、发挥不同效能作用的目的。这种设计既节约了学校建筑面积,又反映了总务管理的智慧。

5. 管理行政组织工作

学校组织可以分为行政性组织和非行政性组织两部分,行政组织和非行政组织相互配合,共同影响学校的发展。校长有责任做好行政组织的机构设置、人员分工及培养培训工作,特别是要做好学校领导班子的组织建设工作,增强其凝聚力,营建积极健康的组织氛围。同时,校长有责任配合党的学校基层组织,支持和指导群众组织开展工作。校长充分发挥工会、共青团、少先队等群众组织在办学育人各项工作中的积极作用,注意发挥教职工代表大会参政、议政作用,使非行政组织与行政组织共同形成良好的育人环境。

6. 管理学校与社区的沟通合作

学校、家庭、社会在教育学生的过程中均起着重要的作用。然而，受不同文化、不同价值观、不同利益追求等因素的影响，这三者对学生的作用并不一定是统一的或不一定总是有意义的。这就需要校长有计划地协调学校、家庭、社会的关系，形成系统的、积极的育人环境。社会越是变革，这种要求就越强烈。因此，与社区的沟通合作已经成为学校必须重视的问题。2004年，教育部发布《关于推进社区教育工作的若干意见》，强调推进社区教育的任务，2010年，《国家中长期教育改革和发展规划纲要（2010—2020年）》也要求积极发展社区教育。可以说，发挥社区在教育中的积极作用，做好学校与家长的沟通，在学校与社区之间营建一种相互促进、共同发展的关系已经成为我国教育发展的一个重点。

（三）开发人力资源，调动教师的积极性

教师是学校实施教育教学活动的主体，是学校重要的人力资源。校长的办学理念、办学计划、办学目标都要通过他们来实现。因此，自20世纪50年代以后，世界各国都非常重视以人为本的理论研究，特别是激励理论、人力资源理论对调动教师的积极性有着重要的影响。调动教师的积极性要将教师的发展作为培养教师的核心工作，保证教师的教育教学权、研究权、学习培训权，以及维护教师的其他合法权益。要做好骨干教师培养，搞好梯队建设，科学、公正地进行教师的考核与评价。

（四）纠正过错，承担相应的法律责任

依据法律规定，具备法人条件的学校自批准设立或者登记注册之日起取得法人资格，学校及其他教育机构在民事活动中应依法享有民事权利，承担民事责任。校长是学校的法定代表人，是法律关系的主体，当然需要在学校管理活动中一方面依法行使自己的职权；另一方面还要依法对自己的行为负责，对不利后果承担相应的法律责任。然而，制定法律的目的不是为了追究责任，而是为了预防过错行为的发生。因此，校长对法律责任的承担实际上是一种责任追究制度，它是建立在保证校长履行职责、预防校长决策失误的基础上的。

二、校长的素质

做校长难，做一个好校长更难，要做一个权责对应的好校长必须具备做校长的基本素质。素质包括心理学上指的人生理上的神经系统和感觉器官的先天特点，以及人后天形成的带有普遍性和基本性的、既相对稳定又

不断发展的心理品质，主要有性格、兴趣、气质、风度等，以及价值观念、文化修养、基本技能等。校长的办学理念、伦理标准、内外形象、管理技能，都是校长的重要素质，也是构成校长权威的非权力性影响力。

（一）校长理念

校长理念是校长办学的理想与信念，它决定着学校的发展方向和学校的管理方式。校长理念是与校长对学校管理内涵的认识紧密联系在一起的，这种认识正在经历一个逐渐提升的过程。以往将学校管理视为校长权力的象征，随着民主化程度的提高，理论与实践逐渐认识到将管理仅视为权力的象征是片面的，它更重要的职能在于关注管理对象，在于为管理对象服务，在于为管理对象提供发展的机会。所以，从管理到关注、到服务、再到提供发展机会的认识过程，是校长理念的不断提升过程。在这一过程中，实际上是在解决一个根本性问题，即怎样看待学生。现代社会，已经批判和淘汰了学生工具论的理念和管理方式，倡导尊重的教育，注重调动学生的积极性，潜心开发学生的巨大潜能。尊重的需要是人高层次的社会需要，是自我实现需要的基础。满足自我尊重的需要导致自信、价值、力量、能力、适合性等方面的感觉。教育是培养人的社会活动，因此，满足人的尊重需要是教育者应尽的义务。只有尊重学生，为学生提供更多的发展机会，才能给学生带来更多的价值、自信、力量、能力及成就。

（二）校长伦理

校长伦理是指校长在学校管理过程中表现出的价值准则，这种准则是形成校长理念的基础，并应当被教师、学生、家长及社会所认可。例如，尊重、诚信、公正、廉洁、负责、民主、程序正当等价值准则是校长应当具备的。校长伦理在学校管理中表现于观念形态的伦理意识和实践形态的伦理行为不同层次。校长的伦理意识，包括伦理准则意识，主要指校长在学校管理中坚持的基本原则和表现出的基本态度；伦理责任意识，主要指校长对权、责、利的看法；伦理目标意识，主要指校长对学校管理质量与效率关系的理解。校长的伦理准则意识、责任意识、目标意识应当是统一的。校长的伦理行为是指校长的伦理意识在学校管理实践中具体体现的活动方式，表现在管理作风、管理效果等。校长的行为是受意识支配的，良好的伦理意识会促成良好的伦理行为。

（三）校长形象

校长形象是指校长在学校管理过程中以其精神风貌、行为方式等表现出的具有稳固特征的影响力。良好的校长形象会感染学校成员，增进社对学校的信赖。校长形象有显性的也有隐性的。校长的衣着打扮、音容笑貌、言谈举止、性格体态、兴趣文化等是显性的，会比较充分地表露出来，给人以直观的感觉和印象。校长的价值取向、伦理准则、思维品质、知识能力、胸怀策略等是隐性的，在通常情况下不会明显地表露出来，但在关键时刻却会给人留下极深的印象。校长的显性形象与隐性形象相互补充、相互统一。作为校长，需要有意识地意塑造自己果断、温和、民主、科学的形象。

（四）校长技能

校长技能是校长管理学校必备的技术或技巧及能力，是将校长理念转化为行为的中介。高超、熟练的校长技能可以提高学校管理的质量和效率。校长必备的技能主要包括决策技能、激励技能、沟通技能、处理冲突的技能等。

1. 决策技能

决策是校长的权力，也是校长设计学校发展前景必须掌握的技能。校长如果不能掌握科学决策的技能，权力则可能导致学校管理的失误和校长的失职。掌握决策技能包括了解决策的过程和掌握决策的方法。

决策过程包括确定决策目标、拟订决策方案、抉择决策方案、实施决策方案、追踪决策方案几个环节。确定决策目标要经历发现问题、分析问题、形成目标的过程。拟订决策方案要在依据注重差异、循序渐进、勇于创新等切合实际的基本原则基础上，从决策的轮廓设计到详细调整，最终形成若干决策方案。形成若干决策方案后要进行抉择。抉择决策方案要立足于决策目标，选择风险尽可能小的方案。决策方案抉择后，立刻进入实施阶段。实施过程首先要让决策对象了解决策方案的意义和内容，然后制订实施计划、具体落实计划、直至调控计划的实施状况。决策在实施的进程中要追踪其实施效果，对不能令人满意的、脱离目标方向的决策进行根本的修正。

决策方法包括决策的"软"技术方法、"硬"技术方法和"韧"技术方法。决策的"软"技术方法是依据决策者的经验、知识，通过运用逻辑思维和理论思维对决策对象进行质的分析、判断而进行决策的方法。但它与传统的以决策者个人、少数专家的经验与知识为基础的定性决策有着本质的不同，其区别在于现代的"软"技术方法是建立在专家集团、集体智慧、知识互补、思维共振的基础之上的，它有利于发挥集体的创造性，主要有头脑风暴法、综摄法、5W1H法、焦点法等。决策的"硬"技术方法是依据调查研究、预测而获得的信息情报，建立数学模型，通过计算求得决策方案的方法。决策的"韧"技术方法是"软"技术方法和"硬"技术方法的结合。在中小学管理中，通常采用软技术方法和简单的硬技术方法进行决策。

2. 激励技能

激励是调动人的积极性、挖掘人的潜能、启迪人的智慧、激发人的创造力的重要手段。为达到上述目的，校长需要掌握恰当的激励技能。掌握激励技能包括了解激励的过程和运用激励的方法。

激励过程分为考察需要、激发动机、刺激行为、导向目标、强化内外诱因等环节。无论是教师还是学生，每个人的需要内容都有所不同，层次也有所不同。校长要根据他们的不同需要选择激励的方法或措施，进而导致对动机的激活，行为的刺激，以及目标的实现等。但在行为的努力过程中还会因为各种诱因的影响产生反复或后退的情况，所以还要强化内外诱因，使目标行为坚持到底。

激励方法很多，主要有外部激励与内部激励两大类，如物质激励、目标激励、政策激励、荣誉激励、规范激励、竞争激励、榜样激励、挫折激励等。

3. 沟通技能

沟通是指为达到一定的目的而进行的信息传递与交流活动。沟通从其组织规定不同可以分为正式沟通和非正式沟通；从其方向不同可以分为上行沟通、下行沟通和平行沟通；从其收发信息者的地位变换不同可以分为单向沟通和双向沟通；从其进行的方式不同可以分为口头沟通、书面沟通和混合沟通等。在沟通过程中，由于信息传递的模式、方式不同，沟通的效果也不相同。另外，沟通者的语言、心态、观念、个性等主观因素及地位、文化、组织结构等客观因素不同，也会影响沟通的效果。校长需要掌握的沟通技能包括了解沟通的心理过程和运用一定的沟通技巧来达到沟通目的两个方面。

一般来说，沟通的心理过程要经历产生沟通动机、选择信息、理解信息三个阶段。所以，校长进行沟通时，必须选好时机，选好沟通信息，并能使沟通双方都能准确理解信息的内容。通过运用一定的技巧可以帮助校长达到沟通的目的。研究认为，下述一些技巧有利于促进沟通：追求团结一致，提高对方的地位，或表示支持对方的意见；镇静，与所有的人都容易相处并表现出毫无拘束，面带笑容，显示出满意的表情；表示同意、默认；给予指示，表现得彬彬有礼；提供意见，恰当批评并分析意见；表示意图和感情；提供信息，介绍情况，解释清楚；寻求信息，请求重复问题

（采取强硬的办法或温和的态度）；询问意见，要求得到评价与分析，求得对方的明确表示，尤其关注对自身行动的评价；请求告诉各种可能的行动方式。当然，校长在关键时刻也可以消极地拒绝意见，不予帮助，表示不同意，以显露紧张及不满情绪等方式中止沟通或表明自己的态度。

4. 处理冲突的技能

冲突是指对立双方在资源匮乏时出现阻挠行为并被知觉到的矛盾。冲突可以分为建设性冲突和破坏性冲突。建设性冲突对学校发展具有积极的作用，破坏性冲突对学校发展具有消极作用。校长要掌握处理冲突的技能，正确对待或营建建设性冲突，及时解决或消解破坏性冲突。冲突的发展可以分为潜在对立阶段、认知与个人介入阶段、行为阶段、结果阶段。

处理冲突可以采用的技能主要有：统合（当双方都需要满足对方的需要时，采用求同存异的对对方有利的方式）、退避（对冲突采取漠不关心的态度，以此消解争执或对抗的行为）、顺应（以将对方利益置于自己利益之上的方式满足对方的需求）、妥协（双方必须放弃部分利益以便能够在一定程度上满足部分需要）。

第三节 校长的专业发展与任职制度

校长在学校管理中的重要地位与作用清楚地反映了校长工作的专业性，不经过专门的培养与训练则无法胜任这项工作。因此，世界各国都在关注校长的专业发展，并通过完善校长管理制度提高校长管理学校的水平。

一、校长的专业发展

（一）校长专业发展的意义

1. 校长的专业发展是学校发展的需要

校长是学校的领导者，学校发展的设计与策划主要依靠校长来完成。而学校的发展具有内在的规律性，不能靠校长的主观意志决定。这就要求校长通过学习掌握科学的管理知识、领导知识，通过实践理解知识的应用价值，学会在实践中应用知识。特别是在现代社会不断变革的过程中，学校发展的速度加快、难度加大、复杂程度加深，没有对科学知识的掌握，校长则很难适应社会发展的要求，很难识别各种积极或消极的因素对学校管理的影响，很难在学校发展中做出正确的决策。

2. 校长的专业发展是学生成长的需要

学校的一切工作都是为了促进学生的成长，而学生的成长是其身心发展规律和客观环境共同作用的结果。要促进学生的成长，不仅要求校长掌握学生发展的身心特点，而且要求校长能根据学生发展的身心特点创建相应的教育教学环境。面对这种工作要求，校长必须成为懂得和善于应用专业知识的专业人员，才能承担起培养学生的重任。

3. 校长的专业发展是教师提升的需要

教师是学校的核心力量，教师素养直接影响学生的成长。校长是教师的教师，要掌握提升教师素养的理论和技能，为教师的发展创造条件。研究认为，教师的职业生涯需要经过形成期（Formative）1~2年、构建期（Building years）3~5年或更长时间、奋斗期（Striving years）5~8年或更长时间、完成期（Other issues：Crisis periods、Complacency、Career wind-down、Career end）不同的阶段。在形成期，教师素养不仅影响自身的发展，也会影响学生的成长，因此教师需要夜以继日地学习；在构建期，教师需要坚定工作信心，多向面对教师角色；在完成期，教师需要重构自我。[1] 根据教师的发展过程，校长必须具备了解教师的心理需要和业务需求的专业素养。

（二）校长专业发展的理论依据

领导生命周期理论可以解释校长的专业发展和教师专业发展的关系。领导生命周期理论是由科曼（Karman）建立起来的一种三因素的权变领导理论。科曼认为，只依据"对工作的重视程度"和"对人际关系的重视程度"还不足以决定领导效率的高低。"高工作、高关系"的领导方式和"低工作、低关系"的领导方式都不一定经常有效，领导方式是否有效，还要看下属的成熟程度。下属的成熟程度是指下属对成就感的向往、承担责任的能力和愿望以及个人的工作经验和知识等。因此，领导方式应由工作行为、关系行为、下属的成熟程度三个因素决定，随着下属成熟程度的由低到高，形成一个生命周期。

1. "高工作、低关系"是命令式的领导方式。这种领导方式适合于下属不成熟，经验和自觉性较差，没有能力承担责任，也不愿意承担责任的情况。

2. "高工作、高关系"是说服式的领导方式。这种领导方式适合于下属有承担责任的愿望，但没有独立承担责任的能力的情况。领导者一方面

---

[1] Phyllis H. Lindstrom, Marsha Speck, *The Principal as Professional Development Leader*. California, Corwin Press, A Sage Publications Company, Thousand Oaks, 2004, pp. 43-44.

要关心任务；另一方面也要关心人，对下属多关心和多鼓励。

3．"低工作、高关系"是参与式的领导方式。这种领导方式适合于下属比较成熟，基本能胜任工作，不太满意领导者有更多的指示和约束的情况。

4．"低工作、低关系"是授权式领导方式。这种领导方式适合于下属高度成熟，有能力、有热情承担任务的情况。这时领导者应赋予下属一定的权力，让其自己去做，不必过多干预，只起监督作用。

需要注意的是，下属的成熟程度既可以用于一个人在发展过程中的不同阶段，也可以用于在同一个时期的不同的人。①

由上述领导研究理论可知，领导者的工作效率受多种因素的影响，有权力性的，也有非权力性的。要做一个好校长，需要兼顾各种因素在学校管理中的作用。

（三）校长专业发展的过程

校长的专业发展是学校发展的基础。直面学校现实与社会环境，一方面，社会发展无法阻碍先进的理念对学校管理的影响，如教师、学生、家长参与学校管理的意识不断强烈，他们普遍要求学校实行民主的、科学的管理制度。另一方面，社会发展也无法阻碍多元理念中的消极因素对学校管理的影响，如教师、学生、家长对自我的认识及与学校整体关系的理解还不同程度地存在一定的滞后性和不协调性。作为校长，如何彰显民主、公平、质量理念，如何正确认识和处理现代学校制度中的冲突，如何有效利用系统资源发展学校个性，如何在学校的效力与教师、学生、家长的个人需求之间求得平衡，这些问题的解决不是一蹴而就的，而是要伴随校长的成长、成熟过程。这一过程，不仅从领导生命周期理论可以找到答案，实践中也有学者研究认为，校长的成熟包括预备期、适应期、称职期和成熟期四个发展阶段。②

无论是理论研究还是实践研究都告诉我们，要做校长或者要做一个好校长，有三个问题是要明确和解决的。第一，校长是专业人员，需要具有做校长的知识、能力和技能，即要具备做校长的资格，不具有做校长的专业素养的人不能取得校长资格，不能做校长，也做不好校长。第二，校长的成长需要经历一个过程，仅具备校长资格还不够，还要在实践中不断提

---

① 孙耀君：《西方管理思想史》，第712~715页，太原，山西经济出版社，1987。

② 程振响：《论中小学校长培训的可持续发展》，载《江苏教育学院学报（社会科学版）》，1996（4）。

高自己的管理水平，能应用学校管理理论来解决学校管理中的实际问题。第三，要在不断变革的动态环境中灵活自如地平衡学校内外关系，创造性地管理学校，做一个研究型的、专家型的校长。针对校长的专业特点，世界各国都对中小学校长的专业、学历、学位、实践经验等方面提出了具体的要求，以相应的政策或法律规范校长的专业发展过程，使校长真正成为专业人员。例如，在美国，要做中小学校长需要具有至少三年的一线教学经验，到被州一级教育行政部门认可的高等学校学习规定的课程，取得相应的学分，获得硕士学位，才能取得校长任职资格。做了校长之后，还要通过工作坊等不同的形式提高自身的专业水平。我国为促进校长的专业发展，规定实施校长三级培训制度，即校长任职资格培训、在职校长提高培训和骨干校长高级研修。由此可知，中外理论与实践对校长专业发展的研究和要求是一致的，校长的专业发展是一个过程，校长的塑造也需要一个有计划的培训过程。

二、校长的任职制度

校长的专业发展需要制度管理，通过一定的制度，规范校长行为，促进校长成长，塑造校长形象，使校长能够在动态管理中成为符合现代社会需要的专业管理人才。

（一）校长资格制度

1. 校长资格制度的内涵

校长资格制度是指国家有权机关依法授予申请者从事校长职业权利的行为规则。校长资格制度是一种行政许可制度。要当校长先要取得校长资格，没有校长资格的人不能受到聘任。我国20世纪90年代初期提出实行校长资格制度，要求校长持证上岗，至今仍在不断完善这一制度。1991年，国家教委发布《全国中小学校长任职条件和岗位要求（试行）》，其中规定了校长的任职条件。1992年，中央组织部、国家教委发布《关于加强全国中小学校长队伍建设的意见（试行）》，指出："今后新任命的校长，应取得岗位培训合格证书，持证上岗。"1995年，《教育法》第三十条第二款规定："学校及其他教育机构的校长或者主要行政负责人必须由具有中华人民共和国国籍、在中国境内定居、并具备国家规定任职条件的公民担任，其任免按照国家有关规定办理。学校的教学及其他行政管理，由校长负责。"1997年，国家教委发布《实行全国中小学校长持证上岗制度的规定》，规定："凡担任国家举办或社会力量举办的普通中小学校长（农村完小正、副校长以上，下同）职务的，必须参加岗位培训，并获得'岗位培训合格证书'。

因工作需要，培训前进入岗位的，只能任代理校长，待获得'岗位培训合格证书'后再正式任命或聘任校长职务。"1999年，教育部发布《中小学校长培训规定》，再次规定："新任校长必须取得'任职资格培训合格证书'，持证上岗。"2010年，中共中央国务院发布《国家中长期教育改革和发展规划纲要（2010—2020年)》，要求制定校长任职资格标准，促进校长专业化，提高校长管理水平。因此，取得任职资格是做校长的必要条件。

2. 取得校长资格的条件

要取得校长资格必须具备相应的条件。具备什么条件才能取得校长资格，各国的规定不尽相同。根据上述政策和法律规定，我国中小学校长的资格条件包括七个方面。（1）公民条件。校长必须是具有中华人民共和国国籍、在中国境内定居、并具备国家规定的任职条件的公民。（2）政治条件。校长要拥护中国共产党的领导，热爱社会主义祖国，热爱教育事业，热爱本职工作。认真贯彻执行党和国家的教育方针、政策、法规。团结同志，严于律己，顾全大局。关心爱护学生，言行堪为师生的表率。（3）业务条件。校长要具有较好的教育、教学业务基础，有指导、组织教育教学和管理学校工作的能力。（4）学历条件。乡（镇）完全小学以上的小学校长应有不低于中师毕业的文化程度，初级中学校长应有不低于大专毕业的文化程度，完全中学、高级中学校长应有不低于大学本科毕业的文化程度。（5）教师职务与经历条件。中学校长应当具有中学一级以上的教师职务，小学校长应当具有小学高级以上的教师职务，中小学校长都应具有从事相当年限的中小学教育教学工作的经历。（6）身体条件。中小学校长要身心健康，能胜任学校管理工作。（7）岗位培训条件。中小学校长（包括副校长）应当接受岗位培训，并获得"岗位培训合格证书"，持证上岗。因工作需要，培训前进入岗位的，只能任代理校长，待获得"岗位培训合格证书"后再正式任命或聘任校长职务。

3. 取得校长资格的程序

我国目前对校长任职资格的取得在程序上需要经过两步。（1）参加校长资格培训。要取得校长任职资格，需要参加当地教育行政部门组织的校长资格培训。（2）取得校长资格培训合格证书。经过培训，考核合格，可以取得授权的教育行政部门颁发的校长资格培训合格证书，获得校长任职资格。

（二）校长任免制度

1. 校长任免制度的内涵

校长任免制度是指任用与免去校长职务的行为规则。取得校长资格，能否获得校长职务，还要适用校长任免制度。

2. 校长的任用

（1）校长任用权限

根据2001年《国务院关于基础教育改革与发展的决定》的规定，高级中学和完全中学校长一般由县级以上教育行政部门提名、考察或参与考察，按干部管理权限选拔、任用。实施义务教育的学校，根据《中华人民共和国义务教育法》第二十六条中的规定，"校长由县级人民政府教育行政部门依法聘任。"校长聘任需要经过合法程序，实行公开招聘的机制。

（2）校长任用程序

校长的任用要经过七步。第一，确定并公布校长职位和条件。由教育行政部门根据学校的实际需求确定并公布校长职位和条件。第二，候选人报名。愿意申请校长职务者根据公布的校长职位和条件，通过公开报名的形式参加竞选。第三，资格审查和民主评议。教育行政部门对申请竞选的校长候选人进行资格审查，并通过民主评议了解申请者的教育教学、工作能力、职业道德等基本情况。第四，考核答辩。经审查和评议，对符合竞选条件的校长候选人通过笔试、面试、答辩等形式进行考核。第五，考察。对通过考核的校长候选人再进一步考察其是否具备担任校长的条件，从中选择合适的人员。第六，确定拟任人选并公示。经过考察确定一定的校长候选人，并将候选人名单公示，在公示期内接受公众的审查。第七，审批并任用。经过公示，对没有异议的校长候选人正式批准担任校长职务。

（3）校长任用期限

校长任职后，根据《国务院关于基础教育改革与发展的决定》的精神，实行任期制，但可以连聘连任。实行任期制，有利于校长充分发挥积极性，尽职尽责，但也容易产生短期行为，特别是学校教育的长周期性，需要校长进行战略性的决策和长期规划，实行任期制会对此产生一定的负面影响。因此，连聘连任是建立在校长工作卓有成效基础上的、有利于学校未来发展的校长任用制度，是对任期制的一种补充。

3. 校长的免职

对不具备条件继续当校长，或由于工作需要调离校长职务者，要由主管部门根据相应的程序免去其校长职务。

（三）校长职级制度

1. 以往校长评聘制度的不足

按照《全国中小学校长任职条件和岗位要求（试行）》的规定和《关于加强全国中小学校长队伍建设的意见（试行）》的规定，以往中小学校长的专业技术职务评聘与教师的专业技术职务评聘是一致的，并与行政机关级别挂钩。这种制度在严格要求校长的教育教学素质方面具有一定的积极作用，但从校长的工作性质来看，校长与教师进行相同系列的专业技术职务评聘尚存在一定的不足之处。第一，单纯以教育教学标准衡量管理工作。校长的工作是兼管理与教育教学为一体的，但管理应处于主要的位置。管理与教育教学既有联系又有区别，如果单纯以教育教学的标准来评价校长，那么既不公平，也不科学。第二，对主管不同工作的情况不作区分。校长分为主管不同方面工作的校长，有的校长与教育教学有着直接的关系（如主管教学工作的校长），有的校长与教育教学的联系是间接的（如主管总务工作的校长）。这样，如果用要求教师的专业技术标准来要求校长，那么难免会产生各种冲突。第三，校长资源难以在校际间流动。校长管理工作的性质要求对校长管理工作方面的能力有一个客观的评价标准。以往对校长的评价是与机关行政级别相挂钩的，其工资待遇也与之相对应，这样就束缚了校长在校际之间的流动，不利于校长资源的充分利用。

2. 校长职级制度的内涵及优势

校长职级制度是指校长职务与级别系列及其评定规则。《国务院关于基础教育改革与发展的决定》首次以国务院文件的形式提出"积极推行校长职级制"。《国家中长期教育改革和发展规划纲要（2010—2020 年）》再次提出"推行校长职级制"。这一制度取消了以往校长走行政机关职务系列并参加教师职务评定的做法，建立独立的校长职务与级别系列，形成符合中小学特点和校长成长规律的持续、稳定、有效的竞争机制，以及校长"职务能上能下、待遇能高能低、流动能进能出"的动态管理机制，促进校长集中精力抓教育、抓质量、抓管理、抓效益，调动校长的积极性。

（四）校长培训制度

校长培训制度是指校长取得任职资格和继续任职需要接受的培养训练规则。校长是学校的主要领导者，校长素质的养成与提高需要持续的过程。培训是提高校长素质、促进校长专业发展的重要手段。1989 年，教育部发布《关于加强全国中小学校长培训工作的意见》，要求五年内对全国中小学校长普遍进行一次岗位培训。1994 年，国务院发布《关于〈中国教育改革和发展纲要〉的实施意见》，要求制定中小学校长岗位规范，实施"百万校长培训计划"，争取在 1997 年左右，实行中小学校长持证上岗制度。1997 年，国家教委发布《实行全国中小学校长持证上岗制度的规定》，要求中小学校长必须参加岗位培训，并获得"岗位培训合格证书"。1999 年，《中小学校长培训规定》规定："参加培训是中小学校长的权利和义务。新任校长必须取得'任职资格培训合格证书'，持证上岗。在职校长每五年必须接受国家规定时数的提高培训，并取得'提高培训合格证书'，作为继续任职的必备条件。"国家在确立校长培训制度的同时还发布了培训指导意见及计划，编写了培训教材，使校长培训制度逐渐完善。2010年，《国家中长期教育改革和发展规划纲要（2010—2020年）》提出，要"加强校长培训"，"对义务教育教师进行全员培训，组织校长研修培训"，"开展中小学校长和骨干教师海外研修培训"。

校长培训分为任职资格培训、在职校长提高培训和骨干校长高级研修三种形式。任职资格培训是按照中小学校长岗位规范要求，对新任校长或拟任校长进行掌握履行岗位职责必备的知识和技能为主要内容的培训，培训时间累计不少于300学时，主要学习履行岗位职责必备的基本知识和技能，包括邓小平理论与当代中国教育实践，现代教育理论与实践，教育法制基础，学校管理理论与实践，中小学教育科研，现代教育技术基础，其他人文、自然科学知识，以及学校管理实践考察、案例分析等。在职校长提高培训是面向在职校长进行的以学习新知识、掌握新技能、提高管理能力、研究和交流办学经验为主要内容的培训，培训时间每五年累计不少于240学时。骨干校长高级研修是对富有办学经验并具有一定理论修养和研究能力的校长进行的、旨在培养学校教育教学和管理专家的培训，培训内容要以提高校长组织实施素质教育的能力和水平为重点，主要包括政治理论、思想品德修养、教育政策法规、现代教育理论和实践、学校管理理论和实践、现代教育技术、现代科技和人文社会科学知识等。

（五）校长考核制度

校长考核制度是指检验评定校长工作成效的评价规则。考核从时间上可以分为年度考核和任期考核，分别在学年末和接近任期届满时进行。考核的内容包括：贯彻教育方针、提高教育质量的情况；学校办学条件与管理情况；学校团队与教师团队建设情况；遵守职业道德、勤奋敬业情况；遵纪守法、廉洁自律情况等。考核的程序包括：校长述职；民主评议和测评；学校主管部门评议；学校主管部门反馈评议意见；校长提出改进措施等。考核的结果分为：优秀、称职、不称职。校长职务的聘任与评定要依据校长从事学校管理工作的成绩，对校长工作、学习及生活中的困难，要从实际情况出发，及时给予解决。要实行校长职务津贴制度，根据学校管理工作的特点，校长享受一定的待遇；对不称职的校长要予以免职。

（六）校长奖惩制度

校长奖惩制度是指对校长工作业绩或失职行为所实施的奖励或惩罚规则。对在学校管理工作中，坚持社会主义办学方向，认真贯彻教育方针，努力深化教育改革，提高教育质量，为培养德、智、体全面发展的一代新人做出显著成绩的校长，要采取多种形式予以表彰、奖励。对其中有突出贡献、享有较高声誉的校长，国家教育行政部门授予"全国优秀校长"的称号，并颁发奖章、证书。对工作失职，或以权谋私，给国家、学校和群众利益造成损害的校长，视具体情况，按照有关规定给予相应的处分；情节严重的，依法追究法律责任。

（七）校长流动制度

《国家中长期教育改革和发展规划纲要（2010—2020年）》提出，"实行县（区）域内教师、校长交流制度。""建立健全义务教育学校教师和校长流动机制。城镇中小学教师在评聘高级职务（职称）时，原则上要有一年以上在农村学校或薄弱学校任教经历。"校长流动是促进教育教育均衡发展的重要举措，也是对校长工作的肯定或检验。校长职称评聘目前还与中小学教师走同一系列，所以，校长到农村学校或薄弱学校任教任职也是校长评聘高级职称的必要条件。

第四节 学校其他领导人员的地位与职责

校长是学校的最高行政负责人，但不是唯一的领导者。要办好学校，还要有其他领导者的积极配合。

一、学校其他领导人员的地位与作用

（一）学校其他领导人员的地位

学校除校长之外，还有党的学校基层组织书记、工会主席、副校长等其他领导者。以书记为代表的党的学校基层组织在学校处于政治核心地位。以工会主席为代表的工会的学校基层组织在学校处于民主管理和民主监督的地位。副校长等其他学校行政负责人处于协助校长共同管理学校的地位。

（二）学校其他领导人员的作用

不同的学校领导者在学校的作用亦不相同。书记的主要作用是保证监督党的方针政策的贯彻执行。工会主席的主要作用是沟通党和群众、行政组织之间的关系，发挥工会的桥梁、纽带作用。副校长等其他行政负责人的主要作用是协助校长做好行政工作，配合党组织、工会组织做好党的工作和群众工作。

二、学校其他领导人员的职责与素质

（一）学校其他领导人员的职责

1. 中国共产党学校基层组织书记的职责

宣传、执行、遵守党的方针政策、法律法规，坚持社会主义办学方向；监督学校执行方针政策、法律法规的情况；做好党组织建设工作，教育党

员起到模范带头作用，保持党的先进性；做好工会、共青团和少先队等群众组织的领导工作，关心群众生活，做好群众的思想工作，加强学校精神文明建设；支持和协助校长依法开展各项工作，保证学校党、政、群密切配合，形成合力。

2. 工会主席的职责

在党的学校基层组织和上级工会的领导下，完成教职工代表大会休会期间应做的工作；组织和教育教职工依照宪法和法律的规定享受权利，发挥主人翁的作用，参与学校的民主管理和民主监督；密切联系教职工，听取和反映教职工的意见和要求，关心教职工的生活，帮助教职工解决困难，全心全意为教职工服务；维护教职工的合法权益；动员和教育教职工以正确态度对待教育工作，完成工作任务；对教职工进行爱国主义、集体主义等方面的教育；组织教职工开展文娱、体育等活动，发挥工会作为党联系群众的桥梁和纽带作用。

3. 副校长的职责

学校的副校长根据学校的大小不同，职责和分工也不相同。根据分工，分别主管德育、教学、教研、总务等方面的副校长，要协助校长领导、组织所主管的各项工作，并要配合党的学校组织和工会做好群众思想工作，关心他们的生活。

（1）德育副校长的职责

根据学生实际确定学校德育工作目标；管理学校专职德育工作队伍；做好班主任队伍建设工作；组织协调校内外德育活动；沟通学校与家庭、社会的关系；组织共青团、少先队、学生会工作；管理学生纪律、课间操；组织学校体育、卫生活动；检查总结德育工作效果等。

（2）教学副校长的职责

协助校长做好教学管理工作。具体包括：①设计学校课程。目前我国实行国家、地方、学校三级课程管理体制，学校是课程的实施者，也是课程的设计者，教学副校长对此承担着重要的责任。②管理教学事务。管理教学事务包括对教学组织、教学常规、教学研究、教学行政等各方面工作的管理。中小学的教学组织主要有教导处、学科组、年级组等，各个学校因大小不同而具体设置有所区别。教学组织管理要做好各组织的人员安排，平衡各年级、各学科教学人员的力量，保证教学力量的公平分配。教学常规管理包括整体安排学校各科教学活动，对备课、上课、布置批改作业、辅导、检查、总结等教学环节精心策划、具体安排、落实评价等。教学研究管理包括课题设计、申请与研究、教学改革试验、示范课教学、科研论文撰写等方面的管理。教学行政包括编班、编课表、编作息时间表、编学校活动总表、选择教科书、管理学籍、管理图书资料、管理仪器设备、管理教务档案等。教学副校长有责任领导教导处等职能机构及其人员做好上述工作。

(3) 教研副校长的职责

主管学校的教研组织、课题研究、教师培训等事宜。在较小的学校教研一般由教学副校长负责。

(4) 总务副校长的职责

管理学校总务工作队伍建设、管理财务、校产、生活、安全、环境等工作。总务工作队伍由会计、出纳、其他事务人员等组成。财务管理要按照国家财务制度，勤俭节约，做好学校的预算、会计、决算、审计等工作。校产管理和生活管理要确保教师与学生的安全，满足教育教学和学习生活需要，包括校舍管理、教学设备管理、食堂管理、宿舍管理，水、电、油、火能源管理等。学校环境管理要在保证安全的基础上，做好净化、绿化工作。

副校长主管的各项工作不是孤立的，相互之间要有所配合，协调好人力、物力、财力时间、空间和信息。例如，德育工作与教学工作无法截然分开；德育工作、教学工作与总务工作也无法截然分开。另外，在不同的学校，由于机构设置不同，其职能分工也会有所区别。

4. 学校中层组织负责人的职责

学校中层组织可分为行政性中层组织和非行政性中层组织。行政性中层组织主要有校长办公室、教导处（有的学校分为政教处、教务处、教科处）、总务处。非行政性中层组织主要有中国共产主义青年团学校基层组织、少先队等。

(1) 校长办公室主任的职责

组织办公室成员搞好学校的公共关系、做好文件收发、统计报表等工作。

(2) 教导处主任的职责

负责教学和学生思想品德教育以及教育科学研究等方面的组织管理工作，具体管理各年级组、各班主任和各科教学研究组及有关实验室等方面的工作，主持召开年级组长、班主任和教研组长会议，分别研究各年级、各班学生思想和各科教学工作；预定发放教科书、管理图书室、电化教育室、卫生室（有的学校由教导、总务两处共同管理，或直接从属总务处）工作；管理有关学籍、课务、考核、考勤、文件、资料、统计等具体教务行政工作以及组织学生的课外活动。

（3）总务处主任的职责

负责后勤方面的组织管理工作，包括会计、出纳、物资采购和保管、设备维修和基建、校园美化、绿化和卫生工作等。有住校生的学校，还要管理食宿等方面的工作。

（4）共青团学校基层组织书记的职责

组织教育团员起模范作用，带动青年教职工和学生努力完成工作任务和学习任务，在教育改革中作出贡献；遵守学校纪律和规章制度；根据实际情况和青年特点，协助学校行政和非行政组织进行思想政治教育工作和开展各项有益活动；受党的委托领导少先队工作。

（5）少先队辅导员的职责

团结教育少年儿童，听党的话，爱祖国、爱人民、爱劳动、爱科学、爱护公共财物，努力学习，锻炼身体，参与实践，培养能力，立志为建设中国特色社会主义现代化强国贡献力量，努力成长为社会主义现代化建设需要的合格人才，做共产主义事业的接班人。维护少年儿童的正当权益。

（二）学校其他领导人员的素质

1. 政治素质

（1）政治理论素质

学校领导人员要有较高的政治理论修养，特别是党的学校基层组织书记更要掌握、理解、执行党的方针政策和法律，全面贯彻执行教育方针。

（2）思想道德素质

学校领导人员要有科学的世界观、人生观、价值观，坚持全心全意为人民服务的宗旨，廉洁奉公，不徇私情，以身作则，为人师表，具有无私的奉献精神；要严于律己，以身示范，作风严谨，善于批评与自我批评；要宽以待人，能够听取和包容不同的意见，团结学校成员一道工作；要实事求是，崇尚科学，坚持真理，勇于修正错误，不图虚名，讲求实效；要勇于创新，按照时代的要求积极改进学校工作。

2. 业务素质

（1）学历要求

学校其他领导人员要具有不低于所在学校教师学历标准的学历。按照《教师法》的规定，小学领导人员应当具有不低于中等师范学校毕业的学历，初级中学的领导人员应当具有不低于大专毕业的学历，高级中学的领导人员应当具有不低于本科毕业的学历。

(2) 教育教学素质

学校领导者要有亲自从事教育教学的经验，了解学生的心理特征和发展规律，了解学生的思想状况、学习需要与困难，掌握课程体系与教学重点和难点。善于引导学生，调动学生的积极性，掌握科学评价学生的方法。

(3) 学校管理素质

学校领导者要懂得教育理论及教育管理理论，能够应用理论解决学校管理中的实际问题。要具有组织、指挥、协调、控制等管理才能，掌握沟通、交往、合作、反馈等技巧。要能根据本职工作的需要，制订工作计划、进行组织变革，妥善处理学校、家庭与社会的关系，妥善处理领导、教师与学生的关系。

3. 身体心理素质

(1) 身体素质

学校管理工作繁重，学校领导人员必须具有健康的体魄。健康的体魄不仅能有充沛的精力从事工作和不断学习，而且能给教师和学生以积极向上、充满活力的感觉。

(2) 心理素质

学校领导人员面对繁忙复杂的学校管理工作必须不断调整心态，养成冷静沉着、豁达开朗、自信自制等良好的心理素质。

第五节　学校领导团队建设

校长是学校的最高行政负责人，但学校工作不能仅靠校长一个人的力量，还要有一个能够发挥系统作用、通力合作的学校领导团队。

一、学校领导团队建设的意义

(一) 学校领导团队建设是学校系统管理的要求

团队不是一般的组织部门，也不是简单意义上的群体。团队是具有明确的目标、远大的理想、高尚的情操、能沟通、能合作、能创造、负责任的集体。这样的集体是需要精心塑造的。现代社会科学技术不断发展，促使管理者愈来愈清楚地认识到，任何方面的管理都是一个复杂的系统，个人决策在系统管理中的作用受到严峻的挑战。学校管理也是一个复杂的系统，其中又包括不同的子系统，如以校长、教师、学生为代表的人的系统，以校舍、设备、资金为代表的物的系统等。不同的子系统之间相互影响、相互制约。学校内部系统又和社会外部系统相互影响、相互制约。所以，必须激发各方面的积极性，集中众人的智慧，发挥团队的作用，使学校管理收到 1+1 大于 2 的效果。

（二）学校领导团队建设是以人为本的学校管理任务的要求

学校管理的核心是人的管理，学校领导团队是决策的集体，在人的管理中处于重要的地位，每一位领导者积极性的发挥都直接影响着他所管理的工作绩效。良好的学校领导团队建设可以充分调动领导者的积极性，发挥他们的智慧潜能，集中他们的优势力量，以便形成一个强有力的集体，取得学校管理各方面工作的成功。

（三）学校领导团队建设是完善学校领导体制的要求

校长负责制是中小学的领导体制，它的内涵在于：校长对学校行政工作全面负责，党的学校基层组织发挥政治核心作用，教职工代表大会实行民主管理、民主监督的职能。这种体制一方面要求党、政、群共同参与学校管理；另一方面要求学校领导集体能有团结向上的精神，形成合力，共同管理好学校。所以，学校领导团队建设是学校领导体制建设的重要内容。

二、学校领导团队的产生方式

学校领导团队的产生以民主集中制为原则，校级领导团队的产生要经历民主选举或民意测验与上级人事部门审批相结合的过程，中层领导团队要经历校长提名，书记协助审核监督，教职工认可的过程；也可以采用条件公开、自我荐举、教职工监督、上级审批、竞争上岗的机制产生学校领导团队。其中正、副校长应取得《任职资格培训合格证书》，或应在任职之日起六个月内，由校长任免机关（或聘任机构）安排，接受任职资格培训，并取得《任职资格培训合格证书》。

三、学校领导团队的整体素质结构及其优化

学校领导团队的工作是复杂的劳动，需要团队集体的有效合作。所以，必须在整体素质结构上优化学校领导团队。

（一）政治结构优化

学校领导团队的组成人员可以来自党内，也可以来自党外，但他们都必须拥护和掌握党的方针政策，拥护党的纲领；能认真贯彻执行教育方针，领会教育方针的实质，按照教育方针的精神培育学生。

（二）专业结构优化

学校管理工作的内容纷繁多样，包括德育、教学、教研、总务等方方

面面。因此，学校领导者的专业结构要配置合理。他们除需具备国家规定的任职学历之外，还要有来自文理不同专业的结构组成，以便在课程设计、工作分工等方面能有效配合。同时，学校领导者不仅要懂得中小学教学的某一学科知识，而且要懂得教育基本理论和教育基本规律，能将理论知识运用于教育教学管理工作之中。

（三）智能结构优化

智能结构表现于人的认知、应用、行为等不同的方面。如反映认知能力的观察力、记忆力、想象力、思维力等，有人迅捷、深刻，有人迟缓、肤浅；反映应用能力的语言能力、交往能力、操作能力等，有人擅长，有人薄弱；反映行为能力的组织能力、指挥能力等，有人果断、细腻，有人犹豫不决、粗枝大叶等。学校领导团队的组成需要将优势互补，根据不同工作内容的需要安排合适的人选，使之发挥所长。

（四）个性结构优化

个性在这里指气质、性格。气质是个体神经系统活动稳定的、典型的心理特点，性格是较为稳定的对现实的态度和行为方式。个性没有优劣之分，但有个别差异。如心理学上将气质分为胆汁质、多血质、黏液质、抑郁质四种类型，受其影响，在性格上有人表现出内向、有人表现出外向的不同特征。但无论是内向还是外向，都各有所长，各有所短。如内向的性格一方面可能有比较冷淡、迟缓、固执、胆怯、多疑、自卑、缺乏生气等消极的外部表现；另一方面也可能有自制、镇静、踏实、注意力稳定、持久、思维深刻、想象力丰富、意志顽强等积极的外部表现。因此，学校领导团队的组成可以兼具各种个性特征的人，并为他们发挥优势创造条件。

（五）年龄结构优化

人在不同的年龄阶段会表现出不同的心理特征。例如，在青年阶段精力旺盛、反应灵敏、求知欲强、记忆力好、易于接受新事物，但处事经验不足，容易偏激片面。在中年阶段，机械记忆力减退，动作反应逐渐迟缓，但分析、比较、推理、判断能力增强，志趣专一，事业心强。在老年阶段，精力逐渐不足，但阅历更加丰富，遇事冷静，高瞻远瞩，善于决策。所以，学校领导班子成员在年龄结构上也需要合理组合，有一个适当的老、中、青比例。

（六）性别结构优化

性别不同也会表现出不同的个性差异。例如，女性比较温和、柔韧、细致、认真，但勇气、果断和深刻性往往不足。男性则比较刚烈、果断、深刻,但往往不够精细,容易疏忽细节。根据这样一些特点,学校领导团队可以男女兼顾,相互补充。

本章小结

校长是学校的最高行政负责人,是学校的法定代表人。作为行政负责人,校长要对外代表学校向上级党组织和教育行政部门负责,对内要全面领导和负责学校的各项行政工作,对教职工、学生及其家长负责。作为法定代表人,校长要依法行使职权,保障学校各方面的利益,同时要依法履行义务,对自己及其学校的行为负责,对行为的不利后果承担相应的责任。校长的地位是具有法律依据的。

校长是学校的领导者,学校发展策划主要依靠校长来完成。而学校的发展具有内在的规律性,不能靠校长的主观意志来决定,这就要求校长通过学习掌握科学的管理知识;通过实践理解知识的应用价值;通过理论与实践的融合做专家型的校长。因此,校长的任职制度对校长资格、校长任用、校长培训、校长考核、校长奖惩等,都做出了明确的规定。

学校管理不是校长的个体行为,还需要学校其他领导者的共同努力。这就需要学校其他领导者也要有较高的素质,在学校形成一个结构合理的领导团队,与校长一道共同管理学校。

思考与练习

1. 请结合实际谈谈您对当一名好校长应具备的素质和条件的想法。
2. 请阐述学校为什么要注重领导团队建设,如何建设才能更有利于学校的发展。

案例分析

给"问题学生"更多的关爱[1]

"问题学生"是指那些在学习、思想或行为方面存在偏差的学生。因为班主任的精力有限,他们往往没有足够的时间对"问题学生"进行细致的

---

[1] 中华人民共和国教育部《素质教育观念学习提要》编写组:《素质教育观念学习提要》,第143页,北京,生活·读书·新知三联书店,2001。

教育和引导。为了使"问题学生"做到彻底转化，我们采取了"问题学生导师制"。

"问题学生导师制"旨在调动所有任课教师的积极性，让每一位教师负责一到两名"问题学生"，做他们的朋友，对他们的学习、生活进行"全天候"观察，帮助他们解决学习和思想上出现的问题。这样，原先被冷落的学生得到了重视，使他们感受到了关爱，他们麻木结冰的心开始苏醒，他们潜藏已久的能量就开始释放了。"问题学生"开始在学校的各项活动中崭露头角，学习成绩普遍提高，有些"问题学生"还成为学习标兵、德育先进个人等。

案例思考题

1. 您认为校长采取的"问题学生导师制"体现了校长怎样的素质？
2. 请用管理理论分析为什么"问题学生导师制"可以解决"问题学生"的问题。

阅读链接

1. 张国骥：《现代中小学校长管理制度研究》，载《湖南师范大学教育科学学报》，2010（2）。
2. 韦辉：《谈如何当一名好校长》，载《中国校外教育》，2010（5）。
3. 尹成贵：《对新课程背景下学校管理的新理解》，载《中国校外教育》，2010（19）。

第八章　教师的发展与管理

内容提要

教师是学校教育教学工作的中坚力量,要保证教育教学质量就要提高教师的素质,坚持以教师为本,以教师的发展为本的理念,保障教师的地位,保障教师的合法权益,使教师能够在舒适的环境中提高专业水平,发挥自主精神,愉快地从事教育教学工作。

学习目标

1. 理解教师管理理念。
2. 掌握教师的地位与作用、职责与素质。
3. 掌握教师的发展需求及教师管理制度。

教师是以其专业素质对学生的身心发展施以有益影响的人,教师在学校教育教学中的重要性决定了教师管理在学校管理中的重要地位。《教育法》第三十四条规定:"国家实行教师资格、职务、聘任制度,通过考核、奖励、培养和培训,提高教师素质,加强教师队伍建设。"请看案例:

惩罚是为了什么[①]

某学校课堂上,一名学生觉得老师的课讲得没意思,不由自主地看起课外书,被上课的科任老师发现。科任老师认为有责任将违纪情况告诉班主任。班主任了解情况后,批评了学生。学生不服,理由是老师课讲得不好,不如看书有收获。班主任无法说服,就请来学生的家长。家长把孩子带回去后,狠狠地打了一顿,最终导致孩子对班主任的行为产生强烈反感。班主任陷入困惑,内心有些自责。"我为什么要请家长?"他问自己:为了教育学生?为了帮学生改正错误?为了让家长知道自己的孩子有哪些毛病?

---

① 蔡葵葵:《教师该如何面对职业尴尬》,载《中国教育报》,第3版,2007-01-08。

最后，他只得出了一个自己从没想过的答案：为了惩罚！而他的目的达到了。"找家长"是许多老师比较常用的最有效的震慑学生的方式，但他从没问过自己一次"为什么要这么做"；而面对学生对这种行为的恐惧，也从没自问过一次"他们为什么害怕"。

教师对学生的管理重要的是能走近学生、了解学生、爱护学生，而不是用惩罚的手段恐吓学生。惩罚有时能满足教师的自尊心，却不一定能教育好学生。案例中教师的做法或许是很普遍的，但却反映了教师管理学生的理念和专业技巧，反映了教师的专业发展水平。因此，研究教师管理和提高教师素质，是教育好学生的前提。

第一节 教师的工作特点与管理理念

一、教师工作特点

从事教师工作有很多条件，因为教师工作具有特殊性，主要表现在教师工作的专业性、独立性、复杂性等方面。

（一）教师工作具有专业性

《教师法》第三条规定："教师是履行教育教学职责的专业人员，承担教书育人，培养社会主义事业建设者和接班人、提高民族素质的使命。教师应当忠诚于人民的教育事业。"教师不仅要具备教育教学的专业知识和能力、健康的身心素质，而且要有教师的职业伦理。自古以来，关于教师的评价不胜枚举。例如，教师是蜡烛、教师是人类灵魂的工程师、教师是春蚕等。在有千年科举文化历史的中国，教师又具有一些典型的中国文人特质，他们淡泊名利，以"修身、齐家、治国、平天下"为己任，重视人与自然的和谐相处等等。世事变迁，悠久的文化凝聚成今天的教师职业伦理依旧是崇尚奉献和敬业的信念。尽管在市场经济社会中，教师的职业伦理仍有待提升，甚至也出现过教师职业道德滑坡的事件，但我们透过个别事件，仍然能够发现教师的主流职业伦理依旧是奉献和敬业价值的实现，其突出的表现就是热爱学生、关注学生的发展、注重育人的质量。

（二）教师工作具有独立性

教师工作的专业性决定了教师工作具有不可替代的特点，这也说明教师工作需要独立。只有适度的独立，教师才能充分发挥其理智的教育教学技能。同时，教师工作主要以课堂教学为主，这是教师个体工作的舞台。

它表明，教师在更多的情况下是单一地面向学生开展工作，教师在课堂上具有独立做出判断、采取教学行为、承担教学责任的权利和义务。教师工作的独立性特点也受教师所教的不同学科、不同班级、不同学生个体具有差异性的影响，教师需要独立、灵活、科学地处理问题。但教师工作的独立性并不排斥教师工作的合作性，不过，教师彼此间的交流合作基本上是在课堂之外进行的。

（三）教师工作具有复杂性

教师工作的复杂性主要受教师工作成果（学生的发展）具有复杂性特点的影响。影响人的发展的因素是多样的，既有个人遗传的先天因素影响，又有后天的家庭因素影响；既有社会的多方面影响，又有在多种因素影响下的个人心理素质的影响等等。每一个学生个体都是如此复杂的，教师在班级授课制下又必然面对几十个性格迥异的学生。教师在如此复杂的情况下进行培养学生的工作，其结果必然也是复杂的，而且教育效果又具有长效性、内隐性，而学生的素质并不能在教师工作之后的短期内外显出来，这又强化了教师工作的复杂性。

二、教师管理理念

教师管理理念是教师管理的价值体现，是教师管理行动的先导，有什么样的理念就会有什么样的管理策略。教师管理的核心价值在于以教师为本，促进教师的发展。

（一）以教师为本的理念

建设和谐社会，要求政府实施以人为本的管理，体现在学校方面，教师管理也需要以人本理论为依据，坚持以教师为本。20世纪70年代后，人本主义思潮深入教育领域，人本主义心理学在教育领域得以运用。人本主义教育家认为，教育的目的就是人的自我实现、完美人性的形成以及个人潜能的充分发展。学校管理之所以倍加重视以教师为本的理念，是因为教师个体的创造性需要在自由轻松的环境中发展并释放。没有教师的自我实现，教师个性发展就会受到阻碍，也就无法在学校中营造促进学生个性健康发展的氛围。因此，以教师为本的管理理念不仅能促进教师的自我实现，而且能促进学生个体的自我实现。强调教师为本的管理，并不排斥学校发展的整体定位，也不排斥国家对教师的基本要求，两者是和谐统一的。

（二）促进教师发展的理念

以教师为本实质上是以教师的发展为本。教师的发展主要是指教师作为人的全面发展，不断提高教师的需求层次，直至教师对自我实现的追求。教师的自由发展、个性发展和情感发展等，都是教师全面发展的应有之意。

教师自由发展是指教师发展的内在自主性，它是教师愿意发展的前提。自由的意志能够推动人自愿甚至自觉地产生发展的冲动和意愿，这种内在的自由发展观很大程度上决定了教师的活力以及创造力。

教师个性发展是指教师发展的差异性，它是学校教师文化多样性的基础。在教师缺乏个性的情况下，学校的文化氛围也将是缺乏个性的，高度的一致性将导致学校发展失去长久的活力。

教师情感发展是指教师应当具备健康的身心状态，它是教师发展的物质基础。教师情感发展能够有效地调节高压力下的教师心理，促进身体健康，对学生的身心发展施以有益的影响。

在教师管理实践中要更多地发挥文化、制度、经济等手段的综合作用，尽量控制行政命令式的管理方式，努力为教师发展营造平等的文化氛围。

第二节　教师的地位与作用

一、教师的地位

教师的地位法律已经做出明确规定。《教师法》第三条规定："教师是履行教育教学职责的专业人员，承担教书育人，培养社会主义事业建设者和接班人、提高民族素质的使命。教师应当忠诚于人民的教育事业。"第四条规定："各级人民政府应当采取措施，加强教师的思想政治教育和业务培训，改善教师的工作条件和生活条件，保障教师的合法权益，提高教师的社会地位。""全社会都应当尊重教师。"《教育法》第三十三条规定："国家保护教师的合法权益，改善教师的工作条件和生活条件，提高教师的社会地位。教师的工资报酬、福利待遇，依照法律、法规的规定办理。"这些规定表明，教师的地位具有法律性，具体表现在教师的政治地位、经济地位、专业地位等方面。

（一）**教师的政治地位**

《教师法》第三条明确规定教师是履行教育教学职责的专业人员。这一规定实质上是确立了教师在国家中的政治地位，使教师既不同于传统的自由职业者，也有别于国家公务员。同时，1985年1月21日，第六届全国人民代表大会常务委员会第九次会议通过国务院关于提请审议建立"教师节"的议案，确定9月10日为教师节，并写进了《教师法》第六条，进一步提高了教师的政治地位。

另外,《教师法》第四条第二款规定:"全社会都应当尊重教师。"这一规定不仅反映了国家的意志,也反映了教师应当受到尊重的社会地位。

(二)教师的经济地位

教师不仅享有政治地位,而且享有按时足额获取工资报酬、享受国家规定的福利待遇等经济地位。

1. 按时足额获取工资报酬

教师享有按时足额获取工资报酬的权利。法律规定,各级人民政府教育财政拨款的增长应当高于财政经常性收入的增长,并使按在校学生人数平均的教育费用逐步增长,保证教师工资和学生人均公用经费逐步增长。教师的平均工资水平应当不低于或者高于国家公务员的平均工资水平,并逐步提高,建立正常晋级增薪制度。教师工资实行结构工资制,分为基础工资、职务工资、各种津贴、奖励工资四个部分。

2. 享受国家规定的福利待遇

教师享受国家规定的福利待遇。具体表现为:寒暑假期带薪休假。享受教龄津贴和其他法律规定的津贴。地方各级人民政府对到少数民族地区和边远贫困地区从事教育教学工作的教师,予以补贴。地方各级人民政府和国务院有关部门,对城市教师住房的建设、租赁、出售实行优先、优惠政策。县、乡两级人民政府履行为农村中小学教师解决住房提供方便的义务。教师的医疗同当地国家公务员享受同等的待遇;定期对教师进行身体健康检查,并因地制宜地安排教师进行休养。医疗机构履行对当地教师的医疗提供方便的义务。教师退休或者退职后,享受国家规定的退休或者退职待遇。县级以上地方人民政府可以适当提高长期从事教育教学工作的中小学退休教师的退休金比例。

(三)教师的专业地位

教师的专业地位表现在教师享有教育教学权、科研发展权、指导评价权、民主参与权等方面的权利。

1. 教师享有教育教学权

教师有权进行教育教学活动,开展教育教学改革和实验。教师有权进行教学内容安排、选择教学方法、教学手段等。教师的教育教学权既是教师的权利,也是教师必须忠诚于人民的教育事业的义务,该项权利不可放弃,它是教师之所以为教师的基础。

2. 教师享有科研发展权

教师可以从事科学研究、学术交流,参加专业的学术团体,在学术活动中充分发表意见,参加进修或者其他方式的培训。科学研究权是教师专业发展的基础。如果教师离开专业发展就只能充当"教书匠",而不能成为"教育家"。这样,教师自身既不能得到提高,也不能适应教育事业发展的需要。

3. 教师享有指导评价权

教师有指导学生的学习和发展、评定学生的品行和学业成绩的权利。这项权利体现了教师在教育教学活动中的主导地位。具体包括:教师有权对学生因材施教,针对学生的特长、就业升学等方面的发展给予指导;教师有权对学生的品行和学业成绩给予及时客观公正的评价;教师有权运用正确的指导思想和科学的管理方法使学生的个性和能力得到充分发展。

4. 教师享有民主参与权

教师有权对学校教育教学、管理工作和教育行政部门的工作提出意见和建议,通过教职工代表大会或者其他形式,参与学校的民主管理。在教育民主化的推动下,校本管理发展迅速,教师民主参与权得到更好的发挥。教师的民主参与不仅有利于学校决策的科学民主,而且对教师的专业发展具有极大的推动力。

5. 教师享有进修培训权

教师有权参加进修和培训,包括参加达到法定学历标准和达到高一级学历水平的进修或以拓宽知识为主的继续教育培训等,及时更新科学文化知识,增强自身的能力和素质,保障教育教学质量。教育行政部门和学校应当创造和提供各种便利条件,保证教师参加进修培训。

(四) 教师地位的法律保障

教师的各项权利确定了教师在社会中的地位,同时,教师各项权利的实现也需要法律的保障。对侵犯教师权利的行为可以通过限期改正、行政处分、行政申诉、行政处罚、行政复议和法律诉讼等手段和途径得到纠正,使教师获得相应的救济,进而依法保障教师的地位。

1. 限期改正

《教育法》规定,地方人民政府对违反《教育法》的规定,拖欠教师工资或者侵犯教师其他合法权益的,应当责令其限期改正。

2. 行政处分

行政处分是指国家行政机关依照行政隶属关系对有违法失职行为的国家机关工作人员实施的惩罚措施。《教师法》第三十五条规定,侮辱、殴打教师的,根据不同情况分别给予行政处分或者行政处罚。第三十六条规定,对依法提出申诉、控告、检举的教师进行打击报复的,由其所在单位或者上级机关责令改正;情节严重的,可以根据具体情况给予行政处分。依据《中华人民共和国公务员法》第五十六条的规定,行政处分方式分为:警告、记过、记大过、降级、撤职、开除。

3. 行政申诉

教师行政申诉是指教师认为对学校或其他教育机构以及政府有关部门的处理不服，或认为侵犯了其合法权益，依法向有权行政机关请求处理的制度。"合法权益"除人身、财产权益以外，还包括教师职务聘任、教学科研、工作条件、民主管理、培训进修、考核奖惩、工资福利待遇、退休等各方面的合法权益。关于教师申诉的受案范围与受理机关，《教师法》第三十九条规定："教师对学校或者其他教育机构侵犯其合法权益的，或者对学校或者其他教育机构作出的处理不服的，可以向教育行政部门提出申诉，教育行政部门应当在接到申诉的三十日内，作出处理。""教师认为当地人民政府有关行政部门侵犯其根据本法规定享有的权利的，可以向同级人民政府或者上一级人民政府有关部门提出申诉，同级人民政府或者上一级人民政府有关部门应当做出处理。"

4. 行政处罚

行政处罚是指国家行政机关对构成行政违法行为的公民、法人或其他组织实施的行政法上的制裁。《教师法》第三十五条规定，侮辱、殴打教师的，根据不同情况，分别给予行政处分或者行政处罚。依据《中华人民共和国行政处罚法》第八条的规定，行政处罚方式分为：警告，罚款，没收违法所得，没收非法财物，责令停产停业，暂扣或者吊销许可证，暂扣或者吊销执照，行政拘留，以及法律、行政法规规定的其他行政处罚。

5. 行政复议

行政复议是行政机关根据上级机关对下级机构的监督权，在当事人的申请和参加下，按照行政复议程序对具体行政行为进行合法性和适当性的审查，并作出裁决解决行政侵权争议的活动。行政复议属于行政司法范畴。行政司法是特定行政机关以国家公断人的身份，按照行政司法程序对特定的争议案件进行审理、裁断的具体行政行为。行政司法具体包括行政复议、行政仲裁、行政裁决和行政调解。教师可以对行政处罚、强制措施、许可行为、确认行为、不依法办理证照、违法要求履行义务的行为等提出行政复议。如公民对不予颁发教师资格证书的决定不服的；教师对奖惩决定不服的；教师对学校或者其他教育机构提出的申诉，主管行政部门逾期未作出处理的，或者久拖不决的，其申诉内容涉及人身权、财产权以及其他属于行政复议受案范围的，申诉人可依法提起行政复议。但对行政机关的行政处分或者人事处理决定、民事纠纷作出的调解或者其他处理，则不能提起行政复议。

6. 法律诉讼

法律诉讼包括行政诉讼、民事诉讼、刑事诉讼，可以对教师合法权益予以保障。如《教师法》第三十五条规定，侮辱、殴打教师，情节严重，构成犯罪的，依法追究刑事责任。教师对学校或者其他教育机构提出的申诉，主管行政部门应当在接到申诉的 30 天内进行处理，逾期未作出处理的，或者久拖不决的，其申诉内容涉及人身权、财产权以及其他属于行政诉讼受案范围的，申诉人可依法提起行政诉讼。

二、教师的作用

教师的地位最终取决于教师职业的社会价值表现程度，只有充分发挥教师的作用，教师的地位才能得到保障。教师的作用可以从校长与教师的关系、教师与学校的关系和教师与学生的关系三个角度来审视。

（一）从校长与教师的关系看教师的作用

传统的学校管理理念认为，校长与教师的关系是管理与被管理的关系，是命令与服从的关系，是上下级的科层关系。这样的理念需要改进。因为教师作为专业人士，教师的专业发展需要学习型组织环境，而这样一种环境在科层权威领导下的学校是无法实现的，更多的需要专业权威、道德权威和心理权威型领导来驾驭。要防止校长绝对权力的滋生，就要更新学校领导者的管理理念，重新审视校长与教师的关系，重新认识教师的作用。

1. 教师是校长的智慧源泉

组织目标的实现需要组织全体成员的积极参与。参与式管理于 20 世纪 60 年代确立于美国，目的在于最大程度地满足员工的社会需要和工作技术要求，以期提高员工对组织的认同并积极参与组织的建设。参与式管理之所以对学校发展作用重大，主要是基于教师智慧的价值以及组织文化对教师发展的促进作用。可以说，教师具有智慧是无疑的，但只有组织文化具有凝聚力、创造精神、公正平等特征，教师才能乐于在组织中发展，组织才能更好地发掘教师的潜力。

学校建立参与式管理需要有相应的资源支持。其一，一定的权力下移。涉及教师专业发展的事项，校长权力的介入应当谨慎，校长要清楚权力与责任是同在的，权力下移的同时意味着对权力的行使要充分负责。其二，必要的知识与信息。这是教师参与管理的关键，同时，教师还要有必要的参与组织管理的能力。其三，公平公正的奖惩。无论是物质奖惩还是精神奖惩，组织都要做到公平公正。只有这样，才能保持其良好的发展氛围。

2. 教师是校长工作的监督者

《教师法》规定，教师具有对学校教育教学、管理工作和教育行政部门的工作提出意见和建议，通过教职工代表大会或者其他形式，参与学校的民主管理的权利。《教育法》第三十条第三款规定："学校及其他教育机构应当按照国家有关规定，通过以教师为主体的教职工代表大会等组织形式，保障教职工参与民主管理和监督。"校长工作是教师参与民主管理和监督的重要领域。在校长负责制的实施尚存在问题的情况下，作为专业人员，校长应当在工作中推动依法治校的进程，同时也要增强自身的专业素养。因此，校长应当乐于接受教师的监督，对教师的民主监督也应当从制度层面予以保障。

（二）从教师与学校的关系看教师的作用

世界各国都在致力于提高学校的教育质量，国家对教育的改革不断深入，教育与市场的结合表现出教育放权、校本管理等改革模式。但是，这些改革归根结底都是为了提高教育质量，而提高教育质量的核心仍是教师的专业发展。因此，学校发展赋予了教师新的时代意义。

1. 教师是学校存在的基础

人类历史上自从学校产生以来，无论是我国的"庠、序、校"，还是古希腊的智者学园，都是因为有师才有校。学校是知识社会化传承、生产的需要。教师与学生是相伴而生的概念，是学校存在的基础。

2. 教师是学校的核心能力

学校作为开放的社会系统，影响学校发展的因素是多元的，既有学校内部的因素也有学校外部的因素。外部因素如政治法律背景因素、学校所处的社会文化因素、学校的经济支持因素以及时代的科技因素等等。学校的内部因素包括学校成员的素质、学校组织系统运作能力、学校文化、学校战略等。而在这些因素中，对学校发展起到核心作用的仍然是人的因素，在学校教职工当中无疑是教师，教师是学校发展的中坚力量。因此，教师的能力决定学校的能力。

3. 教师是学校文化的缩影

学校文化日渐得到重视与认同。学校文化有物质的因素、精神的因素，制度的因素，主要通过学校中人的精神、行为习惯、思维方式、理想信念等表现出来。教师是学校文化的主要承载者，教师的教风是学校文化的浓缩，对学生的发展具有重要的影响作用。

4. 教师是学校理念的践行者

学校理念是学校文化的重要表现，是学校长期积淀生成的精神财富。学校理念不应当是空中楼阁的口号标语，其价值在于：在精神层面用道德的力量去约束组织内的成员。一些著名学校的校训反映了学校的深刻文化内涵以及特色。如北京大学的校训是："爱国 进步 民主 科学"，北京师范大学的校训是："学为人师 行为世范"，中国人民大学附属中学的校训是："尊重个性 挖掘潜力 一切为了学生的发展 一切为了祖国的腾飞。"这则校训反映了学校以人为本、以人的个性为本的办学思想。"尊重个性　挖掘潜力　一切为了学生的发展"针对学校的每一个人,所有的教职工和学生,其中学生是主角。"一切为了祖国的腾飞"反映的是社会本位的思想。学校在对人的重视及对社会关注的基础上确立了"全面发展+突出特长+创新精神+高尚道德"的培养目标。① 这些学校的理念之所以得到世人的认可,重要的是他们培养的人才得到认可,教育的价值得以实现,而其中不可否认的还在于蕴涵着教师践行学校理念的贡献。

(三) 从教师与学生的关系看教师的作用

1. 教师是学生的施教者

"师者,传道授业解惑也"是教师作为施教者,履行教育教学职责的表达。教师的教育职责与教学职责相得益彰,传授知识只是教师教育职责的一部分,教师的育人职责也不应忽视。正如著名教育家凯洛夫所言:"没有无教育的教学。",教师对学生身心发展的影响是多方面的,特别是在道德情操、健康人格形成方面的作用不容忽视。

2. 教师是学生的交流者

教师作为交流者是以教师能够平等对待学生为前提的,这需要教师在思想观念上认识到学生的平等人格价值。在此基础上,师生交往才会有良好的氛围。教师与学生的平等交流主要表现在两个方面。

第一,人格面前平等。教师与学生都是独立的个体,无论学生是否具备完全行为能力,从人本身的意义而言,学生与教师是平等的,这也是《宪法》确立的人人平等地位的体现。作为个体的学生,无论其年龄、智力、认识判断能力发展水平如何,人格尊严都是独立存在的。教师只有真正认识到与学生的平等关系,才有可能从根本上杜绝时有发生的教师体罚、变相体罚学生的事件。认识这一点,教师也需要重新审视我国传统的"家文化"思想。我国有"一日为师,终身为父"的传统思想,它反映了社会对教师的尊重,对教师地位的认可,但是这一思想在法治背景下也有其负面影响。因为,我们的文化有将子女视为父母或其他监护人附属物的倾向,认为子女是父母的私有财产,任由其如何处置,滥用家庭教育权。在这样的家庭文化背景下,将教师视为父母,也意味着他们自然习得了父母的教育权。教师作为这种"家文化"氛围中的一分子,则可能无视学生的独立性尊严,对其随意施教。因此,在"都是为学生好"掩盖下的种种无视学生尊严,扼杀学生个性的做法,应当引起教师以及学校领导者的充分重视。

---

① 刘彭芝:《人生为一大事来》,第 14~15 页,北京,高等教育出版社,2004。

第二，知识面前平等。《师说》曰："弟子不必不如师，师不必贤于弟子，闻道有先后，术业有专攻，如是而已。"亚里士多德说："吾爱吾师，吾更爱真理。"这都在强调师生在知识面前是平等的。随着信息化时代的到来，学生在多方面都表现出了闻道在先的特点，教师对这样的时代变革需要欣然接受。

在赋予学生平等地位的过程中，我们也应当充分注意到学生成长中不成熟的一面，需要教师的引导与帮助。师生关系平等并不意味着学生无限自由、教师处于无为的地位。恰恰相反，教师要根据学生的群体特点和个体特点展开教育。教师在教育教学过程中始终处于主导的地位，《国家中长期教育改革和发展规划纲要（2010—2020年）》已经明确了这一点，指出："要以学生为主体，以教师为主导，充分发挥学生的主动性，把促进学生健康成长作为学校一切工作的出发点和落脚点。"

3. 教师是学生的保护者

中小学生处于未成年阶段，他们的人身安全受法律的保护。教师在教育教学工作中也应当关注学生的身心健康和安全，要对学生关心爱护，并对学生进行必要的安全教育，不仅要使学生掌握安全技术，而且还要教育学生具有安全意识。当学生面临安全事故的威胁时，教师有义务保护学生。

4. 教师是学生的评价者

教师有对学生的发展情况进行评价的权利，同时对学生进行评价也是教师的义务。近年来，受社会不良风气的影响，出现了一些教师不能公平、公正评价学生的不良行为，导致社会对教师产生了一些片面的看法。因此，公平、公正地评价学生不仅是教师教育教学权利和义务的要求，而且是不断提高教师社会地位的有效行动。

第三节　教师的职责与素质

一、教师的职责

教师要发挥作用必须履行职责，包括执行国家法律和教育方针，提高教育教学质量，参与学校管理，促进学校与社区的沟通合作等。

（一）遵守国家法律法规

教师要按照宪法、教育法所确定的目标完成教育教学任务，要执行国家教育方针，促进学生德、智、体等方面全面发展。教师对学生的影响是多方面的，着眼于学生综合素质的提高，既有知识理论层面的教育，也有社会实践方面的教育；既有智慧教育，也有道德养成教育、身心健康教育、民主法制教育、环境教育等。

(二) 提高教育教学质量

提高教育教学质量是教师工作最基本的职责。《教师法》规定，教师要贯彻国家的教育方针，遵守规章制度，执行学校的教学计划，履行教师聘约，完成教育教学工作任务；教师要对学生进行宪法所确定的基本原则的教育和爱国主义、民族团结的教育，法制教育以及思想品德、文化、科学技术教育，组织、带领学生开展有益的社会活动；教师要关心、爱护全体学生，尊重学生人格，促进学生在品德、智力、体质等方面全面发展；教师要制止有害于学生的行为或者其他侵犯学生合法权益的行为，批评和抵制有害于学生健康成长的行为。

要提高教育质量，就要提高教师的专业水平。在创建学习型社会的过程中，教师再也不能仅仅依托职前教育的基础安然从教一生了。教师也需要专业发展，而且教师作为人类文明的传承者，也处于知识更新的最前沿。教师的工作不是透支自己，而是要在工作中不断提升自己、充实自己，教师成长与学生成长一样重要。因此，《教育法》规定，教师要不断提高思想政治觉悟和教育教学业务水平。

(三) 参与监督学校管理

教师不仅要接受学校工作的统一安排，而且要介入到学校的管理工作之中，参与学校管理。认可区理论对教师参与学校管理具有指导意义。认可区理论认为，决策领域分为三个区域，即认可区、边际区和区外。一项决策质量受多种因素的影响，广泛参与是提高决策质量的重要因素，但同时，待决策问题与决策者的相关性以及决策者的能力都是影响决策质量的因素。如果待决策问题与决策参与人无利害关系，决策者参与的积极性会降低；若存在利害关系，但缺乏决策的知识和能力，也不会促进决策质量的提高。因此，由无关联决策问题和缺乏决策能力形成的区域就为认可区。由此可知，属于认可区的决策须具备两个条件：一是与当事人没有利害关系；二是当事人没有这方面的专长参与。如教师评价、教学改革就是教师具有较高参与度的管理事项，而学校后勤改革教师就可以保持较低的关注。教师有权利、有义务、有能力参与学校认可区外的决策问题，参与学校决策也是教师发展的平台。[1] 教师参与学校管理的过程，也是监督学校管理的

---

[1] 吴志宏：《教育行政学》，第 175~178 页，北京，人民教育出版社，2000。

过程，参与及监督学校管理都是教师的权利。

（四）促进学校与社区的沟通合作

学校作为开放的系统，是社会子系统的组成部分，学校与所在社区之间有着非常紧密的联系。学校需要充分利用社区的教育资源，为学生提供参与社会实践的机会，积极吸纳社区学生家长参与学校管理，为学校发展提供指导。教师是沟通学校与社区关系的最佳中介，教师工作的舞台不仅在课堂之上，而且也涉及学校之外的社会空间。教师要加强与社区的沟通合作，为学校发展争取更多的资源。学校与社区的沟通合作是学校对外交往、树立学校形象的良好契机。社区是传播、评价学校的窗口，教师是学校的重要成员，对学校形象的树立以及学校发展的促进在沟通学校与社区的关系之间既具有不可推卸的责任，也可以起到重要的促进作用。

二、教师的素质

履行教师职责，发挥教师作用，需要教师有良好的素质。教师素质结构是复杂的，从满足教师作为人的个体需要的角度看，教师要有生理身体素质、心理素质和社会素质；从人与动物的区别角度看，教师要有主体性素质；从教师的社会角色角度看，教师要有一定的职业素质等。可以说，教师的素质是多维多元的，并且相互影响，综合地表现在教师工作中。

（一）身心素质

健康的身体是教师工作的物质载体，身体对每一个人而言都至关重要。健康的身体不仅指健全的生理结构、健壮的体魄、良好的身体机能，而且还包括良好的心理素质。良好的心理素质表现在能够调节驾驭情绪、拥有积极健康的人生态度、自我改善心理环境、促进自我内心平衡等方面。身体素质与心理素质同等重要，而且心理素质更值得人们去关注。教师属于高职业压力群体，社会向教师群体提出了很高的要求。而教师无论从观念上，还是从能力上都存在一些暂时的不适应。在种种压力面前，教师能否自我调整心理状态，能否拥有和谐的心理环境，都是其身心素质是否健康的体现，也是学校领导者需要关注的问题。

（二）道德素质

1. 公民道德素质

教师作为国家公民中的一员，因此公民道德是教师的基础道德素质。中共中央发布的《公民道德建设实施纲要》要求，在全社会大力倡导"爱国守法、明礼诚信、团结友善、勤俭自强、敬业奉献"的基本道德规范，积极推进社会主义道德建设，促进社会主义物质文明、精神文明、制度文明的协调发展。

2. 职业道德素质

教师在应当具有公民道德的基础上，还有其自身的职业道德要求。2008年9月1日，在第24个教师节来临之际，教育部中国教科文卫体工会全国委员会发出关于重新修订和印发《中小学教师职业道德规范》的通知，在广泛征求意见的基础上，对1997年国家教委和全国教育工会联合印发的《中小学教师职业道德规范》进行了修订。《中小学教师职业道德规范》要求教师遵守的职业道德包括："（一）爱国守法。热爱祖国，热爱人民，拥护中国共产党领导，拥护社会主义。全面贯彻国家教育方针，自觉遵守教育法律法规，依法履行教师职责权利。不得有违背党和国家方针政策的言行。（二）爱岗敬业。忠诚于人民教育事业，志存高远，勤恳敬业，甘为人梯，乐于奉献。对工作高度负责，认真备课上课，认真批改作业，认真辅导学生。不得敷衍塞责。（三）关爱学生。关心爱护全体学生，尊重学生人格，平等公正对待学生。对学生严慈相济，做学生良师益友。保护学生安全，关心学生健康，维护学生权益。不讽刺、挖苦、歧视学生，不体罚或变相体罚学生。（四）教书育人。遵循教育规律，实施素质教育。循循善诱，诲人不倦，因材施教。培养学生的良好品行，激发学生的创新精神，促进学生全面发展。不以分数作为评价学生的唯一标准。（五）为人师表。坚守高尚情操，知荣明耻，严于律己，以身作则。衣着得体，语言规范，举止文明。关心集体，团结协作，尊重同事，尊重家长。作风正派，廉洁奉公。自觉抵制有偿家教，不利用职务之便谋取私利。（六）终身学习。崇尚科学精神，树立终身学习理念，拓宽知识视野，更新知识结构。潜心钻研业务，勇于探索创新，不断提高专业素养和教育教学水平。"

（三）教学素质

教学素质具有一定的综合性，它是教师多种素质综合发挥作用的产物，并渗透了教师的人格力量。同时，教学素质也具有一定的独立性。一方面，教学不是空洞的科学知识的传承，而是科学与艺术的结合，教师的教学就是要综合突出教师的科学素养和艺术素养，将科学与艺术完美结合，力求达到教育和教学统一的良好效果。另一方面，分科教学又要求教师具有必要的学科性，具有学科思维的特点和技能。同时，教师也应当具有广博的知识文化，只有超越学科的教师，才能更好地将科学与艺术相结合。体现教师教学素质的根本在于尊重教育规律，尊重学生成长发展的规律，促进学生个体的社会化。如果离开对学生成长发展规律的遵循，那么教育教学素质将成为无源之水、无本之木。

(四) 研究素质

教师工作不是机械的简单重复，它要求教师要研究学生、研究课程、研究教学、研究自我、研究学校、研究社会。教师研究素质的根本在于要会思考，要有研究的愿望和研究的能力。教师通过科学研究，发展自身、认识教育规律、改进教育教学，最终实现教师自身与教育教学效果的共同提升。

(五) 交往素质

教师作为社会的个体，其素质需要通过与学生、教师、学校、家长、社区的交往来体现。在校本管理、校本培训、学校与社区的联系中更加突出了教师交往素质的重要性。教师不仅在课堂上要面对学生，而且还要透过学生与其家长、社区建立起广泛的联系，也要在校本培训中与其他教师开展广泛的交流与互助，在校本管理中与学校领导保持和谐的关系等。这些都迫切地要求教师要有良好的交往素质，即便是仅仅体现师生关系的交往，也表现出一些新的时代特点，如学生主体性更强、视野更加开阔、获得资讯更快捷、与社会联系更加紧密等，这就要求教师要研究学生，改善交往的理念与技巧。

第四节 教师的专业发展与任职制度

一、教师的专业发展

(一) 教师专业发展的意义

1. 教师的专业发展是学生成长的需要

教师与学生是教学过程中相互依存的统一体，教师的教是为了学生更好地学，学生的学又不断对教师的教提出新的要求。但在教师与学生的互动中，学生与教师相比始终处于后来者的地位，这就要求教师从学识上要先于学生而领悟；在经验上要多于学生而积累。而要做到这些，教师就必须具备优秀的专业素养，不断探索教师专业发展的途径和诉求。因此，教师的专业发展是教师的地位所决定的，是教师的职业特点所决定的，是教师与学生的关系所决定的，学生的成长规律必然要求教师以其专业性的技能为之提供必要的成长食粮。

2. 教师的专业发展是有效教学的需要

教学是学生与教师成长发展的媒介。通过教学，学生获得知识发展能力、体会过程掌握方法、陶冶情感、历练态度。但不同的教师给予学生的提升却有所不同，这意味着教师是影响教学有效性的重要因素，而教师对教学有效性的影响又聚焦于教师的专业素养上，诸如教师的个性特征、教育经历、职业道德、教学理念、教学经验、教学技能等一系列因素，都会对教学的有效性产生重要的影响。[①] 因此，要提高教师教学的有效性就需要提升教师的专业素养，有计划地促进教师的专业发展。

3. 教师的专业发展是自我提升的需要

学生的成长需要教师的专业发展，提高教学的有效性需要教师的专业发展，教师的自身成长也需要教师的专业发展。教师是拥有自然人和职业人双重角色的主体，作为自然人，需要适应学习型社会发展的需要，作为职业人，需要适应教师职业的专业需求。这两个方面的需要都要求教师不断提升自我，发挥内在的潜能。而教师的自我提升与内在潜能的发挥又会为教师作为自然人和职业人的诉求增添内在动力，使教师的专业发展与自我提升融为一体，不断激励教师实现自身的价值。

（二）教师专业发展的过程

教师的专业生涯从生疏到成熟需要一个动态的过程，对这样一个过程的阶段划分有着不同的认识，如前章介绍，有研究认为，教师专业生涯需要经历形成期（formative）1~2年、构建期（building years）3~5年或更长时间、奋斗期（striving years）5~8年或更长时间、完成期（other issues：crisis periods、complacency、career wind-down、career end）不同的阶段，这不仅为校长的专业发展提供了思考的空间，而且为教师的专业发展提供了研究的基础，也为教师专业发展的设计提供了实践依据。对此，世界各国不仅注意教师的职前教育，改进师范专业的课程设置，完善师范教育制度，而且不断强化教师准入制度，积极进行教师职后培训。我国除实行教师资格制度严把教师入口关外，也实行教师培训制度，将教师的职后培训分为新任教师培训、教师岗位培训、骨干教师培训三个层次，这为促进教师的专业发展起到了重要的作用。

---

① ［美］唐纳德·R. 克里克山克、德博拉·贝纳·詹金斯、金·K. 梅特卡夫：《教师指南》，第四版，第2~10页，祝平译，南京，凤凰出版传媒集团，江苏教育出版社，2007。

二、教师的任职制度

(一) 教师编制制度

教师编制制度是指教育机构中教师数量的定额和职务的分配规则。教师编制是教师管理的基础,决定教师资源能否可持续发展。因此,对教师编制的管理不应当仅停留在简单的数量管理意义上,还需要关注与教师编制的数量意义密切相关的质量意义,以便为教师专业发展提供条件。

1. 教师编制的相关政策规定

1984年12月,教育部发布《关于中等师范学校和全日制中小学教职工编制标准的意见》,按标准班数核定中小学教师编制。2001年,国务院办公厅转发中央编办、教育部、财政部《关于制定中小学教职工编制标准的意见》,按在校学生数核定中小学教师编制,其核定教师编制的一个关键指标是师生比,师生比反映了一个国家教育资源和师资配备的使用效益。师生比=教师数÷学生数。师生比小,表明教师数量和教育经费不足;师生比大,表明政府对教育的投入较大,但过大则可能导致教育投入的低效性。目前,中小学教职工编制标准见表8-1,[①] 中小学班标准额与每班配备教职工数参考见表8-2。[②]

表 8-1 中小学教职工编制标准

学校类别		教职工与学生比
高中	城市	1∶12.5
	县镇	1∶13
	农村	1∶13.5
初中	城市	1∶13.5
	县镇	1∶16
	农村	1∶18
小学	城市	1∶19
	县镇	1∶21
	农村	1∶23

注:1. "城市"指省辖市以上大中城市市区;

2. "县镇"指县(市)政府所在地城区。

---

① 教育部政策研究与法制建设司:《现行教育法规与政策选编·中小学教师读本(修订版)》,第230页,北京,教育科学出版社,2002。

② 同上书,第234页。

表 8-2　中小学班标准额与每班配备教职工数参考表　　单位：人

学校类别	地域	班额	教职工	教师	职工
高中	城市	45～50	3.6～4	3	0.6～1
	县镇	45～50	3.5～3.8	3	0.5～0.8
	农村	45～50	3.3～3.7	3	0.3～0.7
初中	城市	45～50	3.3～3.7	2.7	0.6～1
	县镇	45～50	2.8～3.1	2.7	0.1～0.4
	农村	45～50	2.5～2.8	2.7	0.1
小学	城市	40～45	2.1～2.4	1.8	0.3～0.6
	县镇	40～45	1.9～2.1	1.8	0.1～0.3
	农村	各地酌定			

注：本表系根据国办发〔2001〕74 号文件附表《中小学教职工编制标准》折算。

从以上规定来看，城乡之间教职工编制标准是有差异的，但这种差异是存在问题的，对农村中小学的编制配置可能出现资源不足的情况，因为农村的学校规模虽然较小，但农村中小学的课程设计也需要依据国家课程标准。因此，《国家中长期教育改革和发展规划纲要（2010—2020 年）》提出，"逐步实行城乡统一的中小学编制标准，对农村边远地区实行倾斜政策。"

2. 学校在教师编制管理方面的自主权

学校作为公共事业部门的组成部分，在教师编制的质量管理方面有着较大的发挥空间。学校教师编制管理应当通过对教师队伍的结构性调整使教师编制在质量上得到优化，而不能被动地接受行政部门的定编。私立学校在教师编制管理方面具有较公立学校更大的灵活性和自主性，但是也应当以《关于制定中小学教职工编制标准的意见》为指导，确定符合本校实际情况的教师编制标准。

（二）教师资格制度

教师资格制度是指国家有权机关依法授予申请者从事教师职业权利并对其进行管理的行为规则。教师资格制度是一种行政许可制度。教师职业具有很强的专业性，要从事教师职业的人，只有具备教师资格，才有条件受到聘任。

1. 教师资格制度的规定

（1）教育法律对教师资格的规定

《国家中长期教育改革和发展规划纲要（2010—2020 年）》提出，"完善并严格实施教师准入制度，严把教师入口关。"《教师法》第十条规定："国家实行教师资格制度。""中国公民凡遵守宪法和法律，热爱教育事业，具有良好的思想品德，具备本法规定的学历或者经国家教师资格考试合格，有教育教学能力，经认定合格的，可以取得教师资格。"《教师法》第十四条同时规定："受到剥夺政治权利或者故意犯罪收到有期徒刑以上刑事处罚的，不能取得教师资格；已经取得教师资格的，丧失教师资格。"从教师资格的法律规定来看，教师资格不仅有取得的标准，也有丧失的标准。

关于从事基础教育教师的学历，《教师法》第十一条前四项做了规定：取得幼儿园教师资格，应当具备幼儿师范学校毕业及其以上学历；取得小学教师资格，应当具备中等师范学校毕业及其以上学历；取得初级中学教师、初级职业学校文化、专业课教师资格，应当具备高等师范专科学校或者其他大学专科毕业及其以上学历；取得高级中学教师资格和中等专业学校、技工学校、职业高中文化课、专业课教师资格，应当具备高等师范院校本科或者其他大学本科毕业及其以上学历；取得中等专业学校、技工学校和职业高中学生实习指导教师资格应当具备的学历，由国务院教育行政部门规定。

（2）教育行政法规对教师资格的规定

1995年12月，国务院颁布《教师资格条例》，对教师资格的分类与适用、教师资格的条件、教师资格考试、教师资格认定、罚则都作了相关规定。我国目前设有：幼儿园教师资格；小学教师资格；初级中学教师和初级职业学校文化课、专业课教师资格（统称初级中学教师资格）；高级中学教师资格；中等专业学校、技工学校、职业高级中学文化课、专业课教师资格（统称中等职业学校教师资格）；中等专业学校、技工学校、职业高级中学实习指导教师资格（统称中等职业学校实习指导教师资格）；高等学校教师资格。《教师资格条例》第六条对取得教师资格的条件作了规定："教师资格条件依照教师法第十条第二款的规定执行，其中'有教育教学能力'应当包括符合国家规定的从事教育教学工作的身体条件。"

（3）教育部门规章对教师资格的规定

1986年9月，国家教委发布《中小学教师考核合格证书试行办法》，对不具备国家规定学历的教师，经培训并通过相应考核后颁发《教材教法考试合格证书》或《专业合格证书》。1995年12月，国家教委发布《教师资格认定的过渡办法》，规定1993年12月31日以前在岗的在职教师，任何一级的教师符合该级教师职务的条件和要求且连续两年考核合格的，即可取得相应的教师资格。

2000年9月，教育部发布《教师资格条例实施办法》，对教师资格的管理做了明确具体的规定。规定国务院教育行政部门负责全国教师资格证书制度的组织实施和协调监督工作，县级以上地方人民政府教育行政部门根据《教师资格条例》规定权限负责本地教师资格认定和管理的组织、指导、监督和实施工作。

根据上述法律、法规的规定，取得教师资格的条件包括有中华人民共和国公民身份、良好的思想品德、符合规定的学历或经过考试合格、有教育教学能力（包括身体条件）等几个方面。在程序上要经过有权机关的认定或考试，依法管理。

2. 教师资格制度实施的成绩与问题

教师资格制度实施以来，教师地位上升，师资来源日趋多元，教师的学历层次也大幅度提高。师资来源有两类，一类是师范专业培养模式，即通常由专门师范院校培养师资，它有利于保证教师数量，为教育教学提供充足的师资，这是师资缺乏情况下通行的师资培养模式，但这种培养模式存在专业面狭窄等问题。另一类是非师范专业培养模式，它的特点是师资结构多元，综合性大学的学生经过教育教学培训也可以获得教师资格，它的不足是教育教学基础不扎实，教师数量具有较大的不确定性等。师资结构多元、教师学历层次提升是我国教师资格制度改革的重要方面。《中共中央国务院关于深化教育改革，全面推进素质教育的决定》指出，调整师范学校的层次和布局，鼓励综合性高等学校和非师范类高等学校参与培养、培训中小学教师的工作，探索在有条件的综合性高等学校中试办师范学院。2010年前后，具备条件的地区力争使小学和初中阶段教育的专任教师的学历分别提升到专科和本科层次，经济发达地区高中阶段教育的专任教师和校长中获硕士学位者，应达到一定比例。

教师资格制度在实施过程也出现了一些问题，如教师资格的认证标准问题、教师资格制度执行中的考试问题、教师资格制度的有效期问题等。因此，《国家中长期教育改革和发展规划纲要（2010—2020年）》提出，"完善并严格实施教师准入制度，严把教师入口关。国家制定教师资格标准，提高教师任职学历标准和品行要求。建立教师资格证书定期登记制度。省级教育行政部门统一组织中小学教师资格考试和资格认定，县级教育行政部门按规定履行中小学教师的招聘录用、职务（职称）评聘、培养培训和考核等管理职能。"这是未来教师资格制度的发展趋势。

（三）教师聘任制度

教师聘任制度是指学校与具有教师资格的公民之间，基于平等、自愿的原则，订立关于双方的权利与义务，以签订聘任合同的方式聘请具有教师资格的公民担任相应教师职务的行为规则。《教师法》规定，学校和其他教育机构应当逐步实行教师聘任制。教师的聘任应当遵循双方地位平等的原则，由学校和教师签订聘任合同，明确规定双方的权利、义务和责任。实施教师聘任制的步骤、办法由国务院教育行政部门规定。显然，具有教师资格不一定就是教师，只有应聘者与学校签订了人事合同，才能成为教师。

聘任教师要根据其相应的条件聘任相应的职务。《教师法》规定，国家实行教师职务制度。从20世纪80年代中期起，我国实行教师职务评聘制度。1986年5月19日，中央职称改革工作领导小组转发国家教育委员会《中学教师职务试行条例》《小学教师职务试行条例》《关于中小学教师职务试行条例的实施意见》等文件，中小学教师设三级教师、二级教师、一级教师、高级教师职务。《国家中长期教育改革和发展规划纲要（2010—2020年）》提出，建立统一的中小学教师职务（职称）系列，在中小学设置正高级职务（职称）。城镇中小学教师在评聘高级职务时，原则上要有一年以上在农村中小学或薄弱学校任教经历。

教师职务评定是对教师专业技术能力的评价，而教师职务聘任则是着眼于学校的用人制度，两者是有区别的。随着评聘分离的逐步推进，"低职高聘""高职低聘"成为教师聘任制度的改革趋向。因此，学校聘任教师要了解教师聘任相关的法律法规和政策，研究本校教师编制情况，制定招聘方案；面向社会公开招聘，公示招聘职务、条件、招聘程序等；组织实施招聘，根据教师素质结构要求，结合本校实际需要与应聘者双向选择；签订工作合同，合同应当包括教师的工作性质、范围、工作量、任务要求、权利义务、福利待遇、争议解决途径以及违约责任等方面。

（四）教师培训制度

教师培训制度是指教师职前培养和职后培训的教师教育规则。20世纪60年代以后，因美国教育改革成效不佳，教师教育受到广泛的关注。1966年，联合国教科文组织和国际劳工组织发表《关于教师地位的建议》，第一次明确了教师的专业地位，提出应把教育工作视为专门的职业，这种职业要求教师经过严格地、持续地学习，获得并保持专门的知识和特别的技术。1996年，联合国教科文组织第45届国际教育大会指出，在提高教师地位的整体政策中，专业化是最有前途的中长期策略。在我国，1993年，《教师法》明确规定了教师作为专业人员的地位，确认教师是履行教育教学职责的专业人员，承担教书育人，培养社会主义事业建设者和接班人，提高民族素质的使命。1998年，教育部发布《面向21世纪教育振兴行动计划》，提出实施"跨世纪园丁工程"，大力提高教师队伍素质。3年内，以不同方式对现有中小学校长和专任教师进行全员培训和继续教育，巩固和完善中小学校长岗位培训和持证上岗制度。2010年前后，具备条件的地区力争使小学和初中专任教师的学历分别提升到专科和本科层次，经济发达地区高中专任教师和校长中获硕士学位者应达到一定比例。重点加强中小学骨干教师队伍建设。1999年、2000年，在全国选培10万名中小学及职业学校骨干教师（其中1万名由教育部组织重点培训）。1999年6月13日，中共中央国务院发布《关于深化教育改革，全面推进素质教育的决定》，提出优化结构，建设全面推进素质教育的高质量的教师队伍。指出，建设高质量的教师队伍，是全面推进素质教育的基本保证。把提高教师实施素质教育的能力和水平作为师资培养、培训的重点。加强和改革师范教育，大力提高师资培养质量。开展以培训全体教师为目标、骨干教师为重点的继续教育，使中小学教师的整体素质明显提高。1999年9月13日，中华人民共和国教育部令第7号发布《中小学教师继续教育规定》，指出："中小学教师继续教育，是指对取得教师资格的中小学在职教师为提高思想政治和业务素质进行的培训。""参加继续教育是中小学教师的权利和义务。"同时还规定了中小学教师继续教育的内容与类别。中小学教师继续教育要以提高教师实施素质教育的能力和水平为重点，其主要内容包括：思想政治教育和师德修养；专业知识及更新与扩展；现代教育理论与实践；教育科学研究；教育教学技能训练和现代教育技术；现代科技与人文社会科学知识等。中小学教师继续教育分为非学历教育和学历教育。非学历教育包括：（1）新任教师培训，即为新任教师在试用期内适应教育教学工作需要而设置的培训，时间不少于120学时。（2）教师岗位培训，即为教师适应岗位要求而设置的培训，培训时间每5年累计不少于240学时（中小学教师继续教育原则上每五年为一个培训周期）。（3）骨干教师培训，即对有培养前途的中青年教师按教育教学骨干的要求和对现有骨干教师按更高标准进行的培训。学历教育是对具备合格学历的教师进行的提高学历层次的培训。《中小学教师继续教育规定》实际上确立了我国教师培训制度的基本模式。此后，国家不断深入开展教师培训工作，完善教师培训制度。2004年，教育部发布《2003—2007年教育振兴行动计划》，提出实施"高素质教师和管理队伍建设工程"。全面推动教师教育创新，构建开放灵活的教师教育体系。改革教师教育模式，将教师教育逐步纳入高等教育体系，构建以师范大学和其他举办教师教育的高水平大学为先导，专科、本科、研究生三个层次协调发展，职前职后教育相互沟通，学历与非学历教育并举，促进教师专业发展和终身学习的现代教师教育体系。起草《教师教育条例》，制定教师教育机构资质认证标准、课程标准和教师教育质量标准，建立教师教育质量保障制度。2010年，中共中央国务院发布《国家中长期教育改革和发展规划纲要（2010—2020年）》，将建设高素质教师队伍作为教育改革和发展的重要举措。指出，教育大计，教师为本。有好的教师，才有好的教育。因此，要提高教师地位，维护教师权益，改善教师待遇，使教师成为受人尊重的职业。严格教师资质，提升教师素质，努力造就一支师德高尚、业务精湛、结构合理、充满活力的高素质专业化教师队伍。完善教师培训制度，将教师培训经费列入政府预算，对教师实行每五年一周期的全员培训。

由上可知，无论是国内还是国外，都非常重视教师培训工作。除教师的职前培养外，还从培训过程上形成了入职培训、提高培训、骨干教师培训等教师职后培训制度，在培训主体上，也表现出教师自我超越培训、校本培训、行政部门培训等多元化的培训样态。在此，重点介绍骨干教师培训和校本培训。

骨干教师培训是教师分层培训的一种，是教育教学改革的需要，也是提高教师专业技术水平的需要。骨干教师培训具有很强的辐射作用，骨干教师是教育教学工作的中坚力量，经过培训的骨干教师有榜样示范的义务。发展骨干教师培训需要对骨干教师的选拔参照一定的标准。一般认为，骨干教师应当具有相应的学历和职称，有一定的教育教学经验和成绩；有良好的教师素质，其中师德素养、理论素养、科研素养要突出；有一定的科研成果；有一定的工作影响力。

配合新课程改革，我国骨干教师培训的特点主要有：将通识内容有机渗透和贯穿于学科培训的全过程；以学科标准培训为主，不同版本教材介绍为辅；理论讲授与参与式培训相结合；注重学员实际培训能力的提高；培训过程评估与培训结果评估相结合；短期培训与长期跟踪指导相结合。骨干教师培训可以采取研修培训的形式，将知识、能力两种取向并重，课程化与非课程化培训模式相结合。骨干教师研修培训的特点在于：以研究专题为中心培训，一般选择教育改革热点为研究主题；培训思路广阔、观点丰富、信息量大；以行动研究的方式进行，集中理论研究与实证研究的优长。此外，培训还可配合专家讲座、小组交流、合作研讨、案例教学、现场观察、问题解决等多种研修方式。

校本培训是一种学校自行策划、自行组织实施、自行评价、自行修正改进的教师培训模式，其目的在于促进教师专业发展。校本培训的主要场所是学校，校本培训的受训者是教师，施训者可以是培训学校的教师，也可以根据实际情况聘请有关人员参与部分培训任务。校本培训是实施教师全员培训的重要渠道，突出学校在教师培训中的自主化、个性化的特点，有利于与学校个性化的教学改革相结合，有利于发掘教师工作中的教育资源。在实践中发现问题并进行反思是校本培训的重要途径。反思包括教师个人以工作日志、传记、文献分析等形式进行的自我反思和教师与他人合作通过教师工作中的交流、观察等形式进行的反思。

（五）教师评价与考核

1. 对教师评价与考核的认识

教师评价与考核是教育行政部门或学校等主体依据一定的标准，对教师工作进行判断、评定的过程。教师评价与考核存在差异。教师评价主要是为了提高和改进教师工作，教师考核则与教师各种实际利益息息相关，涉及教师的奖惩、升降和去留。《国家中长期教育改革和发展规划纲要（2010—2020年）》提出，要将师德表现作为教师考核、聘任（聘用）和评价的首要内容。

2. 教师评价与考核的发展趋势

（1）评价考核的内容从单一向综合转变

从教师的素质结构、教师作用的发挥、教育环境的复杂性特点来看，对教师的评价考核必须是多元的，不能局限在一个层面上对教师进行片面的评价考核。例如，从教师作为教育者的角度对其进行评价，应当坚持德才兼备原则，教育与教学相结合；从教师作为学习者的角度对其进行评价，需要考查教师终身学习的理念、能力；从教师作为创造者的角度对其进行评价，需要考查教师研究能力，评价教师创新精神和创造能力。

（2）评价考核的主体从一元向多元转变

以往对教师的评价与考核主要是学校领导者或领导者根据学生对教师的评价做出的。现在对教师的评价与考核要由学校领导、教师、学生、家长等主体共同完成。多元主体评价是学校民主管理的表现。但一个旨在改善教师工作的评价，应当充分重视教师的自评作用。针对教师考核而言，多元评价也是其重要的基础。不同的是，教师考核赋予学校领导者价值判断的权力，使领导者有权对教师的具体考评指标赋予不同的权重。例如，基于学校不同的理念，可能有的学校赋予科研以较高的权重，也可能有的学校赋予师德以较高的权重。

（3）评价考核的重点从注重结果向注重过程转变

这种转变主要是由教育效果呈现的复杂性、时滞性等特点决定的。重过程的教师评价、考核强调，不能仅仅关注教师做出了什么结果，还要关注教师做出了哪些努力，工作的环境及基础有什么差异，发生了哪些变化，进而实施重在提高及改进的评价和考核。

（4）评价考核的方法从定量评价向以定性评价为主，适当应用定量评价转变

定量评价技术是较为高效的，但教师工作成果是显性成果与隐性成果

并存的，定量评价较难把握教育教学中的隐性工作成果。因此，定量评价要慎用，毕竟科学精确的评价指标很难找到。

本章小结

教师工作具有特殊性，主要表现在教师工作的专业性、独立性、复杂性等。教师管理是对人的管理，其核心价值在于以人为本，促进人的发展。

法律确立了教师的地位，具体表现在教师的政治地位、经济地位、专业地位等方面。在政治地位上，《教师法》明确规定教师是履行教育教学职责的专业人员。在经济地位上，教师享有按时足额获取工资报酬、享受国家规定的福利待遇等权利。在专业地位上，教师享有教育教学权、科研发展权、指导评价权、民主参与权等权利。

教师要发挥作用必须履行职责，包括遵守国家法律法规、提高教育教学质量、参与监督学校管理、促进学校与社区的沟通合作等。同时，教师需要具备良好的身心素质、道德素质、教育教学素质、研究素质、交往素质等。

要提高教师素质，就要通过相应的制度促进教师的专业发展。教师编制制度、教师资格制度、教师聘任制度、教师培训制度、教师评价考核制度等，在教师专业发展中，正在发挥着作用。其中，骨干教师培训、校本培训越来越多地受到实践的关注。

思考与练习

1. 请结合实际谈谈教师管理应坚持哪些理念？
2. 教师应有哪些素质？请结合实例阐述。
3. 请分析为什么要进行骨干教师培训和校本培训？
4. 教师评价与考核的发展趋势是什么？

案例分析

"较量"①

上英语课时，孩子们正准备着朗读比赛，我眼角的余光突然发现，坐

---

① 丁正后：《科学处置"顶牛"现象》，载《中国教育报》，第6版，2005-03-22。

在窗户边的黄某，手拿一本课外书，正津津有味地看着。于是，我走下讲台，来到他身边。黄某没有发现我的到来。"把书给我好吗？"我说道，他突然惊了一下，条件反射地把书扔进了自己的抽屉里，埋着头静静地坐在那里。我见他没有想拿书的意思，又轻声地重复着说："请把书拿出来。"可我连说了几遍，他仍无动于衷。"那老师就自己拿了？"我有些生气了，欲伸手去拿，他忙用手轻轻挡在抽屉边，不让我靠近。此时，我感到自己的话语似乎缺乏力量。"那我就请班主任刘老师来拿吧。"他依旧不动声色。顿时，我有些紧张了，没想到借助班主任的威力对他也产生不了效果。于是，我步步紧逼，威胁着说："好吧，我现在就打电话给你爸爸，请他来拿这本书。"他还是默不作声。我真有些按捺不住了，倘若继续僵持下去他依旧不把书给我，我该如何收场，我的威信靠什么来支撑？更何况，我根本就不知道他爸爸的电话号码。不过，我还是本能地边想边慢慢从包里摸出手机，就在我快要按键的一瞬间，他迅速从抽屉里扔出一本书来。尽管他扔出的那本书不是我想要的，但我的眼前骤然间闪过一缕阳光，而这光则来自他父亲的威力。于是，我紧紧抓住这缕光，继续为赢得威严"较量"。"对不起，刚才你看的不是这本书。"我冷静地说道，随后就开始假装拨打电话，我一个键一个键地按着号码，但脑子里却是一片忙乱，"他会把书拿给我吗？"这个疑问一直在纠缠着我。兴许是他看我动真格的了，终于败下阵来，流着泪很不情愿地拿出了刚才看的那本美国书——《奥兹国的巫师》。这时，我才在如释重负中松了口气。

案例思考题

1. 教学中，为什么会发生学生和教师"顶牛"的现象？
2. 教师对这件事情的处理是否妥当？为什么？

阅读链接

1. 王文莺：《教师打官司何以遭遇尴尬》，载《教学与管理》，2005(3)。

2. 王永军、史召锋：《学校管理参悟"世界杯"》，载《中国教育报》，第 6 版，2010-07-13。

3. 李玉芳、刘宝团：《教师管理应坚持的基本原则》，载《中国教育报》，第 7 版，2010-12-07。

第九章　学生的成长与管理

内容提要

学生的成长遵循一定的身心发展规律，学校对学生的培养需要从学生的成长特点出发，尊重学生，促进学生全面发展，帮助学生形成一定的主体意识和强烈的社会责任感，促进学生养成良好的道德行为习惯和学习习惯。学校要做好学生的常规管理工作以及学生组织的建设工作，还要通过适当的评价考核方式，调动学生的积极性，努力为学生的健康成长创建和谐的学校环境。

学习目标

1. 了解学生不同阶段的成长特点。
2. 理解学生管理理念与学生行为养成的基本理论与基本知识。
3. 掌握对学生进行常规管理和组织管理的知识。
4. 理解学生评价、考核、激励、约束对学生成长的作用。

要使学生在学校环境内得到最大限度地发展，需要了解不同阶段学生的成长特点，据此提出不同的教育目标，制定不同的管理策略。通过评价考核、激励约束等方式，进行学生良好行为习惯的养成。请看案例：

她感动了社会为何无法感动同学[①]

吉林省吉林市初二女生李玉（化名）自幼开始拾荒助人。在近5年的时间里，她将自己和弟弟拾荒换得的5000多元钱全部用来帮助别人。她的故事感动了很多人，她因此被评为2004年"吉林省十佳中学生"，同时也成为获得"2004年感动吉林十大人物"荣誉称号的唯一在校学生。

---

① 马扬、庞为：《她感动了社会为何无法感动同学》，载《中国教育报》，第2版，2005-04-27。

然而，此后李玉却向学校提出了转班的请求。因为她已承受不了"盛名"带来的压力。

在帮助别人的过程中，李玉赢得了同学们的信赖，结交了很多好朋友，尽管她学习成绩一般，大家仍一致推选她担任了班级的团支部书记。李玉感到非常快乐，这种快乐促使她更热心地帮助别人。

2004年，震惊全国的吉林市"2·15"大火夺走了54条生命，当地一家报纸特地推出了一期名为《安全防火手册》的专版。李玉觉得防火知识对同学们很重要，于是去报社买了几百份这种手册送给学校。这一举动被当地记者发现了，第二天，《小姐弟俩花自己钱为同学献爱心》的新闻登上了报纸。不久，李玉多年拾荒助人的好事也被挖掘出来。

李玉"一夜成名"了。

令李玉始料不及的事情也开始出现：很多同学对她拾荒助人的做法表示"难以理解"，一些同学用各种方式嘲讽她，类似"你是不是脑子有病"、"学习不好，就找歪门邪道出名"这样的话她每天都能听到很多。班里缺什么东西或遇到什么事情，有同学就说："找李玉，她不是典型吗？"

新学期伊始，李玉没有到校上课，而是向学校提出了转班的请求，并且态度坚决：若被拒绝，自己将转学。

苦心打造的典型竟然要转学，校方开始意识到问题的严重性。其实典型人物也是普通人。当李玉帮助别人的事迹被知晓后，如果媒体能够把注意力放在倡导一股良好的社会风气上，如果学校能一方面鼓励李玉把做好事的行动坚持下去；另一方面实事求是地指出她在学习方面还有待加强，真正地去关心她引导她，借此在同学中树立起互相关心、互相帮助的好风气，先进典型才真正有了现实意义。

案例表明，中小学生的身心成长是一个复杂的过程。无论是对他们的惊人之举，还是对他们的默默无闻，都需要学校、社会、家庭依据他们的身心发展规律采取恰当的教育和管理方式，为他们的健康成长创建和谐的环境。

第一节 学生的成长特点与管理理念

一、学生成长特点

学生的身心发展由于受到遗传、营养、生活环境、教育方式、风俗习惯、生长发育阶段等不同因素的影响，既存在个体差异，也在不同阶段表现出普遍的规律性。

（一）小学生的成长特点

1. 小学生的生理发育特点

小学生一般为6～15岁的儿童。小学生是由童年期向青春期的过渡期，其生长发育在低年级处于平稳均匀状态，但在高年级，一部分学生进入青春发育期，生长速度出现明显的上升趋势。又由于性别的差异，小学生发育的速度也会在男女生之间存在不均衡性。

小学生的心脏和血管都在不断均匀地增大或增长。肺及其功能在不断均匀地发展。骨骼比较柔软，肌肉也是逐步发达起来的。7～8岁的儿童脑重已接近成人水平，脑皮层的结构逐渐复杂化，高级神经活动的基本过程——兴奋和抑制都进一步增强，联络神经元的结构和皮层细胞结构机能迅速发展和形成，使小学生能够建立抽象、概括性联系，使联想、推理、抽象、概括的思维开始发展。

2. 小学生的心理发展特点

小学生的空间感知能力有所发展，手部得到发育，运动知觉发育较快。小学生有意记忆的主导地位越来越明显，逐渐取代无意记忆的主导地位，理解记忆的发展逐渐超过机械记忆；抽象记忆的发展逐渐超过形象记忆。小学生想象的有意性迅速增长；想象逐渐符合客观现实；想象中的创造性成分日益增多。小学时期是具体形象思维和抽象逻辑思维两种思维形式交错发展的时期，主要是发展抽象逻辑思维，由具体形象思维过渡到以抽象思维为主要形式。小学生注意从无意注意占优势发展到有意注意占主导地位；具体生动、直观形象的事物更容易引起学生的注意，并具有明显的情绪色彩。小学生情感内容不断丰富；深刻性不断增加；情感更具有稳定性。在自我意识方面，小学生自我概念的发展趋势受性别差异的影响，女生的自我接受度和自我和谐度随年龄的增长而减弱。小学生自我评价的稳定性随着自我评价能力的增强而增强。自我体验在小学阶段有了较大发展，愉快感和愤怒感发展较早，自尊感、羞愧感和委屈感发生较晚。

3. 小学生的品德特点

小学生的道德认识是由表象到本质，由模糊到明确逐步发展的。6～8岁的低年级学生对道德概念的理解模糊，不准确，9～12岁的高年级学生的道德认识逐步向准确、深刻发展。小学低年级的学生尚未形成道德信念，其行为仅仅出于对成人要求的遵守，如按照教师的要求遵守纪律，在家长的督促下完成作业等。至小学高年级，学生已表现出具有一定的道德信念，如自觉遵守纪律，争取优良成绩的愿望等。小学低年级学生的行为易受情境支配，受暗示影响，自制力较差，至小学高年级学生道德行动的自觉性、自制性有了一定发展。小学生道德评价的发展表现为由依据成人的道德评价进行判断到依据自己的道德认识进行评价。对行为对错的判断从仅仅针对行为后果进行评价逐步发展为将行为动机与结果联系起来进行评价，从对外部情境作用的强调发展到依据道德原则进行评价。

（二）初中生的成长特点

1. 初中生的生理发育特点

初中生一般为12～16岁的少年。这个时期女生的生长发育快速增长期已经基本结束，而男生开始进入快速增长期。这时，男生的身高、体重等各方面的指标开始超过女生。胸围、肩宽、骨盆宽、坐高等外形特征在青春发育期也都有很大的变化，反映了初中生处于人生第二次"生长高峰"的特点。

初中生心脏的重量大大增加，心肌纤维更有弹力。肺功能大大完善，肺活量到14岁急速发展，15岁时肺活量可以达到3000毫升以上。初中生的大脑重量一般能达到1400克，与成人的平均脑重相等。12岁时，脑的容积也已经达到成人的水平，沟回增多、加深，机能显著发展，趋于成熟。第二信号系统逐步占据优势地位，其概括和调节作用显著增强。

初中生的青春发育期表现出的身体形态上的性别特征，性激素促成了第二性征的发育，导致了男女初中生形态上的性别特征及性器官、性功能的成熟。

2. 初中生的心理发展特点

青少年正处于个体身心加速发展的第二高峰期，生理素质尤其是神经系统的发展成熟，为其认知的发展提供了重要的物质前提。初中生习惯于将知觉对象作为整体进行反映的特征，习惯于利用已有的知识经验，理解和把握知觉对象的特征，知觉具有选择性和恒常性。初中生的有意记忆和无意记忆的效果都不断提高，但有意记忆占据主导地位。初中生能逐渐学会根据不同的教材内容，由自己提出适当长远的记忆任务，主动选择良好的记忆方法。初中生富于幻想，其想象常常不切实际，随着年龄的增长，他们的想象，特别是理想开始由具体的、虚幻的向抽象的、现实的方向发展，想象内容更加复杂，抽象概括性更高。初中生的逻辑思维得到大幅度发展，并在其思维活动中占据主导地位，推理能力不断提高，辩证逻辑思维迅速发展。思维中的"自我中心"凸显，在思考问题或进行判断时受自己需要和情感强烈影响的倾向比较严重，无法明确区分自己关心的焦点与他人关心的焦点的不同，容易产生对自己的过分夸大，一般具有叛逆倾向。初中生的有意注意取代无意注意成为主导，学生能够有意识地调节和控制自己的注意，专心致志地完成学习任务。初中生的情绪具有两极性、外露性。两极性表现得极为强烈，而且转化迅速，具有丰富生动、不容易控制的特点。初中生的道德感、理智感和美感也有了较深刻的发展。初中生在自我意识方面，逐渐摆脱成人评价的影响，产生独立评价的倾向。道德判断开始转向注重内部动机的判断，同时十分重视同龄人对自己的评价和看法，忽视成年人的意见，因而导致代沟的出现。这个时候初中生的自我评价一方面具有相对独立性；另一方面也具有一定的依附性。初中生的自我体验能力的发展明显落后于自我评价能力的发展。初中生在心理上的成人感、闭锁性、自尊感对他个人的成长和学校教育具有现实意义。初中生自我控制的动力由主要来自外部的力量，转变为以内部自立控制力量为主的自我控制。

3. 初中生的品德特点

初中生对于道德概念的理解已基本正确，开始运用道德规范来进行道德判断；对人的评价能力已经达到了较高的水平。初二年级以后，学生的道德观念有明显的分化，他们逐渐能按自己的道德观念去分析具体的道德情境，并做出判断。道德意志随着年级的升高而逐渐发展，与小学生相比，表现为更多地依靠内心的自觉性来完成任务，坚持性和自制力也较强。但初中生具有言行不一的现象，这是由于学生虽然道德认识、道德动机正确，但是自身的道德意志力不强导致的结果。到了初三，学生的言行趋于一致，动机和效果也开始初步统一。初中生容易受情感的影响，易冲动，难以意识和控制激情。到了初三，学生知觉的情感体验明显减少，伦理道德的情绪体验基本占优势，而且，集体成员对自己的情感倾向使之明显地表现出对其情感进行有意识的控制。初中生开始具有明确的主导性道德动机，从开始比较短浅的、狭隘的状况向较自觉的、远大的动机发展；从具体的动机向较抽象的动机发展。但由于初中生缺少社会阅历、意志薄弱、容易动摇，所以他们的主导动机还不是很稳定。

(三) 高中生的成长特点

1. 高中生的生理发育特点

高中生一般为15~18岁的青少年。这个阶段的生理发展，正处于青春发育末期，它是人体发育成熟的阶段，也是身体发展的定型阶段，在生理上是由青少年向成年的过渡期。

高中生的身高、体重、胸围等各项形态指标先后出现增长速度减慢、年增长值减少的趋势。高中学生体重的增加是比较显著的，男女学生在这个时期由于组成身体的肌肉和脂肪组织的增长水平不同而体现出不同的性别特征。男生从青春期开始，肌肉组织无论在增长量、增长幅度、增长速度、增长潜力以及占总体重比例方面远比女生占优势。脂肪的积累则与此相反。在神经—内分泌系统的调节下，男女学生的性别特征已充分显露出来。高中阶段末，学生的心脏机能加强，肺活量增大，脑的发育和神经细胞的分化均已达到成人水平。脑的发育是形成联想、概括、抽象思维的物质基础，为高中阶段系统地、深入地掌握高难度的知识提供了有利的条件。但高中生仍处于青春发育期，体内分泌腺相当活跃，分泌的甲状腺素、肾上腺素水平较高。这些激素能够使全身组织迅速发育，促进了脑和神经系统的兴奋，因而学生的情绪不稳定，神经系统也容易疲劳。高中男生正处于性萌动到性成熟的阶段，高中女生正处于性成熟阶段。

2. 高中生的心理发展特点

高中生心理发展的基本特征是由少年半幼稚、半成熟向成熟过渡。高中生认知结构的完整体系基本形成，认知活动的自觉性明显增强。感觉知觉的目的更明确；持久性明显发展；精确性提高；概括性更强。有意记忆占据主导地位；理解识记成为主要识记方法；抽象记忆占据优势。运用理论假设进行思维；思维具有更强的预见性；思维形式化，形式运算思维已占据优势地位；高中生对思维的自我意识和监控能力显著增强；思维的创造性提高；辩证思维迅速发展。高中生已经能够很好地控制自己的情绪，具有一定的内隐文饰性。他们能在某些特定的条件下或为了某一目的表达自己的情感，形成外部表情与内心体验的不一致。而且具有两极波动性，两性情绪表现明显。高中生的道德感主要是以内部的、主动的、自觉意识到的道德理论、道德标准为指导，形成了内化的、概括的道德情感。高中生理智感的发展水平较高，但有不少学生还缺少主动发现问题的积极性。高中生美感体验水平的发展，明显是在一定社会生活条件下形成的，对美的不同需求和追求，受制于对客观事物外部特征和内在特征的领会和理解。高中生的自我意识明显分化，是一个从"无我"到"唯我"的过程。同时高中生的自我评价能力进一步提高；具有较强的自尊心，容易出现自卑感，因此喜欢伪装、转嫁和逃避、自暴自弃。此外，高中生的自我调控处于一种很不稳定的发展状态。

3. 高中生的品德特点

高中生道德认识的发展主要体现在道德知识、道德思维、道德观念等方面的发展上，表现为道德的理智特征。高中生所掌握的道德行为准则知识日趋增多，对道德知识的掌握水平也有了新的特点。从形式上看，更加概括、抽象；从内容上看，更加深刻。高中生依据一定的道德准则认识各种道德现象、实施道德行为，使其必将产生一定的体验，表现出特有的道德情感特征。在高中生的各种道德情感形式中，伦理性的道德感体验占据优势，由道德现象所引起的情绪体验也不断受到自我意识的控制，直觉的情绪体验日益减少。高中生需要凭借一定的道德意志来调节道德行为，才能完成预定的道德任务。同时，道德意志行为的性别差异十分显著。女生由于身心成熟比男生早加之家庭及社会对她的期望不同，一般显得更有耐心，更能控制自己的行为。

二、学生管理理念

学生管理是学校管理中的大事，也是学校管理的核心工作之一。随着素质教育的开展，学生管理理念已经成为校长、教师、学生、家长关注的问题。

（一）尊重学生的理念

"尊重"是以人为本的理念，是教师和学校领导者能够"蹲下来倾听"的理念。这一理念的实质是对学生受教育权的尊重。

处于身体发育期的青少年正是一个自尊心最强的时期，他们渴望自己做的事情能够得到老师的理解和鼓励，希望自己做的事情能够得到老师的认可。所以，教师应该从学生的角度思考问题，即多进行换位思考。

尊重理念的实行关键在于观念的转变，传统的学校教育是以"教师中心论"为主导的教育。以德国教育家赫尔巴特为代表的教师中心论者认为，在教育和管理过程中，"学生对教师必须保持一种被动状态"，强调教师的权威，忽视学生的积极性、主动性。与之相对应的，是以美国教育家杜威为代表的"儿童中心论"，认为教师应该放弃向导和指挥官的任务，而只充当一名看守者和助理者。两者都过分地强调了教师或学生单方面的主体地位，忽视了另一方的对等地位。从现代观点来看，教师与学生在学校管理过程中都具有主体性，领导者应重视培养学生自我教育能力，尊重学生的主体地位和主动精神。

尊重的理念还体现在对学生人身权的尊重和保护。人身权包括生命健康权、人格尊严权、人身安全权、人身自由权、心理健康权、名誉权、荣誉权、隐私权、肖像权、信用权、婚姻自主权、著作权、监护权等多项具体权利。

(二) 促进学生全面发展的理念

教育是使学生由自然人向社会人转变的过程，这是一个社会化的过程。学生的社会化过程，就是个体身心发展和外部世界相适应的过程。学校在实行校本管理的同时，管理的目标应与社会和国家整体育人目标和需求相一致，用和谐发展的观点实施对学生的管理和教育。爱因斯坦认为，学校的目标始终应当是：青年人在离开学校时，是作为一个和谐的人，而不是作为一个专家。学生的和谐发展是学生全面发展的本来意义，全面发展并不是平均发展，而是身心各方面的协调发展。

(三) 培养学生主体意识的理念

学生是个体，具有不同的个性。个性是指个体在社会交往过程中所具有的意识倾向性以及经常出现的、稳定的心理特征的总和。由于个体先天素质不同，家庭、文化、环境等背景影响迥异，每个学生都有其独特的个性。因此，学校领导者要树立学生的主体意识、参与意识、判断意识等，采取多种管理模式，因人施教，长善救失，促进学生逐渐发展成为自主、自强、自立、自控的主体。

(四) 增进学生社会责任感的理念

培养学生的主体意识与增进学生的社会责任感是相互联系的。学生的主体意识是学生作为个体的人在社会中得以尊重、自主发展的必要条件，但学生个体并不是孤立地存在于社会之中的，还必须与社会环境和谐相处，这种相处的前提则应当不仅对自己负责，而且要对他人负责，对社会的整体负责。所以，学生主体意识的培养是以学生所生活的社会环境为基础的，离开社会发展的需求，学生的主体意识也就成了无源之水，无本之木。

第二节 学生常规管理

学生常规管理是指学生从入学到离校的日常规范性管理。一所学校的常规管理如何，直接影响学校文化的形成。

一、学生入学准备

入学对于学生来说，是从一种学习状态进入另一种学习状态的开始，学校的一切对学生来说都是新奇的。学校的环境、教师的态度、办事的规则与程序等都会给学生留下深刻印象，并影响他们对学习、活动及行为态度的养成，影响他们的价值取向。因此，新生入学对年年有新生的学校来说是日常工作，对新生来说，却是不寻常的一件大事。

（一）设计布置校园及教室环境

校园及教室环境是学生入校后接触到的第一印象物。校园及教室环境的设计应注意根据不同年龄阶段学生身心发展的特点，具有趣味性、教育性、文化性。校园的设计不仅要美观，而且要尽量为学生提供充足的、适宜的各种活动场地，如各项体育活动场地，自由活动场地等。教室墙壁的布置，课桌椅的摆放均应提倡有特点、有特色，便于引起学生在此学习、活动的兴趣与愿望，并能方便学生的学习与活动。

（二）注意教师行为举止及态度

新生入学首先接触到的人是教师，教师的形象、行为举止、待人接物的态度等，都将对学生产生影响，甚至可能成为学生学习的榜样。学校对学生的管理很大一部分要通过教师实行，因此新生入学时，学校也要对教师有所要求，不仅是新生的班主任，而且学校的任何教师都有可能参与或接触新生入学工作。针对不同年龄阶段学生的特点，教师应该具备不同的素质。

（三）介绍学校概况及学习制度

学校对新生来说是一个全新的环境，教师要带领学生参观学校的教室、图书馆、医务室、实验室、体育活动设施、生活设施，同时要向学生介绍作息时间，各种设施的管理及使用制度，使学生尽快熟悉环境。此外，还可以通过各种形式的活动，如集会、看录像、文娱活动、新老生活动等，向新生介绍学校传统，使学生熟悉学校文化，唤起学生对学校学习生活的向往与兴趣。

二、编班

学生入学后要将其编入一定的组织，使其有归属感，学校也便于管理。教学班是学校组织开展教育教学活动的基本单位。班级规模、班级形式以及班级成员是影响学生学习效果、身心成长与发展效果以及教育、教学活动效果的客观因素之一。

（一）确定班级规模

班级规模应根据学年招生计划和学校教学工作的实际情况综合考虑，本着有利于学生健康发展、有利于课堂教学的原则来确定班级规模。2002年4月17日，中华人民共和国建设部、中华人民共和国国家发展计划委员会、中华人民共和国教育部批准发布《城市普通中小学校校舍建设标准》，规定城市完全小学为12班、18班、24班、30班，每班45人，九年制学校为18班、27班、36班、45班，小学每班45人、初中每班50人。初级中学为12班、18班、24班、30班，每班50人。完全中学为18班、24班、30班、36班，每班50人。高级中学为18班、24班、30班、36班，每班50人。2008年12月1日，中华人民共和国住房和城乡建设部、中华人民共和国国家发展和改革委员会批准施行《农村普通中小学校建设标准》，规定农村非完全小学为4班，每班30人；完全小学为6班、12班、18班、24班，近期每班45人，远期每班40人。初级中学为12班、18班、24班，近期每班50人，远期每班45人。但小班化教学是未来班级规模发展的趋势，《国家中长期教育改革和发展规划纲要（2010—2020年)》也提出了提高义务教育质量推行小班教学的发展策略。

班级规模对学生的身心健康也产生影响。有关研究表明，班级规模对学生之间情感的影响比对学生认知的影响要大。班级规模越大，每个学生与全体同学的接触机会就会越少，这会使非正式小群体容易形成，从而使少数学生感到逐渐被冷落。此外，学生之间交往机会少，相互间了解少，则合作机会就少，合作也不易进行。班级规模越大，学生间的个体差异就越大，建立集体规范就越难。在同等的空间内，班额大的班级内学生患病及相互传染的机会增多，教室空气中二氧化碳的含量也增加。

（二）选择编班方法

编班有很多方法，学校可以根据学生的实际情况选择编班方法。

1. 按学生住所编班

把一个自然村、一条街道、里巷的学生尽量编在一个班级。其益处是便于教师家访，便于学生上学放学过程相互关照，便于就地组织课外小组活动。

2. 按学生程度编班

按学生的学习或发展程度编班，可以解决学生差异对待问题，但采用这种编班方法特别要注意编班的科学性，要求征得学生和家长的同意，并且对发展程度低的班级要配备实力相对较强的教师团队，这样才能真正体现这种编班的价值。否则，会对成绩和发展程度较低的学生心理造成较大的压力。

3. 复式教学编班

农村需要复式教学的学校，应尽量将低年级学生与高年级学生分组混合编在一起，如一年级与四年级、二年级与五年级分组混合编在一起等。这种编班的优点是可以发挥高年级学生辅导低年级学生学习的作用，也可因高年级与低年级教学内容差别大而减少相互干扰。

4. 随机编班

许多学校是在注意性别比例的基础上随机编班的。随机编班有利于平衡学生差异，提供给教师相对公平的教育主体。但随机编班要坚持互补原则，注意学生素质的差异，本着有利于形成良好班风的准则，坚持学生综合素质优劣的交替组合，注意将特殊家庭环境的学生分散到不同的班级，注意特长生的平均分配，男女生比例均衡，尽量减少班与班之间的差异。

在编班时，应避免出现所谓的特长班。一些学校招收或编制所谓的特长班，这种做法有违基础教育的目的。基础教育的目的是使学生普遍获得学习与生活的基本知识与技能。过早进行专业倾向性限制，会影响学生的全面发展，并影响学生基本知识与技能的学习与掌握。学生的特殊兴趣与爱好应在课外活动中得到更好的发展。

三、学籍管理

学籍管理是指对学生入学、转学、休学、在校学习情况以及毕业离校情况等书面记载的管理。学籍管理内容包括：注册、考勤、成绩考核、跳级、留级、休学、复学、转学、退学、奖励与处分、毕业等各项情况的记载。

注册是学生入校学习情况记录备案的开始，学生注册后即取得学籍。

考勤是对学生出勤情况的记录。学生在校期间上课、自习、参加学校规定的活动均应进行考勤，迟到、早退、缺课应有记录。学生请假必须履行必要的手续，如班主任同意、教导处批准等。考勤情况应及时通知家长，防止学生在校外发生意外事故。对出勤情况好的学生应予以表扬奖励，对出勤情况差的学生要予以批评或处罚。

学生成绩考核要坚持期末与平时相结合的原则，平时成绩在考核中占一定比例。成绩考核内容、记录与报告应具体详细，以便全面反映学生学习知识、技能与能力发展情况。

每一年级的学生经过一个学年的学习，成绩合格者升入高一年级继续学习。出类拔萃确有学习余力者可跳过高一年级升入更高年级学习，即跳级。成绩不合格者应在下一学年开学前进行补考，补考成绩作为学年成绩。经过补考成绩不合格者，就要留在原来年级重新学习，即留级。学生留级固然有个人原因，但学校应在学生学习过程中认真分析学生学习差的原因，给予更多的关注与指导，并尽可能采取相应措施，避免学生留级。

因病无法继续学习的学生（须具备指定医疗单位的证明）在报经有关

部门批准后，可准其休学，康复后可以复学。因户籍变更、随父母迁徙等学生可以申请转学，经有关教育行政部门核准符合条件者，应予及时妥善安置，不得无故拒收。学生休学、复学、转学时，需要填写休学、复学、转学证书。证书要有存根，并附有照片。证书需有校长签名，存根有经办人签名。

学生的成绩品行优秀，可以获得奖励；如有严重劣迹行为，也要受到相应的处分。

中小学对修完规定课程且成绩合格者，发给毕业证书；不合格者发给结业证书，毕业年级不再留级。对虽未修完学校课程，但修业年限已满当地政府规定的义务教育年限者，发给肄业证书。证书由学校造册上报教育行政主管部门备案，学校存底备查。

四、学生的评价与考核

（一）学生评价与考核的意义

学生的评价与考核是根据事先设定的管理目标检验一段时期的学校工作是否达到预定目标的过程。对于学生来说，是检验其是否达到学校和社会对其培养目标要求的过程。对于学校来说，学生的评价与考核一方面有利于学校领导和教师发现问题、改正错误；另一方面也可以为今后的工作积累经验、避免重新犯类似的错误。中小学生处于生长发育的关键期，对学生的培养不仅要注意其成长特点，而且要选择恰当的评价与考核方式，运用合适的激励约束机制。《国家中长期教育改革和发展规划纲要（2010—2010年)》提出："改革教育质量评价和人才评价制度。""做好学生成长记录，完善综合素质评价。探索促进学生发展的多种评价方式，激励学生乐观向上、自主自立、努力成才。"这为做好学生评价指出了努力的方向。

（二）学生评价与考核的方式

学生评价与考核的方式很多，根据不同的标准也可做不同的划分。目前，学生评价与考核方式主要有评议、档案袋评价法、综合评价法、考试等。

评议一般通过班级评定和班主任鉴定来进行。通常情况下，班主任每学期末在小组或班级评定的基础上，通过鉴定的形式来描述学生在这一阶段的表现是否达到了学校教育教学目标的要求。

档案袋评价法，也被称为"评选代表作"评价法或"成长记录袋"评价法。这种评价方法是完全不同于纸笔测验的一种评价方法，它是在20世纪 80 年代，西方中小学评价改革运动中形成和发展起来的一种新的质性评价方法。这种方法是指教师或学生有意识地将学生在某一学习过程中的成果或表现进行收集，用来监测学生在这一领域内的知识、技能和态度的成长情况，反映学生在学习与发展过程中的努力、进步状况或成就。档案袋的基本成分是学生作品，作品的收集是有意的。档案袋应提供学生发表意见和对作品进行反省的机会。从不同的角度可将档案袋分成不同的类型。美国南卡罗纳大学教育学院教育心理学教授格莱德勒（Margaret E. Gredler），把档案袋评定分为：理想型（ideal）、展示型（showcase）、文件型（documentation）、评价型（evaluation）以及课堂型（class）。其中最有代表性的是理想型。理想型档案袋之所以被这样命名，其一是因为这种档案袋设计的意图在于：帮助学习者成为对自己的学习历史具有思考能力和进行非正式评价能力的人。因而，它常常被作为提高学习质量的工具来使用。其二是因为它的构成内容，在档案袋评定中也具有典型意义。比尔·约翰逊则把档案袋评定分为最佳成果型、精选型和过程型。以最佳成果型为例，各学科选入档案袋的内容包括：语言艺术，一系列写作类型的最佳作品；科学，学生做的最佳实验室成果，开发的原创假设等；社会研究，学生写的最佳历史研究论文，提出的原创历史理论等；数学，对教师所提出的问题的最佳解答，对问题的最佳描写等。

综合评价法是运用多个指标对多个参评对象进行评价的方法，也称为多变量综合评价方法。其基本思想是将多个指标转化为一个能够反映综合情况的指标来进行评价。为避免以分数为评价学生的唯一标准，以结果评价代替过程评价，可以使用综合评价法评定学生的发展状况。但使用综合评价法是比较复杂的，需要有明确的评价者、被评价者、评价指标，还要确定权重系数和综合评价模型等。

考试是最直接的考核学生学习效果的方式，它可以分为随堂考试、期中考试、期末考试、达标考试、毕业考试、升学考试等。其目的都是通过考试检验一定时期内学生是否达到了教学目标的要求。考试有相对评价也有绝对评价。相对评价是在一定的评价对象群体内形成评价标准，而评价结果是在对象群体内部做出优劣区分，但是，其结果在不同的评价对象群体之间不存在可比性。绝对评价也称"达成度评价"，其评价标准取自评价对象所处群体之外，是对评价对象完成既定目标的程度进行的一种评价。相对评价和绝对评价都是学校教育中日常普遍存在的现象。测量学生的身高、体重，测验学生掌握词汇量的多少等，都是一种绝对评价；而学校通过对试卷的评分来区分学生学习的优劣时，大多是在进行相对评价。高考是典型的相对评价。一个考生能否被录取，并不是取决于其绝对水平的高低，而是取决于其成绩在考生群体中的相对位置。

第三节 学生组织管理及建设

组织是为了达到某一特定目标而设计的一定成员的集合体。组织有其明确的活动目标，有不同层次的职能分工和合作，有明确的责任制度。组织的功能在于协调组织成员为达到共同目标而努力。中小学的学生组织主要有班级、少先队和共青团。

一、班级组织管理

班级是学生在学校学习和活动的正式组织，班级管理是学校的微观管理，包括学校领导对班级的管理、班主任及任课教师对班级的管理，也包括学生参与班级管理。

（一）班级组织的特点

1. 行为状态逐渐成熟的特点

班级组织与学生个体的行为状态具有由低级向高级逐渐发展的特点。班级组织由松散状态向凝聚成集体的状态发展，学生则由最初的无组织状态逐步向熟悉组织形式、了解组织规则，进而形成集体观念的状态发展。这一过程一般表现在三个阶段。

第一阶段为班集体初建松散阶段。这一阶段要由班主任直接行使权力、提出要求，指定临时干部负责一定的班级工作。

第二阶段为班集体基本形成阶段。这一阶段学生骨干队伍已经形成，班主任由直接指挥逐步退居为间接指导。

第三阶段为班集体成熟阶段。这一阶段集体本身已成为推动学生自我教育、自我管理的力量。班主任只需在学生干部行使职权时，给予决策上的指导与帮助。

2. 文化渗透与顺应的特点

班级组织文化具有学生个体文化与群体文化相互渗透、学生个体文化基本顺应学校的群体文化，但也有冲突的特点。

班级组织文化是指班级内的全体学生所共有的信念、价值观、态度及行为方式的复合体。班级组织的文化影响学生的信念、价值观，也影响学生的行为方式。班级组织文化对管理方式具有选择性，从而影响管理效果。

学生个体文化是指学生在家庭、社区及学校教育中形成的个体信念、态度、价值观及行为方式等。学生群体文化是指学生形成的共同或相似的信念、态度、价值观体系。学生群体文化是由于群体内的个体在相互交往中，通过模仿、暗示、从众、认同等心理机制的作用，在认知与行为上产生类同而形成的。在班级组织中，学生个体文化与群体文化是相互渗透、相互影响的。一方面群体汇聚着丰富多彩的个体文化；另一方面个体也在摄取群体文化的成分构建并发展个体文化。

(二) 班级组织的管理方法

有经验的班主任对班级管理方法会有自己独到的见解，每个班级由于成员不同，文化背景不同，遇到的问题不同，适宜的管理方法也会不同。

1. 建立健全班级规则

规则对班级成员具有规范与导向作用。建立规则的目的是使学生清楚地了解可以做什么，不可以做什么以及怎样去做。班级规则不是法定规则，不具有强制性，但它可以聚集学生的个性需要，促成学生行使权利与履行义务。班级规则可以经由全体学生的讨论自愿决定，不断完善。

2. 培养学生集体意识

班级作为一个有机整体，要对班级成员具有向心力、凝聚力，就需要使学生建立并具有班级与个人息息相关的集体意识。集体意识建立的基础是班级内学生之间相互了解，相互关心，建立起情感联系，达到对班级集体的认同。开展经常性的集体活动，如班会、体育活动、文娱活动、学习活动等，可以创造学生之间相互交流的机会，培养学生的集体意识。

3. 提升学生自我管理能力

学生自我管理能力是自主能力的一部分，自主能力的发展取决于学生的自主意识。如果教师在班级管理中与学生共同讨论面临的问题与对策，以建议的方式、出谋划策的方式对学生给予指导，学生自己的事情让学生自己去做，学生便会逐渐熟悉班级管理的程序与方法，熟悉怎样寻找解决问题的方式，逐步学会管理班级事务，并可以增强学生对班级的责任感。

4. 引导班级内非正式组织

班级内非正式组织即班级内一部分学生由于感情志趣相投而形成的小群体。小群体依据结合的成因可以分成兴趣型、情感型、角色型与性别型。当小群体的目标与班级目标一致时，小群体对班级管理具有积极作用，而当二者目标不一致时，小群体对班级管理具有消极作用。对小群体的引导可以采用因势利导、感情沟通、角色移位等方法，通过顺应小群体中的一些积极因素，有意识地接近小群体，以校规校纪约束小群体的行为，引导班级内非正式组织的目标与正式组织的目标达成一致。

二、少先队组织建设

少先队是中国共产党建立和领导的少年儿童的群众组织，全称为"中国少年先锋队"。先锋二字是为了教育少年儿童学习革命先锋的榜样，继承他们的事业。中国少年先锋队的组织形式在校一级设少先队大队，班一级设少先队中队，中队下设少先队小队。少先队的作用是围绕党在各个时期的中心工作，根据少年儿童的特点开展教育、宣传工作及举行各种活动。

（一）选择辅导员

少先队活动是学校教育与管理工作的组成部分，少先队辅导员是少先队活动的组织者与指导者。辅导员负责少先队的日常工作，少先队活动的开展与组织建设均有赖于辅导员。辅导员的主要职责是：配合学校的教育工作，辅导少先队的各级组织制订工作计划与开展活动，了解学生情况，提供学生信息，培养学生干部。

（二）组织少先队活动

1. 组织少先队会

队会是各级少先队组织由全体少先队员参加的集会。队会有主题队会与例行队会之分。主题队会是根据特定的题目召开的队会，例行队会一般是讨论少先队工作的安排以及所面临的问题的队会。队会在组织形式上有大队会、中队会、小队会之分。大队会一般在配合学校某项教育内容时开展，中队会和小队会在组织经常性的活动时开展。

2. 组织参观访问

参观访问是使学生了解本地自然与社会情况的方式之一。参观对象可以是本地的自然景观、名胜古迹、博物馆等。访问人物可以是熟悉社会、熟悉历史的学者、老人以及各种相关人员。组织参观访问要确定适宜的地点与交通工具，向学生交代注意事项。

3. 组织社会调查

社会调查是使学生了解社会情况、观察社会现象的方式之一。社会调查可以指向具体社会行为，如观察售货员是怎样工作的；也可以指向某种现象，如观察不遵守交通规则时会发生什么问题等。组织社会调查时要选择容易观察的地点与行为，并要注意安全。调查的形式可以是个体的，也可以是集体的。

4. 组织公益活动

公益活动是对社会公共事物或事务有益的活动。参加公益活动可以培养学生的公共意识与社会责任感。公益活动的内容很多，可以是帮助遇到困难的同学，也可以是清扫公共设施等志愿服务活动。

5. 组织场地活动

场地活动是建立活动场所，并在其中开展的活动。例如，组织队报、广播站、小画廊、图书室、中队活动角、红领巾俱乐部等宣传教育活动，开展小农场、小饲养场、小苗圃、小气象站、小银行、小节约箱等科技教育活动等。

另外，少先队还可以组织其他活动培养少先队员的各种能力。例如，召开故事会可以发展学生的叙事能力，更重要的是可以通过所讲故事使学生潜移默化地掌握判断是非的标准，了解有关的社会知识。故事会的故事可以由学生收集，也可以由学生编写。

三、共青团组织建设

中国共产主义青年团（共青团）是中国共产党领导的先进青年的群众组织，是广大青年在实践中学习中国特色社会主义和共产主义的学校，是中国共产党的助手和后备军。共青团的学校基层组织在党组织的领导下进行工作，不直接接受学校行政组织和教师的领导。但共青团是青年学生的组织，团的干部很年轻，缺乏经验，因此学校团的工作需要接受学校行政组织和教师的指导。

（一）共青团组织建设的要求

中国共产主义青年团要完成现阶段的基本任务，必须不断加强团的建设。要发扬优良传统和作风，生动活泼、富于创造性地开展工作，把共青团建设成为团结教育青年的坚强核心。团的建设必须贯彻以下基本要求：

1. 坚持党的基本路线不动摇。全团要用邓小平理论、"三个代表"重要思想和党的基本路线统一思想和行动，团的各项工作都必须服从和服务于经济建设这个中心；必须把坚持改革开放和坚持四项基本原则统一起来，使党的基本路线在团的工作中得到全面贯彻。

2. 坚持党建带团建。把党的要求贯彻落实到团的建设之中，使团的建设纳入党建设的总体规划。

3. 坚持先进性与群众性的统一。教育、引导青年坚定正确的政治方向，发挥团员的模范作用；广泛团结青年，与青年保持密切的联系。

4. 坚持把竭诚服务青年作为团的一切工作的出发点和落脚点，更好地吸引和凝聚青年。

5. 坚持民主集中制。民主集中制是共青团根本的组织原则。要充分发扬民主，切实保障团员的民主权利。要实行正确的集中，加强组织性和纪律性，保证团的决议得到有效的贯彻执行。

6. 坚持不懈地抓好基层建设。基层组织是团的一切工作的基础。团的领导机关要确立基层第一的观念，发扬务实、求实的作风，深入基层，服务基层，不断增强基层活力。

（二）共青团组织活动的开展

1. 思想教育活动

这是团组织利用共产主义的思想体系，用马克思列宁主义、毛泽东思想、邓小平理论和"三个代表"重要思想教育和培养广大青年的活动。包括：进行马列主义、毛泽东思想、邓小平理论和"三个代表"重要思想的教育；党的路线、方针、政策教育；形势教育；道德教育；民主法制教育；纪律教育；爱国主义教育；革命传统教育等。

2. 学习成才活动

学习成才活动是改革开放以来共青团组织始终坚持开展的一项活动。在21世纪，共青团组织的学习成才活动更加系统化，如跨世纪青年成才工程等。

3. 社会公益活动

开展社会公益活动，是共青团组织加强两个文明建设的必然要求，有利于转变社会风气，也有利于培养青年高尚的道德情操。

4. 文娱体育活动

文化娱乐活动主要是组织学生阅读文学作品，观看电影、戏剧，举办群众性演出等。体育活动包括组织各类比赛、竞赛等。

团组织的活动应坚持思想性、知识性、趣味性相统一的原则；坚持因人制宜、因地制宜的原则；坚持增强活动吸引力的原则；坚持从学生实际出发的原则；坚持注重时效的原则。

第四节 学生行为养成与激励约束

学生行为养成是指学生良好的行为习惯的培养。再好的理念、再明确的道理如果不转化为学生的行为习惯，教育方针的基本要求也无法实现。由于中小学生处于不同的生理和心理发展阶段，因此，学生行为习惯的培养也应具有针对性和层次性。2004年，教育部发布《中小学生守则》《小学生日常行为规范（修订）》《中学生日常行为规范（修订）》，对不同阶段的学生应当具备的行为和应当遵守的基本规范作出了规定。学生行为习惯培养是学校的常规性活动，包括道德行为习惯的培养和学习习惯的培养。学生道德行为习惯和学习习惯的培养是学生自身与环境相互作用的结果，是道德规范的内化过程，是学生在学校生活与社会交往中通过自身的实践，由被动到主动逐渐转化的过程。因此，学校管理要为学生提供优质的环境，从知、情、意、行多层次入手，从学校、家庭、社会多主体入手，努力形成多方参与学生行为习惯培养的系统空间。

一、学生行为养成

(一) 学生道德行为习惯的养成

各科教学、课外活动、班主任工作、少先队工作、学校环境、家庭教育与社会教育等，都在学生道德行为习惯的培养中发挥重要的作用。所以，提高教师素质、创建和谐的校园文化、实施积极向上的学生组织工作、提升家长的修养、优化社区环境等，都将促进学生道德行为习惯的养成。

1. 爱国守法的习惯养成

热爱祖国、热爱人民、热爱中国共产党，遵守法律法规，遵守校规校纪，遵守社会公德，是中小学生作为公民的基本准则。为此，对不同年龄段的学生要采取不同的教育管理方式，培养他们的爱国守法习惯。对于小学生要培养他们尊敬国旗、国徽，会唱国歌，升降国旗、奏唱国歌时肃立、脱帽、行注目礼，少先队员行队礼的习惯。对于中学生在具有上述行为习惯的同时，还要培养他们维护国家荣誉的良好品行。

2. 尊师敬长的习惯养成

孝敬父母，尊敬师长，礼貌待人；热爱集体，团结同学，互相帮助，关心他人，都是中小学生需要遵守的行为准则。为此，学校管理要通过组织一定的活动，引导教育中小学生养成尊敬父母、关心父母身体健康，主动为家庭做力所能及的事；尊敬老师，见面行礼，主动问好，接受老师的教导，与老师交流；尊老爱幼，平等待人；同学之间友好相处，互相关心，互相帮助；尊重他人，待人有礼貌等行为习惯。

3. 诚实守信的习惯养成

诚实守信，言行一致，知错就改，有责任心，是中小学生必要的行为准则。这些准则要求学校管理有意识地创设情境，建立良好的制度，教育中小学生养成不说谎话，知错就改，不随意拿别人的东西，借东西及时归还，答应别人的事努力做到，做不到时表示歉意；考试不作弊；不骗人，不弄虚作假等行为习惯。

4. 热爱生命的习惯养成

珍爱生命，注意安全，锻炼身体，讲究卫生，是中小学生不可或缺的行为准则。基于此，学校管理要完善设施，为中小学生提供条件，使他们养成坚持锻炼身体，认真做广播体操和眼保健操，坐、立、行、读书、写字姿势正确；积极参加有益的文体活动；珍爱生命，注意安全，防火、防溺水、防触电、防盗、防中毒，不做有危险的游戏；不吸烟，不喝酒，不滥用药物，拒绝毒品；不参加各种名目的非法组织，不参加非法活动等行为习惯。

值得注意的是，学生在成长过程中，随着道德认知和道德判断标准的不断形成，"两难问题"在一定时期内会成为影响学生道德行为养成的障碍。这是因为学生个人自身的道德判断标准还没有最后形成，处在这样一个多元的、多变的社会环境之中，他们的道德发展价值和人生取向等都面临着多元的选择。道德两难问题的提出者柯尔伯格指出，道德既不由外部强制所致的内化过程而来，也不是生物学成熟的自然结果，而是在儿童与其社会道德环境的交互作用——活动或实践中逐步发展或建构起来的，这种发展或建构要经历不同的水平和阶段（柯尔伯格认为要经历"三水平"、"六阶段"），是相继的连续历程，其中的每个水平和阶段都代表着儿童通过自身的积极活动和思维建构而形成的不同的道德判断结构、道德世界观和道德哲学。因此，"儿童是道德哲学家"。柯尔伯格在儿童道德教育上提出了"道德教育的新苏格拉底法"或"认知——发展的道德教育方法"，可以作为教师培养学生道德行为习惯的借鉴。

（二）学生学习习惯的养成

基础教育阶段是学生良好学习习惯养成的最适宜时期，学校管理可根据学生的生理、心理特点促进学生学习习惯的养成。

1. 有信心的习惯养成

学生良好学习习惯的养成首先应该有能够学习好的坚定信心。学生从刚刚开始接触学习到慢慢适应学习，会对学习产生一定的兴趣，但是随着课程难度的加深，会对学习产生一定的畏惧心理。因此，学校管理要通过多种途径，帮助学生树立学习信心，促使学生养成良好的学习习惯，充分发挥他们的学习积极性、主动性，并促使他们始终相信自己能够在学习中取得好成绩。在这一点上，闻名世界的数学家希尔伯特给我们做了很好的榜样。

2. 先作业的习惯养成

作业是教师布置给学生的功课。学生按时完成作业有利于教师掌握学生的学习情况，也有利于学生对所学知识的理解和复习。中小学生处于人生中好玩好动的阶段，学校管理要通过提高教师的专业素养，使教师善于培养学生的意志力，帮助学生养成先完成作业再进行娱乐活动的良好习惯。

3. 爱读书的习惯养成

读书是学生汲取知识的重要手段，学生自觉主动地阅读书籍有利于丰富学生的知识储备，拓展学生的社会视野，是学生提高学习成绩、增强自身修养的重要途径和手段。学校管理要通过建设图书室、图书角等途径，培养学生乐于读书的良好习惯，使其养成由被动学习到主动学习的良性循环过程，让学生学会在看书的过程中发现问题、提出问题、思考问题、解决问题，具备自学的能力。

4. 善钻研的习惯养成

学习不能一知半解、浅尝辄止，必须使学生养成善于钻研的习惯。学校要帮助教师提高，鼓励学生善于发问、保护学生的好奇心和求知欲的技能；要促进教师提高鼓励学生善于解决问题，乐于思考、虚心好学的技能；要鼓励教师通过培养学生运用不同方法解决同一问题来提高学生发散思维和独立思维能力的技能。

二、学生激励与约束

（一）学生激励

学生激励是指教育者通过一定的手段和措施，激发学生的动机，调动其积极性和创造性，使其朝着事先确定的目标努力前进的过程。教师、学生家长、教育组织机构等是学生激励的实施者，学生也可以实施自我激励。学生激励的目的在于激发学生的上进心，使之努力完成学业，但有时为了矫正学生的某些不良行为习惯，使其按正确的轨道和方向前进也可以采取适当的激励方式。

1. 学生激励的方式

对学生进行激励的方式是多样的，学校可根据不同情况进行选择。

（1）目标激励

目标激励是指设定一定目标，以吸引学生去努力实现这个目标而对学生实施激励的模式。目标激励模式中，目标的确立要因人而异，不能太高，也不能太低，这样才能对学生有吸引力。具体来说，就是要依据学生最近发展区理论，做到"跳一跳，摘桃子"。

（2）典型激励

典型激励是指用突出的、典型的人或事对学生进行激励的模式。用典型激励学生时，既要注重以老一辈革命家、著名科学家、爱国人士的事迹为学生树立学习的楷模，也要通过讲现代英雄人物的先进事迹来激励学生。尤其还要多用学生身边活生生的先进典型来教育学生，这样效果会更好。另外，还可以通过班会、主题团队会等方式对典型人物进行宣讲，让学生更自觉地融入对典型人物的体验中。

（3）信任激励

信任激励是指教育者用自己的信任、鼓励、尊重、支持、关怀等情感对学生进行激励的模式。在中小学生的心中，教师就是他们的典范，教师的一言一行深深影响着他们。对于中小学生来说，教师的信任，是极大的鼓舞和鞭策，有时可以收到意想不到的效果。信任激励可分为学习信任、工作信任、人格信任、成就信任、友谊信任等。

2. 学生激励的方法

对学生实施激励的方法有很多，不同的教育者对不同的学生，往往采用不同的方法。

（1）表扬法

表扬是指教育者针对学生某项事情做得好而加以赞扬。表扬又分口头表扬、书面表扬、当众表扬、个别表扬、一次表扬、多次表扬等。表扬可通过语言、发小红花、奖小红帽、出喜报、上板报等形式实施表扬，还可以通过奖励、奖赏等形式实施表扬。奖励一般是指比表扬更正规的正面激励，通常会对获奖者以发奖状、奖章、奖品等方式实施奖励，如评三好学生、优秀团员、优秀少先队员、十佳少年、各种积极分子、先进班集体、文明寝室等，都可用奖励法。奖赏是指表扬、奖励等以外的非正式奖励，如老师在学生的作业本上写上赞扬鼓励的语言，找学生谈话，交任务让学生去完成，对学生的表现满意时以微笑、点头、竖大拇指等方式赞扬，以摸摸学生的头、拍拍学生的肩膀等方式表达鼓励之情等。

（2）示范法

示范是指通过先进模范人物的事迹来激励学生，有时则在学生中发现和培养先进，树立榜样，然后号召同学学习。示范可以通过观察、走访等形式，用真实、形象、生动的人或事来教育激励学生，如通过参观纪念馆、烈士陵园、展览馆、科技馆、重点工程工地、现代化企业、名胜古迹、劳动工地等，让活生生的事实打动学生的心灵，激发学生的爱国热情和学习信心，也可以通过文艺演出、电影、电视、录像和网络等方式和途径教育学生，鼓励学生奋发向上，还可以让学生到实际生活中去访问，搞社会调查，做公益活动，亲身感受和体验社会，使学生在亲身感悟中受到激励。

(3) 引导法

引导是指针对学生实际情况，帮助其树立奋斗目标，提高思想认识，制定具体措施，激励其为之努力奋斗。引导可通过谈话等形式进行。谈话是指通过亲切交流激励学生改进偏差或争取进步的教育方式。谈话的目的是让学生自己提高认识，加强自我教育和自律。谈话可能是提醒学生注意问题，帮助学生分析原因，指明发展下去的后果，提出矫正方法及要求，也可能是鼓励学生加劲、努力，更上一层楼。

(4) 批评法

这是与表扬法相反的负激励法。在发现学生表现不好，且经过谈话、说服教育和帮助仍不见改正时，有时用批评法从反面予以教育，目的是促其醒悟、纠正问题、积极向上。批评可以分为点名批评和不点名批评（只批评某种现象）、轻微批评和严厉批评等，点名批评和严厉批评应慎用。当学生犯有较严重错误，明显违反校规校纪，且屡教不改时，可采用处分等处罚方式教育学生。处罚是较严重的批评，应尽可能从轻，尤其是对青少年应以帮助、教育为主，如果学生改正了，应马上取消处罚。

（二）学生约束

学生约束是指教育者通过一定手段和措施，规定一定行为规则，使学生朝着事先确定的目标努力前进的过程。学生约束的目的在于使学生不犯或少犯错误，而不是为了处罚或惩罚学生，不能为了约束而约束。和激励一样，对于学生的约束也需要适当的强化，使学生内化为自身的自觉意识，促进其养成良好的行为习惯。

1. 学生约束的方式

（1）校规校纪约束

学生入校后，应及时向学生宣讲学校相应的校规校纪，使学生知道什么是对的、什么是错的、什么是能做的、什么是不能做的，对学生明确校规校纪的严肃性。

（2）教师权威约束

教师必须在学生中树立起权威，这种权威主要是指教师的非权力性影响力。班主任和其他任课教师形成权威才能对学生具有约束力，才可以使学生信服，产生崇敬感。这种信服是通过教师本身的学识、处世原则而逐渐积累起来的。教师要特别注意的是，在处理事情时必须要前后一致、秉公处理，绝对不能采取对人不对事的处理方式，这样会让学生对教师的权威产生怀疑。

（3）学生自我约束

学生自我约束是最好的约束，自我约束能力强意味着学生具有较高的道德水准。教师可以采取正确的教育方式，启发学生不断提高道德认识水平，养成自觉遵守各种行为规则的良好习惯。

2. 学生约束应注意的问题

（1）有言在先

在学生入校时教师就应使学生了解、懂得校规校纪、班规班纪的内容和意义，不能在学生犯错误后再告知或制定处罚条款，那样就会失去校规校纪、班规班纪的公信力，使其不能收到应有的教育效果。

（2）言出必行

约束要有效必须要说到做到。一旦有学生违反，就必须严格按照事先约定好的原则处理，而不能有薄厚亲疏。

（3）运用谨慎

学生正处于心理敏感期，是自尊心特别强的时期。在对学生进行约束的时候，要注意工作方法、在不损害学生自尊，不危害学生权益的情况下谨慎使用。

（4）一视同仁

对于每一名学生都应当同等对待，不能因为教师本人的喜好而有所不同。公平是学生约束机制存在的前提，要是不能公平地对待每一个学生，约束机制就不能起到应有的作用。

本章小结

学生的成长遵循其身心发展规律，学生的培养也要遵循这些规律。随着素质教育的开展，学生管理理念已经成为校长、教师、学生、家长关注的问题，尊重学生的理念、促进学生全面发展的理念、培养学生主体意识的理念、增进学生社会责任感的理念等，对于学生的培养具有重要的意义。

学生常规管理是指学生从入学到离校的日常规范性管理。一所学校的常规管理如何，直接影响学校文化的形成。学生入学准备、编班、学籍管理、学生评价与考核是学生常规管理的主要内容。入学对于学生来说，是从一种学习状态进入另一种学习状态的开始，学校的一切对学生来说都是新奇的。学校的环境、教师的态度、办事的规则与程序等都会给学生留下深刻印象，并影响他们对学习、活动及行为态度的养成，影响他们的价值取向。学生入学后要将其编入一定的组织，使其有归属感，学校也便于管理。教学班是学校组织开展教育教学活动的基本单位。班级规模、班级形式以及班级成员是影响学生学习效果、身心成长与发展效果以及教育、教学活动效果的客观因素之一。学籍管理是指对学生入学、转学、休学、在校学习情况以及毕业离校情况等书面记载的管理。学籍管理内容包括：注册、考勤、成绩考核、跳级、留级、休学、复学、转学、退学、奖励与处分、毕业等各项情况的记载。学生的评价与考核是根据事先设定的管理目标检验一段时期的学校工作是否达到预定目标的过程。学生的评价与考核一方面有利于学校领导与教师发现问题、改正错误；另一方面也可以为今后的工作积累经验，避免重新犯类似的错误。中小学生处于生长发育的关键期，对学生的培养不仅要注意其成长特点，施以正确的教育管理理念，而且要选择恰当的评价考核方式，运用合适的激励约束机制。学生评价与考核的方式很多，目前使用较多的评价考核方式主要有评议、档案袋评价法、综合评价法、考试等。

学校管理还需要根据学生的成长特点，做好班级管理以及少先队和共青团组织建设，使学生能健康地成长。班级是学生在学校学习和活动的正式组织，班级管理是学校的微观管理，包括学校领导对班级的管理、班主任及任课教师对班级的管理，也包括学生参与班级管理。少先队的作用是围绕党在各个时期的中心工作，根据少年儿童的特点开展教育、宣传工作及举行各种活动。共青团的学校基层组织在党组织的领导下进行工作，不直接接受学校行政组织和教师的领导。但共青团是青年学生的组织，团的干部很年轻，缺乏经验，因此学校团的工作需要接受学校行政组织和教师的指导。

学生行为养成是指学生良好的行为习惯的培养。再好的理念、再明确的道理如果不转化为学生的行为习惯，教育方针的基本要求也无法实现。由于中小学生处于不同的生理和心理发展阶段，因此，学生行为习惯的培养也应具有针对性和层次性。学生行为习惯培养是学校的常规性活动，包括道德行为习惯的培养和学习习惯的培养。学生道德行为习惯和学习习惯的培养是学生自身与环境相互作用的结果，是道德规范的内化过程，是学生在学校生活与社会交往中通过自身的实践，由被动到主动逐渐转化的过程。因此，学校管理要为学生提供优质的环境，从知、情、意、行多层次入手，从学校、家庭、社会多主体入手，努力形成多方参与学生行为习惯培养的系统空间。学校要采取适当的方式对学生实施激励与约束。学生激励是指教育者通过一定手段和措施，激发学生的动机，调动其积极性和创造性，使其朝着事先确定的目标努力前进的过程。教师、学生家长、教育组织机构等是学生激励的实施者,学生也可以实施自我激励。学生激励的目的在于激发学生的上进心,使之努力完成学业,但有时为了矫正学生的某些不良行为习惯,使其按正确的轨道和方向前进,也可以采取适当的激励方式。学生约束是指教育者通过一定手段和措施,规定一定行为规则,使学生朝着事先确定的目标努力前进的过程。学生约束的目的在于使学生不犯或少犯错误,而不是为了处罚或惩罚学生,不能为了约束而约束。和激励一样,对于学生的约束也需要适当的强化,使学生内化为自身的自觉意识,促进其养成良好的行为习惯。

思考与练习

1. 您认为校长应具有哪些学生管理理念?为什么?
2. 学生的常规管理包括哪些内容?
3. 学生激励与约束机制之间的内在联系是什么?
4. 请结合实际谈谈应如何做好班级管理工作?

案例分析

为什么理念与行为"两张皮"[①]

教育理念是指导教育行为的思想观念和精神追求,有什么样的教育理念就会有什么样的教育行为。但是有人指出:现在有些学校的办学理念只是校长写在纸上的"宣言",停在口头上的"说法",至于"做法"则是另外一回事。比如,宣称要"依法治校"、"规范管理"、"民主管理"的学校,实际上,大家仍然习惯于大事小事找校长请示,校长也整天忙于"点头"、"拍板"。至于那些素质教育和课程改革的新思想、新理念,在有些校长那里,只是阐释教育理想、办学思路的时尚说辞,学校教学模式、师生关系、管理举措一切照旧。在"以人为本"作为治校基本理念的校园里,没有体现人文关怀的管理机制,也看不到教职工心情舒畅,热爱工作的局面;在一些以"自主教育"为德育特色的学校中,没有丰富多彩的校园文化活动,也听不到学生充满青春活力的声音。

---

① 邱鸿玮:《谨防学校管理中的"两张皮"》,载《中国教育报》,第6版,2005-04-19。

案例思考题

1. 学校为什么会出现理念与行为"两张皮"现象?

2. "两张皮"现象会给学生带来什么样的影响?学校应如何克服这种现象?

阅读链接

1. 张小乔:《心理学实验对教育的启示》,载《中国教育报》,第6版,2003-12-02。

2. 瞿德泉:《真诚期待:罗森塔尔效应的先决条件》,载《中国教育报》,第8版,2005-04-01。

第十章　学校教学管理

内容提要

学校教学管理对促进学生发展，提高教育质量，保障学校工作的有序进行具有重要的意义。学校教学管理包括学校课程设计和组织课程实施等方面的管理活动。课程设计是指设置课程目标、课程体系、课程结构、课程内容等课程组织活动。课程实施要通过教学组织建设、教学研究和教学行政等管理活动来保证。

学习目标

1. 理解学校教学管理的意义及任务。
2. 理解课程设计的内涵、依据及内容。
3. 掌握学校教学事务管理的内容。

教学工作是学校的中心工作，教学管理在学校管理中具有不可替代的作用。而教学管理要秉持怎样的理念、崇尚怎样的精神，是亟待解决的问题。请看案例：

服务学生是教师工作的职责[①]

有人在教师中随机抽取 100 名教师，问："你热爱学生吗？" 90% 以上的教师回答"是"。

再随机问这 100 名教师所教的学生："你体会到老师对你的爱了吗？"结果却让人吃惊，90% 的学生回答"否"。这一"是"一"否"有太多的因素。

不少学生不约而同地说很反感那种"动不动就发火，冲我们嚷"的老师，觉得和这样的老师在一起"不安全"。

[①] 周超英：《服务学生是教师工作的职责》，载《中国教育报》，第 6 版，2005-04-19。

"心目中的好老师"，100个学生也许会列出1000个标准。美国一位著名的教育家花了几十年的时间，从九万个学生关于"心目中最喜爱的老师"的信中概括出了好教师的12个特点：

1. 友善的态度——老师的课堂犹如大家庭，我再也不怕上学了。
2. 尊重课堂里的每一个人——老师不会把你在他人面前像猴子般戏弄。
3. 耐性——老师决不会放弃，直至你能做到为止。
4. 兴趣广泛——老师带给我们课堂以外的观点，并帮助我们去把所学的知识用于生活。
5. 良好的仪表——老师的语调与笑容使我很舒畅。
6. 公正——老师会给予你应得到的，没有丝毫偏差。
7. 幽默感——每天老师会带来许多快乐，使课堂不致单调。
8. 良好的品行——我相信老师也会发脾气，但我从没见过。
9. 对个人的关注——老师会帮助我去认识自己，并使我感到松弛。
10. 伸缩性——当老师发现自己有错时，老师会说出来并会尝试其他方法。
11. 宽容——老师装作不知道我的愚蠢，将来也是这样。
12. 有方法——忽然间我会顺利念完课本，竟没有察觉，是因为老师的指导。

美国学者总结出的这12个特点，在中国基础教育课程改革大潮中，对我们有很大的借鉴作用。"心目中的好老师"是学生心中衡量教师的一杆秤，是体现教师对学生的爱是否有真情实感的一把尺。这个爱的基础就是服务，只有服务到家了，爱得才会更深。

那么，我们的教师就要在以下几个方面下工夫：

要树立高尚的师德。

要尊重学生。

要让每一位学生成为学习的主人。

要为学生排忧解难。要为学生提供现代化的学习条件。

要走进学生的情感世界。

在我们周围常常发生这样的情况：一些年轻教师，尤其是刚从师范院校毕业的青年教师，很受学生欢迎，他们的身边常常聚拢着一群学生。学生有什么高兴、苦恼的事，都愿意向他们诉说。这是为什么呢？原因只有一个，就是他们没有多少教师的架子，学生愿意把他们当做自己的朋友，愿意向他们敞开心扉。在教学过程中，教师和学生的地位是平等的。教师要把自己当做学生的朋友，走进学生的情感世界，去感受学生的喜怒哀乐。

服务于学生是教师工作的出发点和落脚点，而学校领导者就应把服务于教师作为学校管理工作的出发点和落脚点。因为，教师是代表学校直接把爱心传递给学生的爱的使者，教师的服务也就代表了学校，所以学校领导者必须服务于教师，为教师做好服务的表率，让教师再把这真诚的服务落实到学生身上，最终才能实现以学生为中心的服务体系。

无论是美国教育家对学生"心目中最喜爱的老师"的调查，还是中国的教育实践工作者对做学生喜欢的教师的认识，都共同揭示着作为教师必须履行的尊重学生的教育职责。有了这种责任感，才能保证教学的教育性。同理，学校教学要受到学生的喜爱，也必须为学生提供使之感到被尊重的环境。要达到这一目的，学校教学管理就不仅要为传授知识创造条件，而且要为保证育人方向构筑理念，学校的课程设计及实施也要充分体现这种理念。

第一节 学校教学管理的意义及任务

学校教学管理是指学校课程设计和组织课程实施等方面的管理活动。课程设计要依据一定的原理，对培养目标、课程体系、课程结构、课程内容等给予相应的研究，在此基础上，通过有效的教学事务管理组织课程实施。

一、学校教学管理的意义

（一）有利于促进学生的发展

学生在学校中的活动主要是学习活动，学习活动需要通过学生的学与教师的教的双向交互作用来实现。这种交互作用不是自发形成的，也不是随意进行的，它需要学校领导者精心设计与安排，从而保证教与学的协调发展。因此，学校领导者能否对教学工作科学管理是关系到学校能否为学生提供有利于他们发展的环境空间的大问题。作为学校领导者，只有以促进学生发展为教学管理的第一目的，从多方面入手，为教学活动的顺利进行提供各种必需的资源，才能保证教学工作目标的实现，保证学生学习活动有意义。

（二）有利于提升教师的教学水平

教师的教学水平需要在教学实践活动的动态发展过程中逐渐提升，这种提升不仅取决于教师自我努力的程度，还受制于教学管理工作在客观上为他们提供的各种条件。教学管理如果能为教师提供专业化的教学实践环境和学习研究领域，教师的教学水平就会迅速地提高，从而保证教学质量，促进学校教学工作的良性循环。教师教学水平的提高是学习型社会的必然要求，也是教师个体发展的内在需要。教学管理需要从社会发展和教师个体发展两方面的需要出发，妥善处理各种关系。

(三) 有利于保障学校工作的有序进行

有序是现代社会发展的必然趋势，它反映了管理整体的规范性与局部间的协调性，反映了管理目标的清晰性与管理流程的通畅性。和谐的有序管理必然能够突出工作重点，各项工作职责明确，人际群体舒畅愉悦，情绪、行为达到良性互动，形成良好的工作氛围。学校的教育教学工作和对教育教学工作的管理工作相互交错、相互影响，是构成学校工作的两条主线，其中教学工作起着关键和核心的作用。教学工作不仅内容多、耗费时间长，而且综合性强、难度大、影响范围广。教学工作既要反映知识性，更要反映教育性，还要关注学生创新能力的培养和提高。教学工作的复杂性与特殊性决定了它在学校工作中的核心位置和引领作用。所以，学校管理最重要的是对教学工作的管理，教学工作管理若能有序进行，其他方面的工作就有了依托和保障。

二、学校教学管理的任务

(一) 确保教学工作方向

学校的教学工作首先是育人工作，教学的教育性是教学工作必须关注的目的之一，也是学校办学方向的反映。教学管理的重要任务就在于通过对教育方针和政策的贯彻与实施来保证教学工作的方向，保证育人工作的质量。学校的教学工作没有正确的方向，就难以保证真正意义上的教育质量。育人质量包括德、智、体等多项指标，对质量的监测不仅需要考证其结果，也需要考证其过程，单纯以分数为指标检测教学效果的行为是不可取的。

(二) 调动教师和学生的积极性

教师和学生在教学过程中的双向活动，需要借助于中介渠道发挥双方的积极性，积极性是他们发展的内在潜能。教学管理是为教师和学生双方发挥积极性提供中介渠道的桥梁，诸如课程的管理、教学环境的提供等，处处都能反映教学管理中介桥梁的优越性或低劣性。优质的教学管理可以激活教师和学生的潜能，为他们提供能够施展才华又相互影响的"渔场"；

劣质的教学管理则可能将教师和学生扼杀在他们为之奋斗的教学活动之中。所以，现代教学管理要为教师和学生创造机会，而不仅仅是提供服务。创造机会同样需要学校领导者与教师和学生一道发挥创造潜能，这是一种内心的体验、情感的共鸣、理智的呼唤，是学校领导者、教师、学生作为人的共同需要。例如，有人认为语文课能体现价值，能促进学生知识、能力、态度及情感的和谐发展，好的语文课应激情飞扬，燃烧着思想，闪烁着青春。那么，课程内容的设计则是体现课程价值的前提，教学管理在课程方案的设计中就需要慎重地思考如何体现这种价值。

（三）提高教育质量

教育质量是教育发展的基础，是人才培养的保障。《国家中长期教育改革和发展规划纲要（2010—2020年）》提出，把提高质量作为教育改革发展的核心任务。树立科学的质量观，把促进人的全面发展、适应社会需要作为衡量教育质量的根本标准。树立以提高质量为核心的教育发展观，注重教育内涵发展，鼓励学校办出特色、办出水平，出名师，育英才。建立以提高教育质量为导向的管理制度和工作机制，把教育资源配置和学校工作重点集中到强化教学环节、提高教育质量上来。学校教学管理承载着为强化教学环节提供保障的任务，在提高教育质量的过程中具有不可推卸的责任。为此，教学管理需要明确国家教育质量标准，为面向全体学生和学生全面发展服务；需要改进课程设置，丰富教学内容；需要为常规性教学和教学研究提供优质的服务。

第二节　学校课程设计

一、课程与课程设计的内涵

对于什么是课程目前理解尚不统一。在《课程理论——课程的基础、原理与问题》一书中，将课程定义归为六类：课程即教学科目；课程即有计划的教学活动；课程即预期的学习结果；课程即学习经验；课程即社会文化的再生产；课程即社会改造。[1]《中国大百科全书·教育卷》将课程解释为教学内容，即"学校给学生传授的知识和技能，灌输的思想和观点，

---

[1] 施良方：《课程理论——课程的基础、原理与问题》，第2～7页，北京，教育科学出版社，1996。

培养的习惯和行为等的总和"[1]。从对课程的定义来看，课程具有价值性、广泛性和层次性等特点，因此，课程设计也需要体现这些特点。

课程设计（curriculum design）是指设置课程目标、课程体系、课程结构、课程内容等课程组织活动。[2] 学校在执行国家课程和地方课程的同时，应视当地社会、经济发展的具体情况，结合本校的传统和优势、学生的兴趣和需要，开发或选用适合本校的课程。

二、课程设计的依据

2001年，教育部发布《基础教育课程改革纲要（试行）》，提出我国基础教育课程改革的指导思想、课程培养目标、课程改革目标、课程管理体制，为我国课程设计提供了依据。《基础教育课程改革纲要（试行）》指出，改革开放以来，我国基础教育取得了辉煌成就，基础教育课程建设也取得了显著成绩。但是，我国基础教育总体水平还不高，原有的基础教育课程已不能完全适应时代发展的需要。为贯彻《中共中央国务院关于深化教育改革全面推进素质教育的决定》（中发〔1999〕9号）和《国务院关于基础教育改革与发展的决定》（国发〔2001〕21号），教育部决定，大力推进基础教育课程改革，调整和改革基础教育的课程体系、结构、内容，构建符合素质教育要求的新的基础教育课程体系。改变课程过于注重知识传授的倾向，强调形成积极主动的学习态度，使获得基础知识与基本技能的过程同时成为学会学习和形成正确价值观的过程。

为此，基础教育课程改革要以"教育要面向现代化，面向世界，面向未来"和"三个代表"重要思想为指导，全面贯彻党的教育方针，全面推进素质教育。

基础教育课程改革的具体目标是：

改变课程结构过于强调学科本位、科目过多和缺乏整合的现状，整体设置九年一贯的课程门类和课时比例，并设置综合课程，以适应不同地区和学生发展的需求，体现课程结构的均衡性、综合性和选择性。

改变课程内容"难、繁、偏、旧"和过于注重书本知识的现状，加强课程内容与学生生活以及现代社会和科技发展的联系，关注学生的学习兴

---

[1] 中国大百科全书教育编辑委员会：《中国大百科全书·教育卷》，第155页，北京，中国大百科全书出版社，1985。

[2] 施良方：《课程理论——课程的基础、原理与问题》，第81页，北京，教育科学出版社，1996。

趣和经验，精选终身学习必备的基础知识和技能。

改变课程实施过于强调接受学习、死记硬背、机械训练的现状，倡导学生主动参与、乐于探究、勤于动手，培养学生搜集和处理信息的能力、获取新知识的能力、分析和解决问题的能力以及交流与合作的能力。

改变课程评价过分强调甄别与选拔的功能，发挥评价促进学生发展、教师提高和改进教学实践的功能。

改变课程管理过于集中的状况，实行国家、地方、学校三级课程管理，增强课程对地方、学校及学生的适应性。

在课程管理方面，教育部总体规划基础教育课程，制定基础教育课程管理政策，确定国家课程门类和课时，制定国家课程标准，积极试行新的课程评价制度。省级教育行政部门依据国家课程管理政策和本地实际情况，制定本省（自治区、直辖市）实施国家课程的计划，规划地方课程，报教育部备案并组织实施。经教育部批准，省级教育行政部门可单独制订本省（自治区、直辖市）范围内使用的课程计划和课程标准。学校在执行国家课程和地方课程的同时，应视当地社会、经济发展的具体情况，结合本校的传统和优势、学生的兴趣和需要，开发或选用适合本校的课程。各级教育行政部门要对课程的实施和开发进行指导和监督，学校有权利和责任反映在实施国家课程和地方课程中所遇到的问题。

三、课程设计的内容

根据基础教育课程改革的主导思想，教育部发布《义务教育课程设置实验方案》和《普通高中课程方案（实验）》，课程方案在培养目标、课程体系、课程结构等方面提出了新要求。

（一）培养目标

1. 义务教育培养目标

《义务教育课程设置实验方案》要求，课程设置要全面贯彻党的教育方针，体现时代要求，使学生具有爱国主义、集体主义精神，热爱社会主义，继承和发扬中华民族的优秀传统和革命传统；具有社会主义民主法制意识，遵守国家法律和社会公德；逐步形成正确的世界观、人生观、价值观；具有社会责任感，努力为人民服务；具有初步的创新精神、实践能力、科学和人文素养以及环境意识；具有适应终身学习的基础知识、基本技能和方法；具有健壮的体魄和良好的心理素质，养成健康的审美情趣和生活方式，成为有理想、有道德、有文化、有纪律的一代新人。义务教育的培养目标与《基础教育课程改革纲要（试行）》提出的新课程培养目标相一致。

2. 普通高中培养目标

《普通高中课程方案（实验）》要求，普通高中教育是在九年义务教育基础上进一步提高国民素质、面向大众的基础教育。普通高中教育为学生的终身发展奠定基础。普通高中教育应全面落实《国务院关于基础教育改革与发展的决定》所确定的基础教育培养目标，并特别强调使学生初步形成正确的世界观、人生观、价值观；热爱社会主义祖国，热爱中国共产党，自觉维护国家尊严和利益，继承中华民族的优秀传统，弘扬民族精神，有为民族振兴和社会进步作贡献的志向与愿望；具有民主与法制意识，遵守国家法律和社会公德，维护社会正义，自觉行使公民的权利，履行公民的义务，对自己的行为负责，具有社会责任感；具有终身学习的愿望和能力，掌握适应时代发展需要的基础知识和基本技能，学会收集、判断和处理信息，具有初步的科学与人文素养、环境意识、创新精神与实践能力；具有强健的体魄、顽强的意志，形成积极健康的生活方式和审美情趣，初步具有独立生活的能力、职业意识、创业精神和人生规划能力；正确认识自己，尊重他人，学会交流与合作，具有团队精神，理解文化的多样性，初步具有面向世界的开放意识。

为实现上述培养目标，《普通高中课程方案（实验）》还要求普通高中课程应：

（1）精选终身学习必备的基础内容，增强与社会进步、科技发展、学生经验的联系，拓展视野，引导创新与实践。

（2）适应社会需求的多样化和学生全面而有个性的发展，构建重基础、多样化、有层次、综合性的课程结构。

（3）创设有利于引导学生主动学习的课程实施环境，提高学生自主学习、合作交流以及分析和解决问题的能力。

（4）建立发展性评价体系。改进校内评价，实行学生学业成绩与成长记录相结合的综合评价方式；建立教育质量监测机制。

（5）赋予学校合理而充分的课程自主权，为学校创造性地实施国家课程、因地制宜地开发学校课程，为学生有效选择课程提供保障。

（二）课程体系

1999年，中共中央、国务院发布《关于深化教育改革全面推进素质教育的决定》，决定："调整和改革课程体系、结构、内容，建立新的基础教育课程体系，试行国家课程，地方课程和学校课程。"这一文件明确了课程体系的三个层次。事实上，这种课程体系的形成已经有了长期变革的基础。1963 年，教育部拟订的《全日制中小学教学计划（草案）》已在高中设置选修课。1990 年，国家教委印发的《现行普通高中教学计划的调整意见》增加单课性选修课和分科性选修课。单课性选修课的开设可根据学校的条件、学生的要求和需要而定。1992 年，国家教委印发的《九年义务教育全日制小学、初级中学课程计划（试行）》增加了地方安排课程，授权省级教育行政部门根据本地实际情况和需要制定。1963 年至 1992 年几套教学计划对选修课、地方安排课程的设置，为国家课程、地方课程，学校课程三级课程体系的形成奠定了基础。

（三）课程结构

《基础教育课程改革纲要（试行）》对基础教育的课程结构改进做出了设计。

1. 整体设置九年一贯的义务教育课程

小学阶段以综合课为主。小学低年级开设品德与生活、语文、数学、体育、艺术（或音乐、美术）等课程；小学高年级开设品德与社会、语文、数学、科学、外语、综合实践活动、体育、艺术（或音乐、美术）等课程。初中阶段设置分科与综合相结合的课程，主要包括思想品德、语文、数学、外语、科学（或物理、化学、生物）、历史与社会（或历史、地理）、体育与健康、艺术（或音乐、美术）以及综合实践活动。

2. 高中以分科课程为主

为使学生在普遍达到基本要求的前提下实现有个性的发展，课程标准应有不同水平的要求，在开设必修课的同时，设置丰富多样的选修课程，开设技术类课程。

3. 从小学至高中设置综合实践活动并作为必修课程

综合实践活动的内容主要包括：信息技术教育、研究性学习、社区服务与社会实践以及劳动与技术教育。通过实践，增强探究和创新意识，学习科学研究的方法，发展综合运用知识的能力。培养学生的社会责任感，培养学生利用信息技术的意识和能力，了解必要的通用技术和职业分工，形成初步技术能力。

4. 课程设置为当地社会经济发展服务

农村中学课程要为当地社会经济发展服务，在达到国家课程基本要求的同时，根据现代农业发展和农村产业结构的调整因地制宜地设置符合当地需要的课程。城市普通中学也要逐步开设职业技术课程。

(四)课程设置

1. 义务教育课程设置

(1) 义务教育课程设置原则

①均衡设置课程。根据德智体美等方面全面发展的要求,均衡设置课程,各门课程比例适当,并可按照地方、学校实际和学生的不同需求进行适度调整,保证学生和谐、全面发展;依据学生身心发展的规律和学科知识的内在逻辑,义务教育阶段九年一贯整体设置课程;根据不同年龄段儿童成长的需要和认知规律,根据时代发展和社会发展对人才的要求,课程门类由低年级到高年级逐渐增加。

②加强课程的综合性。注重学生经验,加强学科渗透。各门课程都应重视学科知识、社会生活和学生经验的整合,改变课程过于强调学科本位的现象。

设置综合课程。一至二年级设品德与生活课,三至六年级设品德与社会课,旨在适应儿童生活范围逐步从家庭扩展到学校、社会,经验不断丰富以及社会性逐步发展;六至九年级设科学课,旨在从生活经验出发,让学生体验探究过程,学习科学方法,形成科学精神;一至九年级设艺术课,旨在丰富学生的艺术经验,发展感受美、创造美、鉴赏美的能力,提高审美情趣。

增设综合实践活动,内容主要包括:信息技术教育、研究性学习、社区服务与社会实践以及劳动与技术教育等。使学生通过亲身实践,发展收集与处理信息的能力、综合运用知识解决问题的能力以及交流与合作的能力,增强社会责任感,并逐步形成创新精神与实践能力。

③加强课程的选择性。国家通过设置供选择的分科课程或综合课程,提供各门课程课时的弹性比例和地方、学校自主开发或选用课程的空间,增强课程对地方、学校、学生的适应性,鼓励各地发挥创造性,办出有特色的学校。

在达到九年义务教育基本要求的前提下,农村普通中学试行"绿色证书"教育,形成有农村特点的学校课程结构。城市普通中学也要逐步开设职业技术课程。

(2) 义务教育课程设置内容

义务教育课程设置可见表10-1及表10-2。

表 10-1　义务教育课程设置

课程门类	一	二	三	四	五	六	七	八	九
	品德与生活	品德与生活	品德与社会	品德与社会	品德与社会	品德与社会	思想品德	思想品德	思想品德
							历史与社会（或选择历史、地理）	历史与社会（或选择历史、地理）	历史与社会（或选择历史、地理）
			科学	科学	科学	科学	科学（或选择生物、物理、化学）	科学（或选择生物、物理、化学）	科学（或选择生物、物理、化学）
	语文	语文	语文	语文	语文	语文	语文	语文	语文
	数学	数学	数学	数学	数学	数学	数学	数学	数学
			外语	外语	外语	外语	外语	外语	外语
	体育	体育	体育	体育	体育	体育	体育与健康	体育与健康	体育与健康
	艺术（或选择音乐、美术）								
			综合实践活动						
	地方与学校课程								

表 10-2　义务教育课程设置及比例

课程门类	一	二	三	四	五	六	七	八	九	九年课时总计（比例）
	品德与生活	品德与生活	品德与社会	品德与社会	品德与社会	品德与社会	思想品德	思想品德	思想品德	7%～9%
							历史与社会（或选择历史、地理）	历史与社会（或选择历史、地理）	历史与社会（或选择历史、地理）	3%～4%
			科学	科学	科学	科学	科学（或选择生物、物理、化学）	科学（或选择生物、物理、化学）	科学（或选择生物、物理、化学）	7%～9%
	语文	语文	语文	语文	语文	语文	语文	语文	语文	20%～22%
	数学	数学	数学	数学	数学	数学	数学	数学	数学	13%～15%
			外语	外语	外语	外语	外语	外语	外语	6%～8%
	体育	体育	体育	体育	体育	体育	体育与健康	体育与健康	体育与健康	10%～11%
	艺术（或选择音乐、美术）									9%～11%
			综合实践活动							16%～20%
	地方与学校课程									

续表

周总课数(节)	26	26	30	30	30	30	34	34	34	274
学年总时(节)	910	910	1050	1050	1050	1050	1190	1190	1122	9522

说明：

表 10-1 为义务教育阶段一至九年级的课程设置，表 10-2 为义务教育阶段各年级周课时数、学年总课时数、九年总课时数和各门课程课时比例，每门课的课时比例有一定的弹性幅度。地方与学校课程的课时和综合实践活动的课时共占总课时的 16%～20%。

省级教育行政部门可根据本省（自治区、直辖市）不同地区社会、经济、文化发展的实际情况，制订不同的课程计划；学年课时总数和周课时数应控制在国家所规定的范围内；根据教育部关于地方课程、学校课程管理与开发的指导意见，提出本省（自治区、直辖市）地方课程、学校课程管理与开发的具体要求，报教育部备案。民族学校、复式教学点、简易小学等学校的课程设置，由省级教育行政部门自主决定。

每学年上课时间 35 周。学校机动时间 2 周，由学校视具体情况自行安排，如学校传统活动、文化节、运动会、远足等。复习考试时间 2 周（初中最后一年的第二学期毕业复习考试时间增加 2 周）。寒暑假、国家法定节假日共 13 周。

晨会、班队会、科技文体活动等，由学校自主安排。

综合实践活动是国家规定的必修课，其具体内容由地方和学校根据教育部的有关要求自主开发或选用。综合实践活动的课时可与地方、学校自主使用的课时结合在一起使用，可以分散安排，也可以集中安排。

为培养学生的创新精神和实践能力，各门课程普遍增加了实践活动。学校在做学年教学安排时，应根据活动的性质和内容，统筹合理安排。

初中阶段的学校在选择分科与综合相结合的课程时，若选择科学、历史、地理，可相应减少自然地理的内容；若选择历史与社会、生物、物理、化学，则应参照相关课程标准安排自然地理的内容。

各门课程均应结合本学科特点，有机地进行思想道德教育。环境、健康、国防、安全等教育也应渗透在相应课程中进行。

一至六年级设体育课，七至九年级设体育与健康课，均应贯彻"健康第一"的原则。七至九年级体育与健康课程标准中要求的健康知识，应在学生进行相关体育活动时，使学生了解，但不得组织笔试。

小学开设英语课程的起始年级一般为三年级。各省级教育行政部门可结合实际，确定本地区小学开设英语课程的工作目标和步骤。

初中阶段开设外语课程的语种，可在英语、日语、俄语等语种中任选一种。外国语学校或其他有条件的学校可开设第二外语。民族地区的中小学校，外语课程的设置由省级教育行政部门决定。

2. 普通高中课程设置

（1）普通高中课程设置原则

①时代性。课程内容的选择体现当代社会进步和科技发展，反映各学科的发展趋势，关注学生的经验，增强课程内容与社会生活的联系。同时，根据时代发展需要及时调整、更新。

②基础性。强调掌握必需的经典知识及灵活运用的能力；注重培养学生浓厚的学习兴趣、旺盛的求知欲、积极的探索精神、坚持真理的态度；注重培养搜集和处理信息的能力、获取新知识的能力、分析和解决问题的能力、交流与合作的能力。高中课程内容既进一步提升所有学生的共同基础，同时更为每一位学生的发展奠定不同基础。

③选择性。为适应社会对多样化人才的需求，满足不同学生的发展需要，在保证每个学生达到共同基础的前提下，各学科分类别、分层次设计了多样的、可供不同发展潜能学生选择的课程内容，以满足学生对课程的不同需求。

（2）普通高中课程设置结构

普通高中课程由学习领域、科目、模块三个层次构成。

①学习领域。高中课程设置语言与文学、数学、人文与社会、科学、技术、艺术、体育与健康和综合实践活动八个学习领域。设置学习领域能更好地反映现代科学综合化的趋势，有利于在学习领域的视野下研制各科课程标准，指导教师教学；有利于整体规划课程内容，提高学生的综合素养，体现对高中学生全面发展的要求；同时，要求学生每一学年在所有学习领域都获得一定学分，以防止学生过早偏科，避免并学科目过多，有利于学生全面发展。

②科目。每一领域由课程价值相近的若干科目组成。八个学习领域共包括语文、数学、外语（英语、日语、俄语等）、思想政治、历史、地理、物理、化学、生物、艺术（或音乐、美术）、体育与健康、技术等12～13个科目。其中技术、艺术是新增设的科目，艺术与音乐、美术并行设置，供学校选择。鼓励有条件的学校开设两种或多种外语。

③模块。每一科目由若干模块组成。模块之间既相互独立，又反映学

科内容的逻辑联系。每一模块都有明确的教育目标，并围绕某一特定内容，整合学生经验和相关内容，构成相对完整的学习单元；每一模块都对教师教学行为和学生学习方式提出要求与建议。模块的设置有利于解决学校科目设置相对稳定与现代科学迅猛发展的矛盾，并便于适时调整课程内容；有利于学校充分利用场地、设备等资源，提供丰富多样的课程，为学校有特色的发展创造条件；有利于学校灵活安排课程，学生自主选择并及时调整课程，形成有个性的课程修习计划。

（3）普通高中课程设置内容

普通高中学制为三年。课程由必修和选修两部分构成，并通过学分描述学生的课程修习状况。具体设置见表10-3。

表 10-3　普通高中课程设置

学习领域	科目	必修学分（共计116学分）	选修学分Ⅰ	选修学分Ⅱ
语言与文学	语文	10	根据社会对人才多样化的需求，适应学生不同潜能和发展的需要，在共同必修的基础上，各科课程标准分类别、分层次设置若干选修模块，供学生选择。	学校根据当地社会、经济、科技、文化发展的需要和学生的兴趣，开设若干选修模块，供学生选择。
	外语	10		
数学	数学	10		
人文与社会	思想政治	8		
	历史	6		
	地理	6		
科学	物理	6		
	化学	6		
	生物	6		
技术	技术（含信息技术和通用技术）	8		
艺术	艺术或音乐、美术	6		
体育与健康	体育与健康	11		
综合实践活动	研究性学习活动	15		
	社区服务	2		
	社会实践	6		

说明：

①每学年52周，其中教学时间40周，社会实践1周，假期（包括寒暑假、节假日

和农忙假）11周。

②每学期分两段安排课程，每段10周，其中9周授课，1周复习考试。每个模块通常为36学时，一般按周4学时安排，可在一个学段内完成。

③学生学习一个模块并通过考核，可获得2学分（其中体育与健康、艺术、音乐、美术每个模块原则上为18学时，相当于1学分），学分由学校认定。技术的8个必修学分中，信息技术和通用技术各4学分。

④研究性学习活动是每个学生的必修课程，三年共计15学分。设置研究性学习活动旨在引导学生关注社会、经济、科技和生活中的问题，通过自主探究、亲身实践的过程综合地运用已有知识和经验解决问题，学会学习，培养学生的人文精神和科学素养。

此外，学生每学年必须参加1周的社会实践，获得2学分。三年中学生必须参加不少于10个工作日的社区服务，获得2学分。

⑤学生毕业的学分要求：学生每学年在每个学习领域都必须获得一定学分，三年中获得116个必修学分（包括研究性学习活动15学分，社区服务2学分，社会实践6学分），在选修Ⅱ中至少获得6学分，总学分达到144方可毕业。

(4) 普通高中课程实施及评价

《普通高中课程方案（实验）》对课程实施及评价提出了具体的要求。

①合理而有序地安排课程。高中一年级主要设置必修课程，逐步增设选修课程，学生可跨班级选修；高三下学期，学校应保证每个学生有必要的体育、艺术等活动时间，同时鼓励学生按照自己的兴趣和需要继续修习某些课程，获得一定学分，也可以安排总复习。

学校在保证开设好所有必修模块的同时，要积极创造条件，制定开设选修课程的规划，逐步开设丰富多彩的、高质量的选修课程。

为加强集体主义教育，发展学生的团队精神和合作意识，高中三年以行政班为单位进行学生管理，开展教育活动。

②建立选课指导制度，引导学生形成有个性的课程修习计划。学校要积极进行制度创新，建立行之有效的校内选课指导制度，避免学生选课的盲目性。学校应提供课程设置说明和选课指导手册，并在选课前及时提供给学生。班主任及其他教师有指导学生选课的责任，并与学生建立相对固定而长久的联系，为学生形成符合个人特点的、合理的课程修习计划提供指导和帮助。学校要引导家长正确对待和帮助学生选课。

学校要鼓励学生在感兴趣、有潜能的方面，选修更多的模块，使学生实现有个性的发展。

③建立以校为本的教学研究制度。学校应建立以校为本的教学研究制度，鼓励教师针对教学实践中的问题开展教学研究，重视不同学科教师的交流与研讨，建设有利于引导教师创造性实施课程的环境，使课程的实施

过程成为教师专业成长的过程。学校应与教研部门、高等院校等建立联系，形成有力推动课程发展的专业咨询、指导和教师进修网络。

④充分挖掘课程资源，建立课程资源共享机制。为保障高中课程的实施，学校应加强课程资源建设，充分挖掘并有效利用校内现有课程资源。同时，大力加强校际之间以及学校与社区的合作，充分利用职业技术教育的资源，努力实现课程资源的共享。

学校课程的开发要因地制宜，努力为当地经济建设和社会发展服务，注重普通高中教育、职业技术教育与成人教育的融合与渗透。农村地区的高中学校要结合农村建设和发展的实际开发课程资源。

学校课程既可以由学校独立开发或联校开发，也可以联合高校、科研院所等共同开发；要积极利用和开发基于现代信息技术的课程资源，建立广泛而有效的课程资源网络。

⑤建立发展性评价制度。实行学生学业成绩与成长记录相结合的综合评价方式。学校应根据目标多元、方式多样、注重过程的评价原则，综合运用观察、交流、测验、实际操作、作品展示、自评与互评等多种方式，为学生建立综合、动态的成长记录手册，全面反映学生的成长历程。教育行政部门要对高中教育质量进行监测。

四、课程评价

课程评价是指对课程价值的研究过程。课程评价可以起到诊断课程、修正课程、比较课程的相对价值、预测教育需求、确定课程目标达成度等方面的作用。自20世纪课程评价作为一个独立研究领域得到系统研究，特别是美国进步教育协会在1934～1942年进行的"八年研究"，为课程评价积累了重要的财富。课程评价主要包括研究课程评价的价值取向、探讨课程评价的模式、分析课程评价的过程等内容。

（一）课程评价的价值取向

从不同的角度研究课程评价，其价值取向不同。以注意力集中在学生身上还是集中在课程设计者与实施者身上为分界，可将课程评价取向分为人文主义取向与科学主义取向，以评价关注课程计划本身还是关注课程实施的结果为分界，可将课程评价取向分为内部评价与结果评价；以评价关注如何修订课程计划还是关注课程计划的实施效果为分界，可将课程评价取向分为形成性评价与总结性评价。①

上述课程评价的哲学观主要集中于三种维度的价值取向。其一，课程评价以"教材中心""社会中心""儿童中心"作为评价课程质量的分界线。其二，课程评价从设计者和接受者的不同角度来选择评价的价值取向。其三，课程评价从评价过程和评价结果的不同着眼点来取舍课程方案。在课程评价过程中，持有不同的价值取向会取得不同的评价效果，对此，可以进行具体的分析与扬弃。事实上，课程评价中的各种要求是交互作用的统一体，片面地强调某一个方面而忽视另一个方面的做法是不可取的。例如，教材的科学性、社会对人才素质的需求、课程接受者的身心特点，均影响着课程的设计，因此，对课程的评价不能只强调其中的一个因素而忽视其他的因素。

（二）课程评价模式

课程评价不仅要有正确的理念，而且要有好的评价方式。对此，许多学者研究了课程评价模式，主要有：目标评价模式，目的游离评价模式、CIPP（背景评价、输入评价、过程评价、成果评价）评价模式、外观评价模式、差距评价模式、CSE（美国加利福尼亚大学洛杉矶分析评价研究中心——Center for the Study of Evaluation 的简称）评价模式、自然式探究评价模式等。在此仅对目标评价模式、CIPP评价模式作简单的介绍。

1. 目标评价模式

目标评价模式是泰勒（R. W. Tyler）的"评价原理"和"课程原理"的综合结果。泰勒的评价原理是针对20世纪初期的常模参照测验的不足而提出的。常模参照测验是以对学生进行分类为目的的智力测验，对于了解学生进展情况，改进教育计划价值不大。目标参照测验试图对这两个方面都有所作用。有人将目标评价的基本原理概括为七个阶段：（1）确定教育计划的目标；（2）根据行为和内容来界说每一个目标；（3）确定使用目标的情境；（4）设计呈现情境的方式；（5）设计获取记录的方式；（6）确定评定时使用的计分单位；（7）设计获取代表性样本的手段。在此基础上，结合课程编制的实践，泰勒提出"课程原理"。有人将其概括为四个阶段：（1）确定课程目标；（2）根据目标选择课程内容；（3）根据目标组织课程

---

① 施良方：《课程理论——课程的基础、原理与问题》，第149～154页，北京，教育科学出版社，1996。

内容；(4) 根据目标评价课程。[1] 在课程评价的过程中，首先要确定评价目标；其次要重视评价情境、评价手段等因素，目的在于确定预期课程目标与实际结果相吻合的程度。评价的过程也就是通过各种途径找到结果与目标之间的差距的过程。目标评价模式的易操作性、易见效性等特点受到较多的欢迎，但这一模式在确定目标时的合理性根据的难判断性也受到人们的质疑。

2. CIPP 评价模式

CIPP 评价模式是背景评价（context evaluation）、输入评价（input evaluation）、过程评价（process evaluation）、成果评价（product evaluation）四种评价的综合，由斯塔弗尔比姆（D. L. Stufflebeam）提出。背景评价强调的是根据评价对象的需要对课程目标作出判断。背景包括课程计划实施机构的背景、评价对象及其需要的背景、满足需要的机会背景、诊断需要的问题背景、判断是否反映需要的目标背景等。输入评价是为帮助决策者选择达到目标的最佳手段，从而对各种要供选择的课程计划进行的评价。过程评价是通过描述实际过程来确定或预测课程计划本身或实施中存在的问题的评价，其目的是为决策者提供如何修正课程计划的信息。成果评价是对课程计划的成绩所做的测量、解释和评判。成果评价要与背景评价、输入评价、过程评价相联系，对它们的价值作出解释。因为斯塔弗尔比姆认为成果评价不只是最终的鉴定，它仍然是质量控制的一种手段。CIPP 模式是一种比较全面的评价模式，但其操作难度较大。[2]

（三）课程评价过程

课程评价取向不同会导致不同的课程评价模式及评价过程，基本的课程评价过程主要有四个阶段。

1. 确定评价目标

评价首先要确定评价什么，是要评价课程标准，还是要评价某一门课程或教材，在明确评价目标的情况下科学安排评价的时间和采取的技术手段等。

2. 搜集评价信息

评价者要根据评价目标有针对性地搜集评价信息，确定搜集信息的手段和步骤，尽可能全面、准确地获得相关信息。

---

[1] 施良方：《课程理论——课程的基础、原理与问题》，第 155 页，北京，教育科学出版社，1996。

[2] 同上书，第 157~158 页。

3. 整理分析信息

获得相关信息后要对其进行编码、储存和提取，使信息成为评价的必要资料，并对资料进行分析，为得出结论奠定基础。

4. 得出评价结论

对资料进行分析后，确定评价结果，得出有关的结论，同时可根据被评价对象的具体情况报告评价结果。

第三节 学校教学事务管理

学校教学事务管理是指为保证课程（包括国家、地方、学校三级课程）实施而进行的教学组织建设、教学研究、教学行政等方面的管理活动。

一、教学组织建设

教学组织是一个纵横交错的系统，包括主管教学的校长、教导处、教育研究处（室）（教科处）、教学研究组、年级组等。其中教研组、年级组是教学的基层组织，在教学工作中起着最重要的作用。因此，学校在配备教师力量时要综合处理多方面因素，使之形成合力。影响教研组、年级组力量搭配的因素主要有：教师的年龄、教龄、职务、经历、性别等。教师的搭配不仅要注意同一学科平行班级的力量平衡，也要注意不同学科之间的力量平衡。否则，学生会感到不公平，或者会因为某一学科教师的力量弱而影响到其他学科的学习兴趣或成绩。换言之，每一个教师的教学能力都会直接或间接地影响着学生的学习效果。由此，教学组织建设应与教师队伍建设紧密结合。

二、教学研究管理

教学组织建设的目的是为了提高教学质量，教学质量的提高依赖于教学研究工作的管理，教学研究管理是教育研究管理的重要组成部分。

（一）常规性教学研究管理

常规性教学研究管理是指对不断重复进行的基本教学活动的管理，主要体现于对备课、上课、布置批改作业、辅导等教学基本环节的管理。之所以将这些常规性的教学活动称为研究，是因为学校领导者和教师都需要成为行动研究者，而行动研究的最大特点在于对行为的反思。作为学校领导者和教师，其更多的时间是在常规性教学活动中反映教学理念、教学创新精神和教学技能技巧的，所以，每一个实践工作者都需要有意识地反思自己的教学行为，研究其中的优点与不足，以便提高教学质量。

1. 教学基本环节

（1）备课

备课是教师上课前的准备，是保证教学质量的关键环节。备课有集体备课、个体备课以及集体与个体备课相结合等形式。教师劳动是一种创造性劳动，集体备课是为了从整体上平衡教学进度，相互磋商教学目标、重点、难点等教学内容，最终收到整体的力量大于个体力量之和的教学效果。但集体备课不能代替个体备课，每个教师还需要根据具体情况，发挥自身优势，突出教学特色。

备课具体包括备学生、备内容、备方法、备作业、备教学组织形式、备教学时间等。

备学生是要了解学生对将要学习内容的知识基础、身心发展基础、学习资源基础等方面的条件，从而有针对性地教学。

备内容是要透彻理解和综合处理课程计划、课程标准、教科书（含电子音像教材、图册）及必要的教学辅助材料在知识、能力、情感等方面的教学目标要求，促进学生全面发展，主要包括：备教学目标、重点、难点、关键等。

备方法既要备教师教的方法，也要备学生学的方法。影响教与学的方法的因素很多，诸如教学内容、学生身心发展特点、教学条件、教师性格等都会影响教与学的方法，备课时要充分思考。教与学的方法并不是单一的，也不是孤立的，教师的教和学生的学都可以综合运用各种方法。教师和学生之间的互动还要求教师教的方法与学生学的方法协调统一，教师要有意识地指导学生掌握和运用一定的学习方法。

备作业包括备课上作业和课下作业两个环节。根据心理学研究的记忆规律，做作业是复习巩固和消化理解知识的重要手段。所以，作业内容要有的放矢，题量要适当，要避免无目的的大量练习，增加学生的课业负担，并可能使学生产生厌学情绪。

备教学组织形式是指对教学活动结构的思考设计，它影响到师生之间、学生之间的交往效果和教学质量。根据不同的教学任务和教学内容教学组织形式可以选择班级授课制、现场教学、导生制或几种形式相结合等不同的教学组织形式。除单式教学外，还有复式教学。

备教学时间是指有计划地分配一门课程在一学年、一学期、一单元、一节课内的时间，掌握好教学进度。

备课结果可以通过计划和教案反映出来。

(2) 上课

上课是教学工作的中心环节，通过上课可以落实备课计划，也可以发现备课中的问题。因为上课是教师与学生直接交往的活动，教师要在学生的期待下教学，学生要在教师的指导下学习，教学是教师与学生心灵的沟通。教师上课不能没有准备，也不能拘泥于备课计划。上课开始，教师要集中学生的注意力，激发学生的学习兴趣。上课过程中，教师要注意观察学生的表情，倾听学生的问题，以便及时调整备课计划，因材施教。上课结束，教师要及时总结授课情况，这种总结也是对备课上课情况的反思，是为以后更好地教学所进行的积淀。

(3) 布置批改作业

做作业既可以起到复习巩固知识的作用，也可以起到消化理解知识的作用，还可以帮助学生发展能力。所以，教师布置作业有质和量两个方面的要求，要能起到激励学生探究的作用。为此，作业的形式可以是书面的，可以是口头的，可以是音像制品的，可以是多种形式结合的。教师布置的作业要及时批改，批改是双向反馈，不仅可以帮助教师掌握教学情况，发现教学中的问题，而且可以使学生体会到别人对他学习劳动的尊重，更可以发现自己尚未理解的学习内容或存在的问题。作业的批改可以根据作业的内容和学生特点等情况，采取面批、统批等多种形式，可以通过加入眉批来提高作业批改的有效性。

(4) 辅导

辅导是教学研究的辅助环节，其目的是解决教学过程中的难点问题。由于每个学生的基础和理解能力不同，学习会出现差异。对此，教师需要通过辅导平衡差异。如果是共性问题可以集中辅导。

2. 对教学基本环节的管理

学校领导者可以通过组织、检查、总结等方式管理教学过程。组织主要体现在对教师、时间、场地等资源的配置上，如组织教师备课、听课，为教师备课、听课安排时间、地点等。检查有许多形式，学校领导者应用较多的是视察、听课、考试等检查方式。视察是指学校领导者通过看来了解情况的行为。例如，看学生纪律情况、教师备课情况、学生作业情况等。听课是指学校领导者进入课堂，亲身体验教师授课和学生学习情况，以行为促进教学活动。听课有不同的类型，如有了解性的、有研究性的、有实验性的、有示范性的、有辅导性的等，但无论哪种形式的听课，都可以起到检查的作用。考试有教师为督促学生学习而进行的临时性的小测验、单元测验等，但更重要的是期中和期末考试。通过考试，帮助学生系统掌握知识，并使学校领导者全面了解教学质量情况。总结是检查的继续，也是新的管理周期开始的前提。总结要在对检查结果作定性与定量分析的基础上作出评价。评价要突出激励功能，注重教师与学生的发展过程和个性特点。总结也要分析以往存在的问题及产生问题的原因，在此基础上提出改进措施。

（二）非常规性教学研究管理

非常规性教学研究管理是指对特定教学活动的管理，主要体现于对教学实验、示范课、论文撰写、课题研究等教学活动的管理。课题研究管理将在下一章讨论，在此仅对教学实验、示范课、论文撰写这几种特定教学活动的管理进行讨论。

教学实验是一种应用性研究，参与实验的人都是研究者。实验分为不同层次与范围。从层次上分，有学校根据改革的需要自行安排的实验，有参与或承担地方或国家研究课题所进行的实验。从范围上分，有单学科的实验，有学校整体实验等。无论何种实验，学校领导者都要科学设计和妥善配置资源，做好组织、实施和结题工作。

示范课一般是为观摩和研究设置的典型课。示范课的重要意义在于准备过程的集体性、充分性、创造性和示范课之后讨论评定的反馈性、总结性。从示范课的特点来看，其全过程都是研究，这种研究投入的人力、物力和时间均较多，所以示范课要精而不要多。

论文撰写是将学校的应用研究与理论研究相结合的过程，也是提高教师科研水平的过程。学校领导者要创造条件，提升教师的研究意识。例如，可以通过学者讲座、教师交流、教师练笔等形式，提高教师的理论水平和论文撰写质量，培养教师的研究兴趣与能力。

值得注意的是，常规性教学研究与非常规性教学研究并不是截然割裂的，对其进行的管理也不可以截然对立。例如，备课是常规性教学研究，但示范课也需要备课。所以，对备课的管理就具有一般意义。但由于示范课往往追求完美，其全过程需要投入较多的人力、物力、时间等资源，因而示范课较难成为常规性的教学研究活动。

三、教学行政

教学行政是指学校程序性的教学管理活动，主要有课程表、作息时间表、学校活动总表的管理，学籍管理，教材管理，教务档案管理，图书资料管理，仪器设备管理等。

(一)"三表"管理

"三表"是指课程表、作息时间表、学校活动总表。这三表反映学校工作的时间流程，需要有效管理。

课程表是学校教学工作的时间依据，也是学校是否开足开齐课程的直观反映。课程表有全校课程总表、教师任课表和教学班课程表三种形式。课程表的编排要全面反映课程标准的要求，综合实践活动、艺术、体育与健康、劳动等课程不能遗漏。课程表的编排还要符合教育学、心理学和学校卫生学的要求，注意脑神经活动规律、学习卫生、教学设备和教师分配情况等因素。

作息时间表是对学校上班、下班、上学、下学、上课、下课、活动、用餐、课间休息等时间的规定，有住宿生的学校还要规定就寝、起床时间。作息时间表可以根据季节不同作适当的调整，一般分为冬季和夏季作息时间表。

学校活动总表主要是对一学期内的大型文体活动、团队活动、社会公益活动、科技活动、劳动、开学典礼、毕业典礼、其他庆典活动或专项教育活动等方面的时间规定。学校活动总表要通过周活动表反映出来，提醒教师和学生每周有所侧重。

(二) 教材管理

2001年6月7日，教育部令第11号发布《中小学教材编写审定管理暂行办法》，其中规定："中小学教材（以下简称教材）是指中小学用于课堂教学的教科书（含电子音像教材、图册），及必要的教学辅助材料。"教材是教师教学和学生学习的重要依据，教材内容必须具有科学性和思想性，教材选择必须符合国家的要求。根据《中小学教材编写审定管理暂行办法》的规定，教材的编写、审定，实行国务院教育行政部门和省级教育行政部门两级管理。国务院教育行政部门负责国家课程教材的编写和审定管理；省级教育行政部门负责地方课程教材的编写和审定管理。除经教育部授权省级教材审查委员会外，按照国家课程标准编写的教材及跨省使用的地方课程的教材须经全国中小学教材审查委员会审查；地方教材须经省教材审查委员会审查。教材审查实行编审分离。教材的使用实行教育行政部门定期向学校和社会公布经审查通过的中小学教材目录，并逐步建立教材评价制度和在教育行政部门及专家指导下的教材选用制度。根据这些规定，中小学教材管理要侧重于教材的选择使用和校本教材的编写。中小学教材要选择使用经教育行政部门审查通过、符合《中小学教科书幅面尺寸及版面通用标准》和《中小学教科书用纸、印制质量标准和检验方法》两项国家标准的教材，根据课程标准及时为学生预订教材，在每学期开学前发到学生手中，发现教材出版印刷中的问题要及时联系出版社调换，在义务教育阶段，实行教科书免费制度。校本教材是国家课程教材和地方课程教材的补充，其编写应有利于引导学生利用已有的知识与经验，主动探索知识的发生与发展，同时也应有利于教师创造性地进行教学。教材内容的选择应符合课程标准的要求，体现学生身心发展的特点，反映社会、政治、经济、科技的发展需求；教材内容的组织应多样、生动，有利于学生探究，可提出观察、实验、操作、调查、讨论等方面的建议。

（三）教务档案管理

教务档案管理主要是指对教务文件和表册的管理。教务文件主要包括：国家的教育法律法规和教育政策、地方性教育法规和教育政策、学校内部的教学规章制度、学校向上级的请示报告、教学工作计划和总结、期中期末试题试卷、教学报表、教师业务档案、教学交流资料等。教学表册主要包括：反映教学时间流程的全校课程总表、班级课程表、教师任课表、教学进度表、教科书订购表、教师管理记录、学生注册登记表、学籍表等。反映教学效果的学科记分册、成绩登记表、成绩统计表、成绩通知单等。反映出勤情况的点名册、学生请假单、学生缺课统计表、教师考勤簿、教师请假单、教师请假统计表等。反映学业结果的毕业证书、结业证书、肄业证书等。反映人员流动和奖惩状况的历届教职工和学生人数统计表、毕业生名册、休学证书和名册、转学证书和名册、留级记录与人数统计表、优秀学生或三好学生名册等。反映图书仪器流通的图书登记册、借书证、仪器、标本、器械、药品登记簿以及使用、耗损记录等。教务档案要分类管理，做好记录，方便查找，数据要真实可信。教务表册要事先做好设计和印制工作。

（四）图书资料管理

图书资料是学校教学工作的必要工具，有文字资料、电子资料等不同形式。图书资料要有专人负责管理，从购买到保管，再到流通是图书资料保管的基本流程。购买要征求教师意见，做好计划，专款专用。保管要登记、编目、分类、上架、防蛀、防潮等。流通要建立健全图书资料借阅制度和赔偿制度。

（五）仪器设备管理

仪器设备是教学试验的必要条件，要依据国家标准配置。仪器、药品的购买、存放要经济、安全，并要对其及时检查、清理、修理和补充。使用时要严格遵守操作规程，保证学生安全。

本章小结

教学管理对促进学生发展，提高教育教学质量，保障学校工作的有序进行具有重要的意义。学校教学管理是指学校课程设计和组织课程实施等方面的管理活动。

课程设计是指设置课程目标、课程体系、课程结构、课程内容等课程组织活动。国家设计了义务教育、普通高中课程方案，在培养目标、课程体系、课程结构、课程内容等方面已有改进。学校应当在执行国家课程和地方课程的同时，视当地社会、经济发展的具体情况，结合本校的传统和优势，体现学生的兴趣和特点，开发或选用本校课程。学校领导者需要不断改进教学管理理念和管理内容，不断提高教学管理质量。

组织课程实施要通过教育事务管理活动得以保证。教学事务管理是指为保证课程（包括国家、地方、学校三级课程）实施而进行的教学组织建设、教学研究、教学行政等方面的管理活动。教学组织是一个纵横交错的系统，包括主管教学的校长、教导处、教育研究处（室）（教科处）、教学研究组、年级组等。教学研究管理包括常规性教学研究管理和非常规性教学研究管理。常规性教学研究管理是指对不断重复进行的基本教学活动的管理，主要体现于对备课、上课、布置批改作业、辅导等教学基本环节的管理。学校领导者可以通过组织、检查、总结等方式管理教学过程。非常规性教学研究管理是指对特定教学活动的管理，主要体现于对教学实验、示范课、论文撰写、课题研究等教学活动的管理。教学行政是指学校程序性的教学管理活动，主要有课程表、作息时间表、学校活动总表的管理，学籍管理，教材管理，教务档案管理，图书资料管理，仪器设备管理等。

思考与练习

1. 学校教学管理有哪些任务？
2. 课程设计的主要依据有哪些？课程设计包括哪些内容？
3. 学校教学事务管理包括哪些内容？怎样才能做好学校教学事务管理？

案例分析

借"分"[1]

一个孩子有一次考试得了58分,他泪流满面地找老师借分,说家长看到他考试不及格会打他;他保证以后用满分还老师。老师答应了他的要求。一是老师有一颗真切的爱生之心,他不想让学生挨打;二是他充分相信学生;三是他善于利用契机激励学生。那个借分的学生由于获得了老师的"资助",得到了老师的关爱,鼓起了奋斗的信心,从考试不及格到考试满分,实现了他自己的许诺。

案例思考题

1. 您对教师"资助"学生分数的做法有什么看法?
2. 如果学生向教师"借分"还不上,您是否认为教师的"资助"还有意义?为什么?

阅读链接

1. 关文信:《课堂教学监控的生态学思考》,载《现代教育科学》,2003(3)。
2. 章剑和:《孩子成长有"花期"》,载《中国教育报》,第4版,2005-06-02。

---

[1] 中华人民共和国教育部《素质教育观念学习提要》编写组:《素质教育观念学习提要》,第159页,北京,生活·读书·新知三联书店,2001。

第十一章 学校教育研究管理

内容提要

组织教育研究，推广研究成果，提高教育质量是现代社会对学校提出的要求，也是学校的基本权利之一。学校领导者有责任为有效实施教育研究活动提供必要的支持，对教育研究组织、教育研究经费、教育研究档案、教育研究成果等实施科学的管理，探索教育研究管理的新路径，调动学校成员参与教育研究的积极性，实现教学与教育研究的协调统一。

学习目标

1. 理解学校教育研究管理的意义和任务。
2. 掌握学校教育研究管理的内容。
3. 了解学校教育研究管理的发展态势。

教学与教研都是学校的重要工作，但如何处理两者的关系却常常成为学校管理的难题。由于教师的时间有限，如果处理不好教学与教研的关系，教师就可能对教研产生抵触情绪，或者冲淡教学工作，这就需要学校对教研工作进行科学的管理。请看案例：

李校长为什么陷入沉思

主管学校教育研究工作的李校长上任伊始采取了三点策略：第一，鼓励教师多申报课题。她认为课题多了，人人都有研究的问题，教育研究水平自然能够提高。第二，组织教师多参加培训。她不仅不断聘请校外专家来校讲座，还不断安排学校领导给教师作专题报告，她认为讲座和专题报告能强化教师的研究意识，是搞好教育研究的必要环节。第三，要求教师多撰写论文。她给每个教师指定公开发表论文的数量，并定期检查结果，她认为教师只有发表了论文才能表明科研工作有了成绩。按照李校长的策略，一年之内学校申报了十几项课题，作了十几次讲座和报告，教师也发表了几篇文章。但在年终调查时，教师对李校长的教育研究策略却并不感兴趣，甚至有的老师还直言不讳地批评李校长工作没有重点，增加了教师的工作负担。李校长面对教师的批评久久地陷入了沉思，她不知道教师为什么会有如此感觉。

强调教育研究没有错，但李校长的失误在于没有注意到教学与研究相得益彰的关系，没有将教学与研究统一起来，没有有效地挖掘教学的研究价值，把教研管理单纯地理解为鼓励教师多申报课题、多参加培训、多发表文章上，结果顾此失彼，教师不但对教研不感兴趣，反而批评李校长工作没有重点，增加了教师的工作负担。李校长的做法告诫我们：学校教育研究管理也是需要研究的。

第一节 学校教育研究管理的意义及任务

学校教育研究管理是指学校领导者根据需要，组织学校资源探究学校问题，提高学校教育及管理有效性的活动过程。学校教育研究管理有着特定的意义和任务。

一、学校教育研究管理的意义

（一）学校教育研究管理是提高教育质量的需要

学校进行教育研究是法律所倡导的行为，也是学校的基本权利之一。《中华人民共和国教育法》第十一条第二款规定："国家支持、鼓励和组织教育科学研究，推广教育科学研究成果，促进教育质量提高。"在现代社会，学校要提高教育质量，就要有意识地研究如何提高教育质量。这就要求学校领导者具有问题意识，学会系统分析影响教育质量提高的各种因素，追踪教育过程中的前沿信息，以此保证教育的超前发展。这是社会所需要的，也是学校自身发展所需要的。学校如果不以质量作为维系教育的根本动力，就无法在与学校教育相竞争的各种形式的教育的包围中生存和发展。所以，学校应当正确行使法律所赋予的教育研究权利，并采取相应的手段和措施，管理好教育研究工作，使其为提高教育质量发挥更大的作用。

（二）学校教育研究管理是发挥学校成员内在潜能的需要

根据社会系统理论，学校工作要有效力，必须使组织目标与个人目标协调统一。要做到这一点，就要充分调动学校成员的积极性，发挥每个人的内在潜能，使组织的目标转化为个人奋斗的目标，开展教育研究是达到这一目的的重要途径。因为，渴望学习是人生命的真谛，组织教师与学生开展教育研究可以使其学习的愿望成为现实。研究中，他们会体验到工作和学习的乐趣，体验到生命的意义。由此，他们可以将学校的目标作为个人努力的方向，在实现个人价值的同时，提高学校工作的效力。然而，学校目标与个人目标的转化与统一不是自然结合的过程，需要通过对相关研究的组织、协调等有目的的活动来完成，也就是需要教育研究管理。

(三) 学校教育研究管理是推进学校教育改革的需要

教育改革是学校教育的永恒课题，学校要协调教育与社会、教育与人的身心发展的相互关系，不改革就不能在动态环境中实现教育、社会与人的发展之间的协调统一。改革中，学校要关注社会的发展对教育提出的新要求，但又不能做社会发展的机械追随者，因为每一所学校及学校中的每一个成员都有各自不同的特点，学校间的差异、学校成员个体间的差异，决定了学校教育改革必须根据学校自身的特点有选择地进行。选择是要充分进行研究的，没有研究，改革就会成为盲目的追随、机械的照搬。为此，学校要了解教育改革的动向，掌握各种改革信息，分析教育改革重点，然后根据学校的实际情况和需要，确定其改革的重心，选择改革的课题，从而有计划、有组织地开展学校教育改革工作。

二、学校教育研究管理的任务

(一) 制订教育研究计划

教育研究应当是学校成员有意识的行动，它需要有计划地实施。制订学校教育研究计划就是要将教育研究纳入到学校总体计划之中，明确各阶段的研究重点，合理分配各种资源，使教育研究能够为学校中心工作服务，并能引导学校工作向前发展。理论与实践的结合需要有意识的行动，制订研究计划是做好研究的前提，是保证研究过程顺利进行的关键。

(二) 组织课题研究

1. 组织课题申报

课题研究是教育研究的重要载体，教育研究计划确立之后，学校要依据课题的不同层次、不同类别，有组织地进行课题申报工作。从目前情况来看，全国设有国家级课题，各地方设有省级课题、市级课题，学校亦可根据实际情况设立校内课题。课题申报应当按照课题指南的要求选择学校具有优势的课题，其优势表现在课题负责人、研究队伍、前期研究成果等多方面。申报课题要根据课题申报要求认真填写申请书，交纳一定的评审费用。

2. 对立项课题进行研究

课题经过审批立项之后，要认真组织课题研究。课题研究过程通常以开题、中期检查、结题等阶段性方式达到课题研究的目的。与其对应，开题要组织课题组成员撰写开题报告，中期检查要组织课题组成员撰写中期总结，结题要组织课题组成员撰写结题报告。为此，课题研究首先要做好研究计划，包括人员的分配、时间的安排、经费的使用等都要做缜密思考，避免课题研究随意进行。其次，要做好计划的落实，使课题研究步步深入地进行。再次，要及时检查计划的实施情况，对课题研究出现的偏差及时调整，同时，通过检查也可以使课题组成员掌握课题进展情况，以便激励其有序地进行课题研究。最后，要不断总结课题研究成果，在完成课题研究后接受课题管理部门的鉴定和验收。课题研究成果的表现形式是多种多样的，主要有研究报告、论文、著作、译著、工具书、音像制品等。

3. 应用课题研究成果

课题研究的目的在于形成和应用成功的研究成果。如果是校内局部群体的研究成果可以在原群体中应用或在校内应用，如果是全校性的研究成果可以在全校应用或在一定区域内应用。研究成果的应用会带来良好的社会效益和经济效益，为教育决策部门提供决策依据。

（三）奖励优秀研究成果

学校要对优秀教育研究成果的取得者给予奖励，要建立和完善激励机制，充分调动每一位教师开展教育研究的积极性，尤其是在教育改革和发展的进程中，更应将教育教学改革的优秀成果及时推广，提升教师教研意识和教研水平。奖励要将物质奖励和精神激励相结合，提炼研究成果的精华，使更多的教师和学生受益。

（四）提高教育研究人员素质

教育研究具有科学性，对研究者具有较高的要求。中小学需要对以教师为主体的研究者有计划地进行培训，不断提高研究者的素质，使他们能善于发现和选择有价值的研究课题，自觉地应用教育理论指导教学，将教学研究与课题研究融为一体。

第二节 学校教育研究管理的内容

学校教育研究管理可以促进学校规范教育研究行为、发挥教育研究作用、提升学校教育质量及文化品位。学校教育研究管理主要包括教育研究组织管理、教育研究经费管理、教育研究档案管理、教育研究成果的评价等内容。

一、教育研究组织管理

（一）组织机构的确定

学校的教育研究任务最初由教学研究组承担，主要是研究教学工作。1952年，《小学暂行规程（草案）》规定，小学由全体教师依据学科性质，根据本校具体情况，分别组织研究组，各组设组长一人，主持本组教导研究会议，研究改进教学内容和教导方法，并交流、总结经验。《中学暂行规程（草案）》规定，中学各学科设教学研究组，由各科教员分别组织之，以研究改进教学工作为目的。每组设组长一人，由校长就各科教员中选聘之。（在班数较少的学校，教学研究组得联合性质相近的学科组织之）。显然，教学研究组在中小学是最早的教育研究组织。随着学校的发展，学校规模不断扩大，研究任务不断增多。20世纪80年代后，一些规模较大的学校成立了教育研究处，在主管教学工作副校长的领导下，专门承担学校的教育研究工作。目前，已有部分学校设有主管教研的副校长，加之教育研究处、教学研究组，在校内形成了上下协调的教育研究组织机构，在组织设施上保证了学校教育研究任务的完成。

（二）人员的安排与培训

教育研究室一般设主任、副主任及其他研究人员等职务。在合理安排教育研究职能人员之后要对他们进行培训。培训的目的是提高他们的素质，以便带动非职能人员的教育研究活动。培训有许多形式，可以采取提高学历培训，鼓励教研职能人员有系统地学习教育理论及教育研究方法，提高教研质量；也可以采取非提高学历培训，根据教研职能人员的具体情况，缺什么，补什么，使他们成为复合型人才。教研职能人员的素质提高后，还要对能够参与教研的教育教学人员进行培训，可以采取校本培训的形式，根据学校的具体情况和研究课题，由具有专长的教研职能人员对教育教学人员进行培训，也可以聘请一定数量的专家学者对其进行培训。

（三）教研机构内外关系的协调

学校教育研究机构与其他教育教学机构及学校以外的有关组织机构应是一个协调的大系统。在校内，教育研究处与教务处、政教处、总务处之间应有横向沟通，了解它们在实践中的问题，求得它们对教育研究的支持，调动它们参与教育研究的积极性，以保证学校的教育研究工作与教育教学工作相统一。在校外，有许多专职教育研究机构，它们的研究课题、研究信息、研究力量对中小学的教育研究会起到帮助和促进的作用。所以，教育研究机构一定要协调学校内外关系，争取优势互补，形成教育研究的整体力量。

二、教育研究经费管理

教育研究需要必要的经费支持，学校申请到上级部门的重大教育研究课题会同时得到相应的课题研究资助经费，对此要妥善管理，以保证课题研究的顺利开展。

（一）编制开支计划

学校教育研究经费无论来源如何都应编制开支计划。一般来说，课题资助经费开支主要包括课题研究的资料费、国内调研差旅费、必要的小型会议费、计算机计时费、必要的专家咨询费、有重要价值而不宜公开出版的研究成果的印刷费及稿酬、研究成果的鉴定费等。经费开支计划要有所侧重，不能平均分配。通常来讲，课题研究的资料费、调研差旅费、成果印刷费等比例较大，编制开支计划时要有所倾斜。除课题研究资助经费外，学校根据经济状况也可以投入一定的教育研究经费，用于课题研究或课题研究以外的与教育研究有关的其他开支，但也要编制开支计划。

（二）合理使用经费

教育研究经费的使用要根据编制计划做到专款专用、单独记账，避免将教育研究经费用于发放工资福利、进行基本建设、购置固定资产及其他与教育研究无直接关系的开支上。课题研究经费要由课题负责人全面负责使用，所有课题组成员都要自觉遵守经费管理制度。

（三）保证经费监督

教育研究经费要依据财务制度由学校财务部门代管并负责监督，课题资助单位同时对课题经费进行监督。对无故不完成研究任务或自行中止研究工作的课题，课题资助单位一般将会停止拨款，并会追回已拨出部分的余额，对因严重违反财务制度、贪污挪用课题经费者，不但会受到被撤销课题的处理，还会受到由承担课题的学校负责追回并偿还全部不合理开支的处理。为保证研究经费的监督，学校教育研究机构的负责人应对包括课题经费在内的教育研究经费使用情况依据编制计划在年终时写出书面报告，接受有关方面的检查。

三、教育研究档案管理

要提高学校教研水平和质量，需要对教研文书、教研人员、教研项目、教研成果档案进行有序管理，以便查考。

（一）教育研究文书档案管理

教育研究文书档案主要包括上级主管部门的教育研究文件和校内教育研究材料两个方面。上级主管部门有行政主管部门，也有业务主管部门，它们印发的教育研究方面的文件学校要归档管理，以便依据其指导教育研究工作。学校在教育研究规范化管理过程中也会制定有关的计划、制度、评价标准，撰写检查总结、会议记录等，对此也要妥善归档，以备查用。

（二）教育研究人员档案管理

要搞好教育研究首先要有良好的研究队伍，有效管理教育研究人员档案是建设教育研究队伍的重要机制。教育研究人员档案管理主要包括教育研究人员的自然状况、学历学位、专业职务、学术水平、研究成果、梯队状况等方面的档案管理。

（三）教育研究项目档案管理

教育研究项目档案管理包括对项目来源、类别、课题名称、资助经费、负责人、参加者、研究周期、进展情况、阶段性成果、预期目标、评估结果等方面情况的归档管理。

（四）教育研究成果档案管理

教育研究必定有相应的研究成果，对此要归档管理，主要包括对成果的作者、名称、形式、出版者、出版日期、获奖情况、社会效果等内容的归档管理。

四、教育研究成果的评价

（一）确定评价标准

教育研究成果的社会效果需要通过评价来确定。成果的评价要先确定评价标准，明确评什么，不评什么，评价的积极因素是什么，消极因素是什么等尺度。评价标准对不同类型研究成果的侧重点应有所不同。研究成果一般认为包括理论性研究成果和应用性研究成果两大类，中小学更多的是应用性研究成果。对理论性的研究成果应侧重于学术性价值，对应用性的研究成果应侧重于社会性价值。但理论性的研究成果与应用性的研究成果的价值体现并不能割裂开来，理论性的研究成果并不排除可以取得社会效益，应用性的研究成果也不排除含有学术价值。例如，学校进行教学改革实验，既能反映应用性研究，又能反映理论性研究，对研究成果进行评析，可以探索实验的推广价值。学校对每个课题研究成果都应组织教育教学骨干教师进行鉴定，对所撰写的论文或经验介绍，按质量和推广应用的价值，分别进行鉴定。鉴定时应看其是否有实用价值，是否提出了自己独到的见解，然后评定等级，给予适当奖励，以激励教师研究出高水平的成果。

（二）选择评价方法

对成果的评价主要有质的评价和量的评价两种方法。对成果进行质的评价要侧重于分析成果反映的事物质的规定性的描述。质的评价往往以成果的书面文字、图片等表现形式为主要依据，因而具有较大的模糊性和主观性，这是在评价过程中需要注意的。对成果进行量的评价要侧重于分析成果反映的事物量的实质特征。量的评价往往以成果的数字、图表等表现形式为主要依据，虽然具有较大的确定性，但也应注意数字的准确性和可靠性。对成果进行评价往往将质的评价方法与量的评价方法相结合，从而保证评价的质量。

（三）得出评价结论

采用一定的标准和方法对成果进行评价后要归纳总结出对成果的评价结论。结论要以评价分析为依据，实事求是。有时教育研究成果的结论可能与假设有出入或相悖，这时要客观分析其中的原因，进而发现研究成果的得与失以及真正的价值所在。

教育研究管理是一项技术性很强的工作，它需要领导者有很高的理论水平和较丰富的实践经验，其管理的手段随着现代社会的发展也在不断改进。所以，教育研究管理将会在实践中越来越显示出它的重要性与迫切性。

第三节　学校教育研究管理的发展态势

学校教育研究管理对提高教育质量、发挥教师潜能具有重要的意义，很多学校提出以教育研究促进学校发展，呈现了学校前瞻性的管理理念。但是，中小学教师对待教育研究的态度却不尽然。有的教师认为，教学工作本来就十分繁忙，哪还有时间搞研究？也有的教师认为，教育研究是专家的事，中小学教师没有能力搞研究。还有的教师认为，教育研究无非是晋职的需要，写几篇文章就可以了。如此种种，不仅反映了教师对教育研究的排斥与畏惧，而且反映了学校管理在教育研究管理方面的缺失。教育研究不是学校发展的附加形式，不能将教学与教研相割裂。为此，很多学校正在探索如何正确实施教育研究管理的新途径。

一、教学教研一体化

（一）教学教研一体化要解决的问题

教学教研一体化是针对教学教研两张皮的现象而选择的具有针对性的学校教育研究管理策略，其实质是要解决教学与教研的分离问题。为什么教学与教研在实际中会分离？首先，从教育研究的定位来看，将教育研究等同于理论研究，常常导致研究的抽象化、复杂化。其次，从教育研究的选题来看，脱离教师在实践中遇到的问题，常常使教师感到研究力不从心或没有意义。再次，从教育研究的导向来看，将研究成果作为教师晋职的基本条件，常常使教育研究成为甄别教师能力的手段，冲淡了教育研究内在的激励意义。最后，从教育研究的目的来看，有的学校领导者将拥有研究课题作为学校自我宣传的条件之一，但研究什么、怎样研究、研究得如何，领导者却常常不去关注。

教学与教研的分离状态归根结底是对教研缺乏正确认识的结果，教师将教研视为负担，学校领导者将教研视为考核教师或宣传学校的手段，使教研失去了应有的价值。实际上，教研应当是源于教师教学生活的理性思考，这种思考不应成为客观上教师必须作研究的压力，而应当是主观上教师想要作研究的动力。因此，中小学的教育研究管理要从教师教学的内在需要出发，为教师创造将教研与教学融为一体的条件，使教师在教学过程中自觉地发现需要研究的问题，主动地分析产生问题的原因，智慧地寻找解决问题的途径。

（二）教学教研一体化的实践途径

1. 以激励为重点的认识提升

学校管理要促进教学教研一体化就要从根本上提升对教学与教研关系的认识。教学与教研是教师职业生涯中不可或缺的两翼，一位优秀的教师，只要全身心地投入到教学中，就会以研究者的姿态感受到教学过程中的无比乐趣，这种乐趣来自于教学的内容，来自于教师与学生的交流，来自于教师对自我提升的感悟。而教师的快乐体验和感悟是教师经过理性思维与身体力行得到的收获，这种收获在客观上验证了教学与教研无法分开的事实，教研是对教学内容与教学行为的思考，教学是在教研指导下的自觉行动。既然如此，学校管理就没有理由将教学与教研相分离，或者将教学与教研指标化，并以此作为教师等级化管理的依据。否则，学校教研管理就失去了教研具有激励教师发展的真正意义。因此，教学教研一体化是由二者的内涵决定的，学校管理要以发挥二者的内涵空间为重点调动教师教学教研的积极性。

2. 以问题为中介的二教契合

教学是为学生提供知识积累、能力提升、情感陶冶、价值提升等机会的活动过程。在这一过程中，教师需要针对学生不同的学习基础、不同的心理特点、不同的社会背景等状况，有针对性地选择适当的教学原则、教学内容、教学方式，以适应不同学生的要求。这种选择实际上是教师发现问题、认识问题、解决问题的过程，而其中的问题也就是学生实际与教学目标之间的差距，对差距的理解和发现、认识和解决，则是教师的行动研究。任何一位教师都需要在教学过程中拥有这种最基本的教学素养和研究素养，这种素养的拥有不能简单地靠教师的经验积累和顿悟，还要靠学校领导者有意识地通过管理对其提升。因此，教学中的问题就是教师提升教学素养与研究素养的桥梁，也是教师教学与教研协调统一的契合点。

3. 以反思为方式的研究设计

学生的培养不具有可逆性，不允许有任何的差错和失败，教师必须不断反思自己的教学设计，以研究者的姿态投入到教学过程中，反思与学生交往中的问题。但教师的反思能力具有较大的差异性和动态发展性，需要不断地提升，这就为学校有组织地进行教学研究活动提出了要求。教学研究管理可以提高教师反思能力，组织教学研讨，交流教学经验，在教学研究活动中培养教师自觉反思的习惯，使教师的每一个教学设计都能有意识、有理性、有依据地进行，能充分体现教学的针对性、科学性、可行性、有效性。

二、建设教研共同体

（一）建设教研共同体要解决的问题

教师劳动具有独立性特点，这一方面可以发挥教师自主创新的优势；另一方面，也可能削弱教师团队的智慧优势。因此，通过建设教研共同体，可以为教师提供相互学习、共同提升的机会，实现知识管理的共振效应。教研组是我国早期出现的教研共同体，但对于这种组织形式，学校管理并未能从理论上深入探究其影响力，以至于教研组的发展未能表现出较大的飞跃。与之相应，在学校外部通过行政手段组织一定区域内的教师集体备课也体现了教研共同体的基本精神，但仍未能从理性上思考集体备课的真正意义。

建设教研共同体有着较多的理论支持。根据学习型组织理论的观点，在现代组织中，学习的基本单位是团体而不是个人。通过团队学习（team learning）激发群众智慧，是发展团体成员整体搭配能力和提高实现共同目标能力的过程。教师团队学习是以系统观点看待组织发展的要求。教师个体是学校组织成员之一，从动态平衡的视角分析学校的发展，则需要每一个教师都能在学校组织中发挥作用，并能使教师的整体力量实现最大化。这是教师智慧互补的过程，需要教师在团队中找到自己的位置，找到个人与组织之间的关系，并能平衡这种关系，发挥个人在组织中的作用。

（二）建设教研共同体的实践途径

教研共同体是学校教育研究的组织形式，它强调的是成员对共同体的依赖性，目的在于增强教育研究的整体效应，促进每个成员的专业发展。教研共同体按其组织形态可分为正式的教研共同体和非正式的教研共同体。学校管理要有组织地建设正式的教研共同体，包括校内教研共同体和校际教研共同体，并要支持非正式的教研共同体的发展。

1. 组织校内教研共同体

校内教研共同体是学校教育研究的正式组织，可以按学科结构、年级结构、年龄结构、性别结构等不同的标准进行划分，但无论怎样划分都要有利于教研共同体成员的相互交流和相互促进。因此，学校在组织教研共同体时，首先，要确立组建标准，将能够在教研共同体中发挥优势或能从教研共同体中受益的成员组织在一起，以充分发挥教研共同体的作用。其次，要有计划地组织教研共同体开展活动，如按学科组织的教研共同体，其活动就不能简单地等同于教研组活动，还需要针对教研共同体的缺失，有计划地设计解决教研共同体的缺失的活动。再次，学校可以组织教研共同体之间的沟通交流活动，使之相互学习，共同提高。最后，可以组织教研共同体总结自己的成长经历，展望未来的发展进程等。

2. 组织校际教研共同体

由于学校之间以及不同学校教师之间存在一定的差距，所以学校可以打破界限，与其他学校合作，组建教研共同体，扬长避短，优势互补。校际之间组建教研共同体可以是以学校为单位的，也可以是以校内不同成员为单位的，如相同学科教师组建的教研共同体，青年教师组建的教研共同体等。为平衡学校之间的差距，有的教育行政部门也会通过组织共同体等形式，促进校际之间的交流，实现资源共享。学校领导者需要创造条件，充分利用共同体的各种资源，主动做好共同体的各项工作，促进教师教研能力的提升。

3. 支持自发教研共同体

除正式组织的教研共同体之外，还有教师等人员自发组织的校内教研共同体或校际教研共同体。这样的教研共同体如果组织得力也会促进教师教研能力的提高，学校对此应予以支持。学校的支持可以表现在许多方面，首先是予以承认；其次是予以引导。因为自发组织的教研共同体可能是由于共同体成员有着较强烈的教研需求，而学校对此不能满足，所以学校可以通过对自发组织的教研共同体的支持，一方面，满足教研共同体的需求；另一方面弥补学校在教研活动方面的缺失。学校对自发组织的教研共同体的支持可以表现在许多方面，为他们提供时间、经费，尊重他们自主管理，参与他们邀请的活动等，都可以起到支持的作用。

本章小结

学校教育研究管理是指学校领导者根据需要，组织学校资源探究学校问题，提高学校教育及管理有效性的活动过程。学校进行教育研究工作是法律所倡导的行为，也是学校的基本权利之一。在现代社会，尤其需要学校进行教育研究，以此保证教育质量，这是社会所需要的，也是学校自身发展所需要的。学校如果不以质量作为维系教育的根本动力，就无法在与学校教育相竞争的各种形式的教育的包围中生存和发展。所以，学校应当正确行使法律所赋予的教育研究权利，并采取相应的手段和措施，管理好学校教育研究工作，使其为调动学校成员的积极性、提高教育的质量发挥更大的作用。学校教育研究管理要承担制订教育研究计划、组织课题研究、奖励优秀研究成果、提高教育研究人员素质等任务，主要内容包括教育研究组织管理、教育研究经费管理、教育研究档案管理、教育研究成果的评价等。学校教育研究管理对提高教育质量、发挥教师潜能具有重要的意义，很多学校正在探索如何正确实施教学教研一体化、建设教研共同体等教育研究管理的新途径。

思考与练习

1. 学校开展教育研究管理的意义和任务是什么？
2. 学校教育研究管理的主要内容有哪些？

案例分析

注重自我评价的"比值"

以名次的升降来衡量学习成绩的方法，不仅不科学，而且会对学生心理产生很大的负面影响。

怎样才能比较准确地评价一个学生的学习成绩呢？近年来，我们采用的是"比值"的方法。每次考试后，我们把本班第一名学生成绩的比值确定为一，其他学生则以自己的成绩除以第一名学生的成绩，所得的商即为该学生的比值。

这种评价方法能引导学生更加注重自我评价。因为各班第一名的成绩一般都能稳定在一个水平上，因而学生考试成绩与第一名的比值，比较客观地反映出他的进退。例如一名学生入学考试时，名次是第三十五名，期中考试降到第四十六名。家长知道后急忙找班主任，想了解自己孩子学习成绩下降的原因，班主任将两次考试的比值拿了出来，第一次考试比值是零点八四，第二次考试成绩尽管下降了十一个名次，但比值却上升到零点八七，这说明该生的学习成绩不但没下降，反而是进步了，家长这才放了心。

案例思考题

1. 您是否认为注重自我评价的"比值"可以帮助学生提升成绩？为什么？
2. 为帮助学生提升成绩还可以探究什么评价方式？
3. 学校教育研究管理主要表现出了哪些发展态势？

阅读链接

1. 李炳亭：《教材不再是供传授的经典》，载《中国教师报》，第 B 02 版，2010-04-02。
2. 李炳亭，刘良华，潘永庆，赵丰平：载《教改从不排斥升学率》，《中国教师报》，第 B 02 版，2010-04-28。
3. 刘永庆：《我国中小学教育科研低效的原因及对策分析》，载《教学与管理》，2010（33）。

第十二章　学校安全管理

内容提要

学校安全管理是学校管理的常规性工作，需要从学校校舍的安全管理、教育教学过程的安全管理等方面入手，建立、健全学校安全制度，提高安全管理意识和技能，以防患于未然的态度尽量减少或杜绝学校伤害事故的发生。

学习目标

1. 掌握学校校舍安全管理的内容。
2. 掌握学校应当承担责任的学生伤害事故情形。
3. 掌握教育教学过程中可能存在学生伤害事故隐患的范围。
4. 掌握预防学生伤害事故的基本制度。
5. 掌握学生伤害事故处理的主要措施。

安全是指没有危险、不受威胁、不出事故。安全的需要是学校师生的基本需要，能否为师生提供安全的学校环境是学校能否践行人本理念的基本标准。学校安全管理是学校管理的常规性工作，也是复杂的系统性工作，它关系到众多师生的生命健康，不允许有丝毫的闪失和差错。请看案例：

学校楼梯转弯处拥堵发生的踩踏事故[①]

2000年11月7日晚，河南省许昌县椹涧乡一中学初一、初二年级下晚自习后，由于天气变冷，学生急于回宿舍，在教学楼一、二层楼梯转弯处大量拥堵，混乱中，一些学生跌倒，相互踩踏，致使5人死亡，11人受伤，其中重伤一人。事故发生后，椹涧乡主管教育的副乡长、教育办公室主任和该中学校长被撤职。有关部门对事故做进一步调查后，依法处理了其他

---

① 教育部学校安全工作领导小组办公室：《学校安全工作指导手册》，第225页，北京，中国社会出版社，2001。

有关责任人。

楼梯拐弯处由于视线受阻、流通不畅，极易发生踩踏事故。学校在组织学生下晚自习的过程中，由于管理疏忽而留下安全隐患，导致这起重大伤亡事故。究其根源，无法排除学校领导者安全意识的淡薄和责任感的缺失。为保证学校的安全，《中华人民共和国义务教育法》(1986年4月12日第六届全国人民代表大会第四次会议通过 2006年6月29日第十届全国人民代表大会常务委员会第二十二次会议修订)第二十四条第一款规定："学校应当建立、健全安全制度和应急机制，对学生进行安全教育，加强管理，及时消除隐患，预防发生事故。"2006年6月30日，教育部令第23号发布《中小学幼儿园安全管理办法》，自2006年9月1日起施行。《中小学幼儿园安全管理办法》第四项第一款规定："学校构建学校安全工作保障体系，全面落实安全工作责任制和事故责任追究制，保障学校安全工作规范、有序进行。"学校安全管理贯穿于学校管理活动的全过程，学校领导者应当从校舍的安全管理和教育教学过程的安全管理等方面入手做好学校安全管理工作。

第一节 学校校舍的安全管理

2002年4月17日，中华人民共和国建设部、中华人民共和国国家发展计划委员会、中华人民共和国教育部批准发布《城市普通中小学校校舍建设标准》，作为国家统一标准，自2002年7月1日起施行。制定《城市普通中小学校校舍建设标准》是为适应城市普通中小学教育现代化、教育改革与发展，以及推进素质教育对校园、校舍条件与环境的需要。合理确定并正确掌握建设标准，不断提高中小学校的规划设计和建设水平，有利于学校建设科学化、规范化管理和提高投资效益。安全、适用、经济、美观，是国家提出的城市普通中小学校建设必须贯彻的原则。《城市普通中小学校校舍建设标准》是学校建设的重要物质基础，符合安全标准的校舍，必然有助于培养学生良好的安全意识，有助于保障学校师生的生命安全。2008年12月1日，中华人民共和国住房和城乡建设部、中华人民共和国国家发展和改革委员会批准施行《农村普通中小学校建设标准》。与城市不同，农村设非完全小学，学校规模为4个教学班，其他标准也应视农村的具体情况而定。在此仅以《城市普通中小学校校舍建设标准》为依据，讨论学校校舍安全管理的重要内容。

一、学校建设规模与校舍用房的组成标准

学校建设规模与校舍用房的组成标准是保证学校校舍安全的设计起点，城市普通中小学校的建设规模应根据批准的学校规模和城市建设规划的要求确定。按照标准，学校规模和班额、人数见表12-1。

表12-1 城市普通中小学校建设规模

学校类型	班额（班）				学生数（人）
完全小学	12	18	24	30	45
九年制学校	18	27	36	45	50
初级中学	12	24	30	50	50
完全中学	18	24	30	36	50
高级中学	18	24	30	36	50

城市普通中小学校校舍由教学及教学辅助用房、办公用房和生活服务用房三部分组成。

教学及教学辅助用房组成为：

完全小学：设置普通教室（每班一间教室，不得小于61m²）；自然教室、音乐教室、美术教室、书法教室、语言教室、计算机教室、劳动教室等专用教室和辅助用房；多功能教室、图书室、科技活动室、心理咨询室、体育活动室等公共教学用房及辅助用房。

九年制学校：设置普通教室（每班一间教室，每间使用面积不得小于67m²）；自然教室、实验室、音乐教室、美术教室、书法教室、地理教室、语言教室、计算机教室、劳动技术教室等专用教室和辅助用房；多功能教室、图书室、科技活动室、心理咨询室、体育活动室等公共教学用房及辅助用房。

初级中学：设置普通教室（每班一间教室，每间使用面积不得小于67m²）；实验室、音乐教室、美术教室、书法教室、地理教室、语言教室、计算机教室、劳动技术教室等专用教室和辅助用房；合班教室、图书室、科技活动室、心理咨询室、体育活动室等公共教学用房及辅助用房。

完全中学：设置普通教室（每班一间教室，每间使用面积不得小于67m²）；实验室、音乐教室、美术教室、书法教室、地理教室、语言教室、计算机教室、劳动技术教室等专用教室和辅助用房；合班教室、图书室、科技活动室、心理咨询室、体育活动室等公共教学用房及辅助用房。

高级中学：设置普通教室（每班一间教室，每间使用面积不得小于

67m²）；实验室、音乐教室、美术教室、书法教室、地理教室、语言教室、计算机教室、劳动技术教室等专用教室和辅助用房；合班教室、图书室、科技活动室、心理咨询室、体育活动室等公共教学用房及辅助用房。

办公用房组成为：

城市普通中小学校设置教学办公室（教学办公室使用面积不得小于4m²/人）、行政办公室、社团办公室及广播室，会议接待室、德育展览室、卫生保健室等管理用房。

生活服务用房组成为：

城市普通中小学校，应根据办学的实际需要设置教职工单身宿舍、教职工与学生食堂、开水房、汽车库、配电室、教职工与学生厕所等用房；可设置学生宿舍、锅炉房、浴室、自行车库等用房。

重点学校、示范性学校、民族学校以及有特殊要求的学校，经主管部门批准可增设本条未列出的其他用房。

二、学校网点布局、选址与规划设计

学校网点布局、校址选择与规划设计都离不开对学生安全的思考。如果能保证学生在安全的学校中学习，那么学校网点布局、校址选择与规划设计就是科学的；否则就是不科学的。

（一）学校网点布局

城市普通中小学校网点布局，应根据城市建设总体规划的要求，结合人口密度与人口分布，尤其是学龄人口数量及其增减的发展趋势，以及城市交通、环境等因素综合考虑，合理布点。新建住宅区内，要根据规划的居住人口及实际人口出生率，建设规模适宜的中小学校。城市普通中小学校网点布局应符合学生能就近走读入学、学校应具有较好的规模效益和社会效益及特殊情况特殊处理的原则。

学校服务半径要根据学校规模、交通及学生住宿条件、方便学生就学等原则确定。中小学生不应跨越铁路干线、高速公路及车流量大、无立交设施的城市主干道上学。

（二）校址选择

城市新建的普通中小学校，校址应选在交通方便、地势平坦开阔、空气清新、阳光充足、排水通畅、环境适宜、公用设施比较完善、远离污染源的地段。应避开高层建筑的阴影区、地震断裂带、山丘地区的滑坡段、悬崖边及崖底、河湾及泥石流地区、水坝泄洪区等不安全地带。架空高压输电线、高压电缆及通航河道等不得穿越校区。

学校不应与集贸市场、公共娱乐场所、医院传染病房、太平间、公安看守所等不利于学生学习和身心健康，以及危及学生安全的场所毗邻。

（三）校园规划设计

校园的总体规划设计应因地制宜，合理利用地形、地貌，并根据需要适当预留发展空间。教职工住宅应纳入城市建设规划统筹安排，不应建在校园内。

校园总平面设计宜按教学、体育运动、生活、勤工俭学等不同功能进行分区，合理布局。各区之间要联系方便、互不干扰。教学楼应布置在校园的静区，并保证良好的建筑朝向。校园内各建筑之间、校内建筑与校外相邻建筑之间的间距应符合城市规划、卫生防护、日照、防火等有关规定。

校园、校舍应整体性强。建筑组合应紧凑、集中，建筑形式和建筑风格要力求体现教育建筑的文化内涵和时代特色。具有优秀历史文化重大价值的校园及校舍应依法保护，并合理保持其特色。校园绿化、美化应结合建筑景观统一规划设计和建设，以形成优美的校园环境和人文景观。

体育活动场地与教学楼应有合理的间隔，并应联系方便。设有环形跑道的田径场地、球类场地，其长轴宜为南北方向。小学每所学校均设置200米环形跑道（附60米直跑道）田径场一个。其中有条件的地区，规模较大的学校可设置200~300米环形跑道田径场一个。中学每所学校均设置250米环形跑道（附100米直跑道）田径场一个。其中有条件的地区，规模较大的学校可设置300~400米环形跑道田径场一个。此外，小学还可根据不同规模设置一定数量的篮球场和器械场，中学可根据不同规模设置一定数量的篮球场、排球场和器械场。学校体育场地要平整、软硬适宜、不积水。要制定体育场地、器材、设备管理维修制度，并由专人负责。

校园内的主要交通道路应根据学校人流、车流、消防要求布置。路线要通畅便捷，道路的高差处宜设坡道。路上的地下管线井盖应与路面标高一致。

室外上下水、煤气、热力、电力、通信等地下管线，应根据校园总体规划的要求合理布局，并按防火规范要求在适当位置设置室外消防栓供水接口。变配电系统应独立设置，规划设计用电负荷应当留有余量。室外多种管线的敷设应用地下管沟暗设。

学校主要出入口的位置，应便于学生就学，有利于人流迅速疏散，不宜紧靠城市主干道。校门外侧应留有缓冲地带并设置警示标志。

旗杆、旗台应设置在校园中心广场或主要运动场区等显要位置。

校园应有围墙，沿主要街道的围墙宜有良好通透性。

三、校舍主要建筑标准

校舍建筑标准最重要的是安全标准。城市普通中小学校的建筑标准，必须贯彻安全、适用、经济、美观的原则，应根据各地经济条件、学校使用功能和城市建设规划要求确定，并要因地制宜，充分利用地方建筑材料。校舍应精心设计、精心施工，建造符合办学要求和适合青少年生理、心理特点的校舍。

建筑层数。 中小学校的教学、办公用房宜设计成多层建筑。小学的普通教室宜在四层以下，不宜超过四层；中学的普通教室宜在五层以下，不宜超过五层。其他教学、办公用房可根据使用要求设计。

层高。 系指上下两层楼面之间的距离。坡屋顶，系指楼面或地面至屋架下弦的距离。

普通教室的层高，小学不宜低于3600mm；中学不宜低于3800mm。

专用教室、公共教学用房，进深若大于7200mm，层高不宜低于3900mm。

行政办公用房的层高不宜低于3000mm。

多功能教室、合班教室、体育活动室等公共教学用房的层高，可根据使用要求确定。阶梯教室，最后一排的地面到棚顶的净高不应小于2200mm。

耐火等级。 楼房不低于二级，平房不低于三级。

建筑结构。 应根据校舍的使用功能、平面和空间可以改变的要求，以及保障安全和抗御较大自然灾害的要求，采用混合结构或钢筋混凝土承重结构。其中，教学用房宜采用钢筋混凝土框架结构。校舍不得采用空斗砖墙、空心砖墙和生土墙体作为承重结构。易发生地震、台风等自然灾害的地区，应按当地的地震裂度、抗风或抗洪要求进行设防。建筑材料和建筑构件的品种、规格、型号、标号、质量等必须符合设计要求。

屋面。 应根据各地雨雪量等气象条件和建材供应情况，采用钢筋混凝土平屋面或坡屋面。上述屋面均应有可靠的防水、隔热和保温措施。上人屋面，应设置安全防护栏，其净高不应低于1100mm。

楼地面。 普通教室和各种专用教室、门厅、走道、楼梯，均宜采用防尘易清洁、耐磨的楼地面。化学实验室宜采用耐酸碱腐蚀的楼地面。音乐教室、多功能教室、体育活动室等宜采用软性（如木地板等）楼地面。语言教室、计算机教室等需要埋设管线的部位，楼地面的做法要有利于管线维修。计算机教室地面还宜采用能导出静电的材料。厕所等用房宜做防滑易清洁的楼地面，应有可靠的防水和排水设施。

门厅、走廊。

教学楼的门厅宜适度宽敞,有利于人流集散通行和短暂停留。

教学楼宜采用外廊或单内廊,廊净宽不应小于2100mm;中内廊净宽不应小于3000mm。办公用房的廊宽不应小于1500mm。

门厅和走廊的楼地面不宜设台阶。走廊楼地面、走廊与房间楼地面略有高差时,应采用防滑坡道,高差较大必须设置台阶时,踏步不得少于三级。

外廊栏板或栏杆净高度不应低于1100mm。

教学楼内,应在走廊、过厅旁边的合适位置设置饮水处。

楼梯。 楼梯的数量、宽度、位置和形式应满足使用要求,符合交通疏散和防火规范的规定。楼梯间应有直接天然采光。楼梯的踏步高度不应大于150mm。楼梯井的净宽度不宜大于200mm。室内楼梯栏板或栏杆的净高度不应小于900mm;室外楼梯栏板或栏杆的净高度不应小于1100mm。

门窗。 门窗应便于开启、清洁、耐用。门窗开启后不得影响室内空间的使用和走廊通行的便利与安全。教学用房的门窗要有利于采光通风。普通教室、各种专用教室和部分公共教学用房应根据人流安全疏散的要求设置前后门。教室安全出入口门洞宽度不应小于1000mm。多功能教室、合班教室的门洞宽度不应小于1500mm。阶梯教室安全出入口的门洞宽度不应小于2000mm。门扇上宜设观察窗。教学用房及教学辅助用房均不宜设置门槛。门框上部设采光通风窗。位于楼梯平台处的采光窗,窗下墙高度小于1100mm的应设安全护栏。

建筑装修。

建筑内装修。墙面、顶棚一般宜做普通装修,门厅可做中级装修。音乐、语言、计算机、视听等专用教室可根据需要及经济条件做普通或中级装修。所有内墙的阳角和方柱均宜做成圆角。走廊、门厅、楼梯间均宜做高度不低于1200mm,易清洗、不易污损的墙裙;饮水间、浴室、厕所宜做高度不低于1500mm,便于冲洗的墙裙。

建筑外装修。应根据城市建设规划和校园景观的整体要求,因地制宜地进行装修。装修材料应能防止雨水渗透,其色彩应与周围建筑环境协调。

厕所。 师生厕所应分设。凡有排水系统公用设施的地方,学校应设室内水冲式厕所。室内厕所及前室应分别设污水池、地漏、洗手盆和镜台。校园较大的学校,宜同时设置适量厕位的室外厕所,其位置应在教学、办公区的下风方向,并保持适宜的距离。厕所宜采用瓷质的大小便槽,大便厕位宜设隔板。要妥善解决厕所的排气问题。

室内环境。

采光。应保证教室、图书阅览室及实验室等主要教学用房的最佳建筑朝向，避免室内阳光直射。

教学用房宜双侧采光，主要采光面应位于学生座位左侧，主要采光窗窗台高度宜为900mm。教学及办公用房的采光玻地比（窗户的透光面积与室内楼地面面积之比）不得低于1/6，并应防止眩光。

照明。教学、办公用房应采用配有保护角灯罩的荧光灯具，不得用裸灯。教学用房照明灯具的数量、功率、布置方式和悬挂高度必须满足照度均匀度的要求，达到规定的照度标准。灯具悬挂高度距桌面不应低于1700mm。生物实验室的实验桌上宜设局部照明。教学用房的照明要能够分楼、分层、分部位控制。各类用房的平均照度不应低于表12-2的规定。

表12-2　各类用房平均照度表

用房名称	平均照度（Lx）	规定照度的平面	照度均匀度
普通教室、音乐教室、实验室、自然教室、劳动教室、劳动技术教室、语言教室、合班教室、多功能教室、地理教室、科技活动室、心理咨询室、办公室、会议室、卫生保健室	150	桌面	不低于0.7
教室前方黑板	200	黑板垂直面	
计算机教室、图书阅览室、美术教室、书法教室、德育展览室	200	桌面	
体育活动室	100	地面	
厕所、走道、楼梯间	200	地面	

教学、办公楼等应设置适应教学、办公手段现代化的电器插座和分楼、分层或分部位控制的广播线路。劳动教室、劳动技术教室、科技活动室、厨房等用房，宜根据设备运行需要设置动力电源插座。

通风换气。教学、办公用房应有良好的自然通风，必须保持室内有良好的空气质量。教学用房应有换气设施，确保室内空气中CO_2的浓度低于15‰。炎热地区可采用开窗换气；温暖地区宜采用开窗与开启小气窗相结合的方式换气；寒冷和严寒地区应在外墙（或采光窗上部）和内走廊墙上设置小气窗

（或门头采光通风窗），或在室内设附墙竖向排气道换气。外墙上的换气口面积不应小于房间面积的1.67%，设于走廊墙上的换气口面积不应小于房间面积的3.34%。当采用附墙竖向排气道时，排气口应设在每层排气道的顶部（临近天棚处）位置，排气口大小可视具体情况确定，并设调节风门。

化学实验室、药品储藏室及储藏柜、合班教室、多功能教室、体育活动室等应根据使用要求设置有效的排气装置。

室内温度。必须保持教学和办公用房有适宜的室内温度。寒冷和严寒地区，有条件的城市普通中小学校宜采用热水供暖系统，供暖管道宜纳入地区集中供热管网。过渡地区、非集中采暖地区应因地制宜进行采暖。年日照时数大的地区可利用太阳能采暖。炎热地区应因地制宜地设置降温设施。

主要用房固定设施配置。

普通教室。室内前部应设置书写板、电视机架、投影幕挂钩、讲台；后墙宜设置展示板；适当位置宜设置清洁柜、储物柜和音箱等。

教师办公室。宜设洗手盆、存衣柜、嵌墙式或悬挂式书柜。

教学、办公楼内应有归集垃圾的位置，垃圾宜分类收集和处理。

综合布线系统。教学、办公楼应设置综合布线系统，或预留综合布线系统的设备位置及贯通的管线井道。

学校校舍要及时维修，避免成为危房，如果一经发现校舍成为危房，必须立即停止使用，避免恶性事故的发生。根据国家有关规定，学校校舍列为危房的情况包括：地基塌陷、滑坡、急剧下沉或基础发生严重不均匀沉陷而且还在继续发展；墙（柱）出现严重倾斜及裂缝并且还在继续发展；内外墙或纵横墙开裂而且还在继续发展；墙角严重风化使断面大量削弱；混凝土梁两端有大量裂缝。梁跨中央出现大挠度，并出现裂纹而且正在继续发展；混凝土楼板出现大挠度、大裂缝；屋顶木结构因腐朽、虫蛀使断面大量削弱以致产生过大挠度；屋顶或楼顶采用砖拱结构，既无圈梁又无拉结钢筋致使外墙被推开，砖拱发生大裂缝等。[1]

第二节　学校教育教学过程的安全管理

有了标准的校舍还不能保证学校教育教学过程的安全，学校还需要在常规性的教育教学活动或者学校组织的校外活动中实施安全管理，避免学

---

[1] 教育部学校安全工作领导小组办公室：《学校安全工作指导手册》，第53~54页，北京，中国社会出版社，2001。

生伤害事故的发生。

一、教育教学过程中学生伤害事故的关注点

为积极预防、妥善处理在校学生伤害事故，保护学生和学校的合法权益，教育部令第12号2002年6月25日发布《学生伤害事故处理办法》，自2002年9月1日起实施。根据《学生伤害事故处理办法》第二条的规定，学生伤害事故是指在学校实施的教育教学活动或者学校组织的校外活动中，以及在学校负有责任的校舍、场地、其他教育教学设施、生活设施内发生的，造成在校学生人身损害后果的事故。[①]

（一）学生伤害事故的发生点

1. 不同时间发生的学生伤害事故

从伤害事故发生的时间来看可以将其分为上下学途中发生的事故、课上发生的事故、课间发生的事故、课余发生的事故、校外活动中发生的事故、放假期间发生的事故等。上下学途中发生的伤害事故是指接送学生上下学的校车在接送学生上下学途中发生的事故。课上发生的事故是指学校依课程计划在校内教育教学活动中所发生的事故。课间发生的事故是指在课与课的休息时间内发生的事故，包括午休时间发生的事故。课余发生的事故是指放学后或晚自习后学生在学校发生的事故。校外活动中发生的事故是指在学校的组织下，到校园外所进行的与教育教学活动有关的各种活动中所发生的事故。放假期间发生的事故包括公休假日、寒暑假期等在校内外发生的与学校活动有关的事故。

2. 不同责任主体发生的学生伤害事故

按事故发生的责任主体不同，可以分为学校责任事故、学校意外事故和第三方责任事故。学校责任事故是指由于学校的过错，未尽到相应的教育、管理、保护、预防的责任而造成的学生伤害事故。学校意外事故是指由于不可预见、不可避免的情形所造成的学生伤害事故。第三方责任事故是指由学校以外的公民、法人或组织的过错而造成的学生伤害事故。作为学校，应当着重预防学校责任事故，并应采取积极措施，妥善处理意外事故和第三方责任事故。

3. 不同情形之下发生的学生伤害事故

《学生伤害事故处理办法》第九条规定：因下列情形之一造成的学生伤

---

① 教育部政策研究与法制建设司：《学生伤害事故处理办法释义及实用指南》，第141页，北京，中国青年出版社，2002。

害事故，学校应当依法承担相应的责任：（1）学校的校舍、场地、其他公共设施，以及学校提供给学生使用的学具、教育教学和生活设施、设备不符合国家规定的标准，或者有明显不安全因素的；（2）学校的安全保卫、消防、设施设备管理等安全管理制度有明显疏漏，或者管理混乱，存在重大安全隐患，而未及时采取措施的；（3）学校向学生提供的药品、食品、饮用水等不符合国家或者行业的有关标准、要求的；（4）学校组织学生参加教育教学活动或者校外活动，未对学生进行相应的安全教育，并未在可预见的范围内采取必要的安全措施的；（5）学校知道教师或者其他工作人员患有不适宜担任教育教学工作的疾病，但未采取必要措施的；（6）学校违反有关规定，组织或者安排未成年学生从事不宜未成年人参加的劳动、体育运动或者其他活动的；（7）学生有特异体质或者特定疾病，不宜参加某种教育教学活动，学校知道或者应当知道，但未予以必要的注意的；（8）学生在校期间突发疾病或者受到伤害，学校发现，但未根据实际情况及时采取相应措施，导致不良后果加重的；（9）学校教师或者其他工作人员体罚或者变相体罚学生，或者在履行职责过程中违反工作要求、操作规程、职业道德或者其他有关规定的；（10）学校教师或者其他工作人员在负有组织、管理未成年学生的职责期间，发现学生行为具有危险性，但未进行必要的管理、告诫或者制止的；（11）对未成年学生擅自离校等与学生人身安全直接相关的信息，学校发现或者知道，但未及时告知未成年学生的监护人，导致未成年学生因脱离监护人的保护而发生伤害的；（12）学校有未依法履行职责的其他情形的。

为避免上述有关情形下学生伤害事故的发生，《学校课桌椅功能尺寸》《学生用品的安全通用要求》等国家标准，《学校体育工作条例》《学校卫生工作条例》等法律法规，均是学校对教育教学活动实施安全管理的重要依据。

（二）学生伤害事故的特点

1. 发生频率较高

我国是学生伤害事故发生频率较高的国家，每年有万人以上的中小学生在各种事故中死伤。这些伤害事故有的起因于学校建筑坍塌，有的起因于校园火灾，有的起因于食物中毒；有的起因于学校集体活动；有的起因于学校治安等。

2. 发生时间集中

一般来说，学校举行大型活动时容易发生伤害事故；学生迅速聚集或解散时容易发生伤害事故；学生单独活动时容易发生伤害事故。春秋两季是学校大型活动较多的季节,在活动中往往易发生交通、溺水、火灾、坠崖、工具伤害等各种伤害事故。晨会、下课、下晚自习等是学生迅速集中或分散的时间,由于学生聚集,行动迅速,往往易发生拥挤、踩踏伤害事故。食堂、宿舍是学生群体或个体单独活动的地点,容易发生暴力、火灾等伤害事故。

3. 伤害程度严重

学校是学生集中活动的地方,无论何种原因导致伤害事故的发生,都可能伤害数量较多的学生,这种伤害不仅仅是身体的,很多时候还包括心理的。如果发生重大恶性事故,那么对学生的伤害程度就更为严重,死亡、残疾常常成为伤害事故的必然结果。

二、教育教学过程中学生伤害事故的隐患

教育教学过程中发生的学生伤害事故,在很多情况下都是因为管理疏忽,存在伤害事故隐患。

(一) 课堂教学超常规隐患

课堂教学违背教育法律法规是学生伤害事故隐患。例如,在化学试验课、物理实验课上,教师不严格遵守操作规程或不严格要求学生遵守操作规程会带来烧伤、烫伤、炸伤、中毒等事故隐患。教师违反教育法律法规,体罚或变相体罚学生会伤害学生的身心健康,甚至可能导致死亡。

(二) 大型活动无预案隐患

学校组织大型活动无预案是学生伤害事故隐患。例如,学校组织参观、访问、社会公益活动、文体活动等,不事先进行安全教育,不讲清注意事项和要求,组织者对情况不了解,没有制订详细的活动计划,不拟定事故防范措施,活动过程中组织者和教育者不尽职责等松懈管理是事故发生的隐患。

(三) 饮水饮食不卫生隐患

学校饮水饮食不卫生是学生伤害事故隐患。其一,学校食堂距大型污染源较近、食堂设施不符合标准、食堂管理不当等,是事故发生的隐患。其二,学校食堂炊事人员或帮厨人员身体不健康、个人卫生习惯不良等,是事故发生的隐患。其三,学校食堂环境及炊具不卫生,食堂清洗、清扫不及时,有传染源,炊具、餐具不清洗、不消毒等,是传染疾病等事故发生的隐患。其四,学校食品采购不当,采购的食品(包括课间食品)腐烂、霉变、污秽不洁、混有异物或感官性状异常、超过保质期等是感染疾病、

食物中毒的隐患。食物中毒包括细菌性食物中毒、动植物食物中毒以及其他常见食物中毒。

(四) 疾病疫情不预防隐患

学校对常见病传染病不采取预防措施是学生伤害事故隐患。例如，对龋齿、近视眼、脊柱弯曲异常、沙眼、蛔虫病、缺铁性贫血等常见病不预防会成为患此类病的隐患。对病毒性肝炎、脊髓灰质炎、痢疾、伤寒、副伤寒、霍乱、副霍乱等肠道传染病，流感、麻疹、水痘、流行性脑脊髓膜炎、流行性腮腺炎、白喉、百日咳等呼吸道传染病，流行性乙型脑炎、疟疾、斑疹伤寒等虫媒传染病，炭疽等动物传播性传染病不预防会成为患此类病的隐患。教师或其他工作人员有不适宜担任教育教学工作的疾病也会成为学校内的疾病疫情隐患。

(五) 设施设备违规隐患

学校设施设备不合规定进行配置是学生伤害事故隐患。首先是校址选择不当的隐患。校址选择在陡坡下、高压线下、河道上、滑坡地区、公路铁路近旁、工厂附近等可能带来事故隐患。其次是校内布局不当的隐患。学校的教学、生活等设施布局不合理，不符合安全和教育教学原则可能带来事故隐患。再次是活动场地设置不当、器械管理不妥的隐患。学校活动场地不平整、土质不宜、器材不符合学生年龄特征，以及无人负责等都是事故发生的隐患。最后是校舍建设违规隐患。校舍建设违反操作程序和标准、新建扩建校舍不经过批准、任用不具有资格证书或营业执照的单位或个人进行设计或施工、不进行质量监督和验收等，均可带来事故隐患。

(六) 火灾预防疏忽隐患

学校对火灾预防疏忽是学生伤害事故隐患。火灾容易发生在学生集体生活、教育教学等活动之中。学生用火不慎、用电不慎、玩火、燃放烟花爆竹、用炉火取暖等均容易引起火灾。例如，使用蜡烛、油灯、蚊香，用电超负荷，使用电炉、电暖气，随意乱扔未灭的火柴、烟头，违反化学试验和物理实验操作规程等均可成为火灾伤害事故的隐患。

(七) 治安管理混乱隐患

学校治安管理混乱是学生伤害事故隐患。隐患往往由于治安保卫工作制度和机构不健全、法制和治安意识薄弱、安全技术防范设施不充分等原因引起。这类隐患引发的伤害事故一般来说比较突然，并且伤害严重。

(八) 交通违反规则隐患

学校实施教育教学活动不遵守交通规则是学生伤害事故隐患。有校车接送学生上下学的学校,在接送途中违反交通规则或疏于管理存在事故隐患。学校组织体育、文娱、劳动等集体活动,学校或参与组织活动者违反交通规则存在事故隐患。

三、教育教学过程中学生伤害事故的预防

为避免学生伤害事故的发生,就要消除学生伤害事故隐患,采取措施积极主动地预防学生伤害事故的发生。《学生伤害事故处理办法》第五条规定:"学校应当对在校学生进行必要的安全教育和自护自救教育;应当按照规定,建立健全安全制度,采取相应的管理措施,预防和消除教育教学环境中存在的安全隐患;当发生伤害事故时,应当及时采取措施救助受伤害学生。""学校对学生进行安全教育、管理和保护,应当针对学生年龄、认知能力和法律行为能力的不同,采用相应的内容和预防措施。"

(一)实施安全教育

1. 安全教育的意义

《中小学幼儿园安全管理办法》第三十八条规定:"学校应当按照国家课程标准和地方课程设置要求,将安全教育纳入教学内容,对学生开展安全教育,培养学生的安全意识,提高学生的自我防护能力。"从伤害事故的责任主体来看,安全教育需要整个社会的关注和保证。作为学校,也应将对师生进行安全教育作为教育教学活动的重要内容,提高师生的安全意识、安全操作技能和安全工作水平。

从伤害事故的发生情况来看,许多事故是可以避免的,只因教育者和管理者缺乏对安全教育的认识,没有进行必要的安全知识教育,导致在教育教学活动中发生重大伤害事故。因此,学校应当把安全教育作为教育教学活动的重要组成部分,经常地、连续地对师生进行安全教育,并使安全教育发挥预防为主的功能,使其明确安全的重要性,进而提高安全意识。

仅有安全意识并不能完全保证安全,还需要掌握安全操作技能。进行安全教育可以帮助师生学会保证安全的基本操作技能,形成操作习惯,在教育教学活动中自觉遵守各种操作规程,从技术上保证教育教学活动的安全性。

安全工作的重点在于防范事故的发生,而不在于对伤害事故的处理。学校经常进行安全教育既可以增强对安全工作重要性的认识,又可以掌握安全工作的技能技巧,形成良好的教育教学秩序,这一过程本身就是在以积极的态度排除事故隐患,预防或避免伤害事故的发生。

2. 安全教育的方法

学校进行安全教育可以采取多种方法，其中讲授、参观、讨论是经常采用的效果较好的方法。

讲授是指教育者通过语言向受教育者叙述、解释、论证安全教育知识的方法。这种方法可以使受教育者清晰、明了、系统地掌握安全教育知识，增强对安全教育知识重要性的认识，提高安全意识。讲授也可以根据具体内容和教学条件，辅之以案例和演示，利用图片、实物、电视、计算机等教学手段增强安全教育的直观性、深刻性和感染性，使安全教育收到较好的效果。

参观是指教育者根据安全教育内容的需要，组织学生到一定的场所，观察与感受安全教育知识及技能的方法。这种方法比较直观，但要有周密的组织。因为参观一般来说是比较大型的校外活动，活动本身就需要注意安全，因此在参观之前要做好计划，明确要求和目的，保证参观活动的安全。

讨论是指教育者根据安全教育的内容、特点和目的，有针对性地对学生提出问题，并依此启发学生发表意见，进行交流的方法。这种方法有利于学生更深刻地认识和理解安全教育的有关知识，提高安全教育的效果和质量。

（二）遵守法律法规

保障学校安全，预防学生在校伤害事故的发生，已经有许多法律法规可以遵循。法律法规对规范人们的行为具有先导性的警示作用，对违背规定的行为具有惩罚与制止的作用。学校有义务遵守这些法律法规，依法保障学生的安全。遵守法律法规关键在于明确法律关系主体应当享有的权利和应当履行的义务。为有效防范中小学生在校伤害事故的发生，学校、社会和学生自身都应明确法律所规定的有关权利和义务，但学校在伤害事故的防范中起着最关键的作用。学校对学生进行安全教育、依法建设校园环境、加强对教育教学活动的管理、保护学生的合法权益不受侵犯、对受到伤害的学生采取补救措施、警惕学生的违纪行为、预防未成年学生犯罪等，均是学校防范伤害事故发生应负的责任。

（三）建立、健全学校安全制度

法律法规是规范学校行为的外部制度，要使法律法规得到遵守还需依法建立、健全学校内部的安全制度，履行防范学生在校伤害事故发生的义务。学校应当建立的安全制度包括：安全教育制度、责任人员制度、隐患排查制度、危机预警管理制度、自护自救教育制度等。

1. 安全教育制度

制定学校安全教育制度是保障学校安全的重要规程。学校安全教育制度应当具体规定学校负责安全教育的人员，如校长、教师、职能人员等；进行安全教育的时间，如开学初、节假日前、大型活动时、课间活动中等；明确安全教育的内容，如安全法律常识、安全注意事项、事故呼救办法、事故处理方式等；组织安全教育的方法，如讲授、参观、讨论等；开展安全教育的演练项目，如防火、防震、防爆等。

2. 责任人员制度

学校应成立负责安全工作的领导小组，必要时成立临时的安全管理组织机构，承担有计划地进行安全教育并保证学校安全的任务。领导小组由校长任组长，全面负责学校的安全工作，小组成员应由主管教学、总务等工作的负责人、职能人员组成，共同对学校安全工作实施计划、组织、指导、协调、控制、监督等职能。学校的领导者、教师及其他职能人员均是学校的安全责任人员，分别负责不同时间、不同空间的学校安全工作。如课上的、课下的、工作日的、节假日的、全校的、门卫的、班级的、实验室的、食堂的、宿舍的等。对这些人员来说，责任制度的重点应当在于对学生注意责任的强化上。例如，对值日、执勤制度的建立，对学生上课出席、离开教室情况的了解，对实验课操作规程和注意事项的讲解及对学生操作过程的指导监督，对学生进行实验用品的防毒、防爆、防污染等安全防护措施的检查，对体育课、音乐课、电脑课等在特殊场所的上课秩序、器械的安排和管理，对食堂及宿舍卫生及安全防护设施的检查等，都是教育者履行注意责任的关键时间和地点，责任制度的建立应当在这些方面细化。

3. 隐患排查制度

防范学生在校伤害事故的重要措施在于隐患排查。排查是防范中的防范，它以积极的态度防止或避免伤害事故的发生。排查包括检查和排除两个方面，检查是排除的前提，排除是检查的目的。隐患排查应当在制度规约下，有组织、有计划地进行。排查制度包括明确排查时间、人员、对象、措施等。排查时间可分为定期排查和临时排查。根据学校实际情况，在学期前后、节假日期间都应定期检查，排除安全隐患，在自校或他校发生伤害事故后要进行突击排查，在大型活动之前也要进行排查。排查之后要有报告。排查人员主要是校长、主管人员、不职能人员以及有关的教师。学生自身也要提高对周围环境的警惕性，排查自身对事故疏忽的隐患。检查的对象是所有可能对学生构成伤害的人、物、制度等主客观条件。具体包括学校建筑、场地、食堂、宿舍、周边环境等空间条件，水、电、气、火、食品、药品、调剂品、学习用品、教学用品、交通工具等学校设施、设备，学生、教师、职能人员的健康状况，教育者与受教育者的防患意识、防患技能，学校安全制度与责任制度是否健全等。隐患排查需要有固定的经费投入，学校计划应做好预算，把消除隐患的经费投入视为学校基本建设的重点，所需经费必须给予保障。学校无力负担时，要向上级教育行政主管部门报告。因经费投入不能及时到位，隐患无法消除，并对师生安全构成严重威胁时，应停止使用相应的设施。

4. 危机预警管理制度

当学校安全陷于难以处理的情境时，通常称之为危机状态。引发这种状态的事件有的来自于可预见、可预防的校内，有的来自于可预见但难以预防的校外，还有的来自于不可预见甚至不可预防的偶发事件、意外事件。对于这类危机事件，学校需要制定预警管理制度，对可预见的事件进行预防以减少伤害，对不可预见和不可预防的事件进行有效管理以减少伤害和损失。危机预警管理制度首先是建立危机信息搜集系统，通过交流及时获取危机隐患信息，经学校安全领导小组或危机预防的特定组织对信息进行处理，达到预防危机发生的目的。危机预警也是危机管理的开端，在此基础上，还要制定危机控制机制，避免危机发生后无准备地将人力物力财力投入危机区，避免危机扩散，降低危机的损害程度。同时，要有组织地对危机区实施救援，危机解除后有计划地恢复学校常规工作，消解师生的心理压力。[①]

5. 自护自救教育制度

提高学生自护自救的意识和能力是教育学生珍爱生命、减少学生伤害事故和减轻伤害后果的重要举措。学生自护自救教育制度的建立包括对自护自救教育计划的制定、意识的提升、技能的掌握、能力的提高等许多方面。例如，火灾中的自护自救需要掌握匍匐前进、就地打滚、用救护结、攀爬穿越、高楼逃生等技能；创伤中的止血自护自救可采取直接加压止血法、抬高伤肢（高于心脏）止血法、冷敷止血法、止血点止血法等。[②] 学校可以按照自护自救教育计划不断提高学生的自护自救能力。

[①] 许龙君：《校园安全与危机处理》，第14～15页，北京，中国人民大学出版社，2010。

[②] 许龙君：《校园安全与危机处理》，第111～112页，北京，中国人民大学出版社，2010。

第三节 学生伤害事故的处理

学生伤害事故由于其发生频率高、发生时间集中、伤害程度严重等特点,越来越引起社会各界的广泛关注。针对这种状况,学校一方面要防患于未然,避免学生伤害事故的发生;另一方面,要在事故发生后,做好伤害事故的处理工作,使伤害程度和范围降到最低。

一、学生伤害事故的归责原则

归责是指侵权行为人的行为或者物件致他人损害的事实发生以后,侵权的责任或者所造成的损失归属何人承担。归责原则是指归责的基本规则,是确定行为人侵权行为的民事责任的根据和标准。[①]《学生伤害事故处理办法》第八条规定:"学生伤害事故的责任,应当根据相关当事人的行为与损害后果之间的因果关系依法确定。""因学校、学生或者其他相关当事人的过错造成的学生伤害事故,相关当事人应当根据其行为过错程度的比例及其与损害后果之间的因果关系承担相应的责任。当事人的行为是损害后果发生的主要原因,应当承担主要责任;当事人的行为是损害后果发生的非主要原因,承担相应的责任。"根据这些规定,学生伤害事故的处理主要依据过错责任原则。过错责任原则是指法律关系主体由于过错侵害了他人的权利而应承担责任的法律规则。除过错责任原则外,归责原则还有过错推定责任原则、公平责任原则和严格责任原则。过错推定责任原则是指推定加害人存在过错并应承担责任的法律规则。《中华人民共和国侵权责任法》(中华人民共和国第十一届全国人民代表大会常务委员会第十二次会议于2009年12月26日通过,自2010年7月1日起施行)第六条规定:"行为人因过错侵害他人民事权利,应当承担侵权责任。""根据法律规定推定行为人有过错,行为人不能证明自己没有过错的,应当承担侵权责任。"第三十八条规定:"无民事行为能力人在幼儿园、学校或者其他教育机构学习、生活期间受到人身损害的,幼儿园、学校或者其他教育机构应当承担责任,但能够证明尽到教育、管理职责的,不承担责任。"第三十九条规定:"限制民事行为能力人在学校或者其他教育机构学习、生活期间受到人身损害,学校或者其他教育机构未尽到教育、管理职责的,应当承担责任。"第四十

---

① 教育部政策研究与法制建设司:《学生伤害事故处理办法释义及实用指南》,第31页,北京,中国青年出版社,2002。

条规定："无民事行为能力人或者限制民事行为能力人在幼儿园、学校或者其他教育机构学习、生活期间，受到幼儿园、学校或者其他教育机构以外的人员人身损害的，由侵权人承担侵权责任；幼儿园、学校或者其他教育机构未尽到管理职责的，承担相应的补充责任。"根据这些规定，无民事行为能力人在幼儿园、学校或者其他教育机构学习、生活期间受到人身损害的，适用过错责任原则；无民事行为能力人或者限制民事行为能力人在幼儿园、学校或者其他教育机构学习、生活期间受到幼儿园、学校或者其他教育机构以外的人员人身损害的，适用过错责任原则。公平责任原则是指当事人双方在对造成损害均无过错的情况下，由法院（法官）根据公平的概念，综合考虑当事人财产状况、支付能力等情况，确定一方对另一方的损失给予适当补偿的法律责任规则。法院（法官）对学生伤害事故的处理如果适用公平责任原则并不意味着学校有过错。严格责任原则是指行为或与行为相关的事件对他人的合法权益造成损害时而应承担责任的法律规则。适用严格责任原则的条件一般是由法律明确规定的。

二、学生伤害事故的处理措施

（一）救助告知

学校一旦发生学生伤害事故，应当采取适当措施及时救助受伤害的学生，如在最佳时间将学生送往医院，在救助的同时告知未成年学生的监护人；有条件的学校，应当采取紧急救援等方式救助，避免更为严重的后果发生。学生伤害事故发生后，未受到伤害的学生也会因为惊吓导致情绪紧张等情况的出现，学校应通过班主任、心理教师等对学生进行辅导，并与家长及时沟通，协助学校做好学生的心理调适。

（二）报告报案

《学生伤害事故处理办法》第十六条、第十七条分别规定："发生学生伤害事故，情形严重的，学校应当及时向主管教育行政部门及有关部门报告；属于重大伤亡事故的，教育行政部门应当按照有关规定及时向同级人民政府和上一级教育行政部门报告。""学校的主管教育行政部门应学校要求或者认为必要，可以指导、协助学校进行事故的处理工作，尽快恢复学校正常的教育教学秩序。"学校的报告与主管的教育行政部门的指导协助是相辅相成的，二者的密切合作有助于降低受伤害学生的损伤程度。如果伤害事故可能涉及刑事责任，则学校要及时保护现场并向有关部门报案。

（三）协商调节

根据《学生伤害事故处理办法》第十八条、第十九条、第二十条、第二十一条、第二十二条的规定，发生学生伤害事故，学校与受伤害学生或者学生家长可以通过协商方式解决；双方自愿，可以书面请求主管教育行政部门进行调解。教育行政部门收到调解申请，认为必要的，可以指定专门人员进行调解，并应当在受理申请之日起60日内完成调解。成年学生或者未成年学生的监护人也可以依法直接提起诉讼。经教育行政部门调解，双方就事故处理达成一致意见的，应当在调解人员的见证下签订调解协议，结束调解；在调解期限内，双方不能达成一致意见，或者调解过程中一方提起诉讼，人民法院已经受理的，应当终止调解。调解结束或者终止，教育行政部门应当书面通知当事人。对经调解达成的协议，一方当事人不履行或者反悔的，双方可以依法提起诉讼。事故处理结束，学校应当将事故处理结果书面报告主管的教育行政部门；重大伤亡事故的处理结果，学校主管的教育行政部门应当向同级人民政府和上一级教育行政部门报告。

（四）损害赔偿

2003年12月4日，最高人民法院审判委员会第1299次会议通过《最高人民法院关于审理人身损害赔偿案件适用法律若干问题的解释》，第七条规定："对未成年人依法负有教育、管理、保护义务的学校、幼儿园或者其他教育机构，未尽职责范围内的相关义务致使未成年人遭受人身损害，或者未成年人致他人人身损害的，应当承担与其过错相应的赔偿责任。""第三人侵权致未成年人遭受人身损害的，应当承担赔偿责任。学校、幼儿园等教育机构有过错的，应当承担相应的补充赔偿责任。"《学生伤害事故处理办法》第二十三条规定："对发生学生伤害事故负有责任的组织或者个人，应当按照法律法规的有关规定，承担相应的损害赔偿责任。"第二十四条规定："学生伤害事故赔偿的范围与标准，按照有关行政法规、地方性法规或者最高人民法院司法解释中的有关规定确定。""对受伤害学生的伤残程度存在争议的，可以委托当地具有相应鉴定资格的医院或者有关机构，依据国家规定的人体伤残标准进行鉴定。"也就是说，学生伤害事故的赔偿处理要根据负有责任的主体来确定。主要分为三种情况：一是学校对学生伤害事故负有责任的，根据责任大小，适当予以经济赔偿，但不承担解决户口、住房、就业等与救助受伤害学生、赔偿相应经济损失无直接关系的其他事项。教育行政部门进行调解时，认为学校有责任的，可以依照有关法律法规及国家有关规定，提出相应的调解方案。根据双方达成的协议、经调解形成的协议或者人民法院的生效判决，应当由学校负担的赔偿金，学校应当负责筹措；学校无力完全筹措的，由学校的主管部门或者举办者协助筹措。赔偿途径：在县级以上人民政府教育行政部门或者学校举办者有条件的，可以通过设立学生伤害赔偿准备金等多种形式，依法筹措伤害赔偿金。学校有条件的，应当依据保险法的有关规定，参加学校责任保险。2008年4月3日，教育部、财政部、中国保险监督管理委员会发布《关于推行校方责任保险完善校园伤害事故风险管理机制的通知》，要求由国家或社会力量举办的全日制普通中小学校（含特殊教育学校）、中等职业学校，原则上都应投保校方责任保险。校方责任保险基本范围包括因校方责任导致学生的人身伤害，依法应由校方承担的经济赔偿责任。九年义务教育阶段学校投保校方责任保险所需费用，由学校公用经费中支出，每年每生不超过5元。其他学校投保校方责任保险的费用，由省、自治区、直辖市教育行政、财政部门和保险监管机构，按照《中共中央国务院关于加强青少年体育 增强青少年体质的意见》（中发〔2007〕7号）的精神，制定相关办法。《学生伤害事故处理办法》还提倡学生自愿参加意外伤害保险。在尊重学生意愿的前提下，学校可以为学生参加意外伤害保险创造便利条件，但不得从中收取任何费用。学生参加意外伤害保险有助于增加伤害补偿的机会。学校无责任的，如果有条件，可以根据实际情况，本着自愿和可能的原则，对受伤害学生给予适当的帮助。二是学校教师或者其他工作人员在履行职务中的故意或者重大过失造成的学生伤害事故，学校予以赔偿后，可以向有关责任人员追偿。三是未成年学生对学生伤害事故负有责任的，由其监护人依法承担相应的赔偿责任。如果学生的行为侵害学校教师及其他工作人员以及其他组织、个人的合法权益，造成损失的，成年学生或者未成年学生的监护人应当依法予以赔偿。

（五）责任处理

学生伤害事故的责任处理有四种情况：一是对学校责任的处理，责任类型有行政处分、行政处罚和刑事处罚。发生学生伤害事故，学校负有责任且情节严重的，教育行政部门应当根据有关规定，对学校直接负责的主管人员和其他直接责任人员，分别给予相应的行政处分；有关责任人的行为触犯刑律的，应当移送司法机关依法追究其刑事责任。学校管理混乱，存在重大安全隐患的，主管的教育行政部门或者其他有关部门应当责令其限期整顿；对情节严重或者拒不改正的，应当依据法律法规的有关规定，给予相应的行政处罚。二是教育行政部门未履行相应职责，对学生伤害事故的发生负有责任的，由有关部门对直接负责的主管人员和其他直接责任人员分别给予相应的行政处分；有关责任人的行为触犯刑律的，应当移送司法机关依法追究其刑事责任。三是违反学校纪律，对造成学生伤害事故负有责任的学生，学校可以给予相应的处分；触犯刑律的，由司法机关依法追究其刑事责任。四是受伤害学生的监护人、亲属或者其他有关人员，在事故处理过程中无理取闹，扰乱学校正常教育教学秩序，或者侵犯学校、学校教师或者其他工作人员的合法权益的，学校应当报告公安机关依法处理；造成损失的，可以依法要求赔偿。

本章小结

　　学校安全管理是学校管理的常规性工作，也是复杂的系统性工作，它关系到众多师生的生命健康，不允许有丝毫闪失和差错。学校安全管理贯穿于学校管理活动的全过程，学校领导者可以从学校校舍的安全管理和学校教育教学过程的安全管理入手做好学校安全管理工作。《城市普通中小学校校舍建设标准》和《农村普通中小学校建设标准》是学校科学化、规范化管理和提高投资效益，保证学校校舍安全、适用、经济、美观的依据，符合安全标准的校舍，必然有助于培养学生良好的安全意识，有助于保证学校师生的生命安全。学校建设规模与校舍用房的组成标准是保证学校校舍安全的设计起点，中小学学校的建设规模应根据批准的学校规模、建设规划的要求确定。学校网点布局、校址选择与规划设计都离不开对学生安全的思考，以保证学生在安全的学校环境中学习。学校校舍要及时维修，避免成为危房，如果一经发现校舍成为危房，必须立即停止使用，避免恶性事故的发生。

　　有了标准的校舍还不能完全保证学校教育教学过程的安全，学校还需要在常规性的教育教学活动或者学校组织的校外活动中实施安全管理，避免学生伤害事故的发生。学生伤害事故表现于不同时间发生的伤害事故和不同责任主体发生的伤害事故、不同情形下发生的伤害事故。学生伤害事故的发生会表现出发生频率较高、发生时间集中、伤害程度严重等特点。为避免学生伤害事故的发生，就要消除学生伤害事故隐患，采取措施积极主动地预防学生伤害事故的发生。学生伤害事故隐患主要表现于课堂教学超常规隐患、大型活动无预案隐患、饮水饮食不卫生隐患、疾病疫情不预防隐患、设施设备违规隐患、火灾预防疏忽隐患、治安管理混乱隐患、交通违反规则隐患等。学生伤害事故的预防可以从实施安全教育、遵守法律法规、建立健全学校安全制度等方面入手。在制度建设上，安全教育制度、责任人员制度、隐患排查制度、危机预警管理制度、自护自救教育制度等都是非常重要的。

　　学校一方面要防患于未然，避免学生伤害事故的发生；另一方面，要在事故发生后，做好伤害事故的处理工作，使伤害程度和范围降到最低。根据《学生伤害事故处理办法》的规定，学生伤害事故的处理可以通过救助告知、报告报案、协商调节、损害赔偿、责任处理等措施，降低对学生的伤害程度。

思考与练习

1. 学校校舍的安全管理主要包括哪些方面的安全要求？
2. 学校应当承担责任的学生伤害事故情形有哪些？
3. 教育教学过程中可能存在哪些学生伤害事故隐患？
4. 预防学生伤害事故应当设计哪些基本制度？
5. 一旦发生学生伤害事故应采取哪些措施及时处理？

案例分析

学校举行升旗仪式发生的踩踏事故①

1996年9月9日上午7时30分，云南省临沧县某小学在学校下院（校园分为上院和下院，中有天桥相连）举行升旗仪式。当上院学生（18个班）向下院集中参加升旗仪式，从天桥走到下院的台阶时，前边的一名学生突然跌倒，后面的同学拥上后纷纷扑倒，因天桥狭窄，学生较多，且在走动中，造成跌倒的学生被严重踩踏挤压，致使24名学生当场死亡，9名学生重伤，48名学生轻伤。

"9·9"事故的直接原因是由于连接前后两院的通道狭窄，楼梯陡斜，加之部分教师未按规定组织学生进升旗地点，造成学生过通道时混乱拥挤、相互挤压跌倒导致严重事故。

案例思考题

1. 从引发这起事故的直接原因来看，学校在校舍建设上存在哪些伤害事故隐患？
2. 学校在组织学生升旗等集体活动时，要求学生"快、静、齐"，应怎样保证学生的安全？

阅读链接

1. 教育部学校安全工作领导小组办公室：《学校安全工作指导手册》，北京，中国社会出版社，2001。
2. 许龙君：《校园安全与危机处理》，北京，中国人民大学出版社，2010。

---

① 教育部学校安全工作领导小组办公室：《学校安全工作指导手册》，第225页，北京，中国社会出版社，2001。

第十三章　学校与社区的沟通合作

内容提要

学校是社会的一部分，学校的发展与社会环境的影响密不可分，开展学校与社区的沟通合作是现代社会对学校提出的必然要求。学校在与社区的沟通合作中，需要协调好与学生家长的关系、与政府的关系、与社会团体的关系，使学校教育收到系统正效应。

学习目标

1. 理解学校与社区沟通合作的意义。
2. 掌握学校与家庭及政府沟通合作方式。
3. 了解学校与社会团体的沟通合作方式。

1999年，国务院批转教育部发布《面向21世纪教育振兴行动计划》，要求开展社区教育实验工作，逐步建立和完善终身教育体系，努力提高全民素质。之后，教育部积极推动社区教育实验工作。2004年，《教育部关于推进社区教育工作的若干意见》，强调落实《2003—2007年教育振兴行动计划》提出的"推进社区教育"的任务，明确了社区教育工作的指导思想、原则、目标及任务。2010年，《国家中长期教育改革和发展规划纲要（2010—2020年）》提出的重大项目和改革试点包括终身教育体制机制建设试点，要求建立区域内普通教育、职业教育、继续教育之间的沟通机制；建立终身学习网络和服务平台；统筹开发社会教育资源，积极发展社区教育；建立学习成果认证体系，建立"学分银行"制度等。实践证明，社区教育在培养人的过程中正在发挥着重要的作用，学校与社区的沟通合作也成为学校管理的重要内容。请看案例：

学校与社区的融合互动[①]

苏州市沧浪区的学校在区督导室"学校与社区融合互动"实验项目牵头下,根据各校实际情况出台了相应的各有特色的"学校——社区"教育互动方案并收到了成效。一是资源互动。实验通过查阅资料、实地走访来发掘社校资源,并对各种可利用的教育资源进行整理分类。例如,发挥社区内热心于社会,关心社区文明、社区教育的志愿者和先进模范人物对青少年的教育作用,发挥学校声乐教师、美术教师等各种有特长的教师在组织社区各种活动中的作用等。二是实现资源配置。根据资源的实际状况,由社区教育委员会、暑期工作领导小组、市民学校等机构分期分批建立不同类别、不同形式的社区教育组织或基地,使资源得到合理配置,有序地发挥其教育作用。例如,组建各种讲师团、建立科普教育基地、劳动服务基地、社会服务基地、聘请德育辅导员,以"定人、定内容、定地点、定时间"来规范、保证资源共享活动的进行。此外,苏州市沧浪区的"学校与社区融合互动"实验项目还采取许多其他做法,使学校和社区在沟通合作中共同发展。

这一案例表明,社区教育已经成为学校实施素质教育的重要资源,学校和社区的交融是现代社会向学校提出的新挑战,学校需要妥善处理与社区的关系,在社区中汲取营养,同时为社区的发展提供支持。

第一节　学校与社区沟通合作的意义

社区（community）是社会上以某种特征划分的居住区。[②] 其中一定的特征既包括社会关系特征,也包括地域特征。社区的特征决定了学校在一定区域内的教育环境,包括家庭、政府、社会团体以及它们之间的相互关系,这种环境影响学校的发展,反之亦然。因此,加强学校与社会的沟通合作已经成为国际社会的共识。

一、学校与社区沟通合作是社会发展的需要

学校和社区沟通合作是终身教育理念的必然要求。现代社会,科技革

[①] 赵奕一:《学校社区同质共生构筑终身教育同心圆——谈学校与社区融合互动的机制》,载《中国农村教育》,2010（3）。

[②] 中国社会科学院语言研究所词典编辑室:《现代汉语词典》,2002年增补本,第1116页,北京,商务印书馆,2002。

命带来了信息量的激增,知识经济时代的到来要求人们必须终身学习。社区是特定地域空间的人的社会共同体,是社区民众终身学习的载体。学校是社区的文化中心,是社区的重要教育资源,拥有专门的人才和设施,可以在适当的时间和地点为社区民众提供教育服务,发挥学校的特殊作用。因此,实现学校和社区的沟通合作,能更好地适应现代社会的要求,更好地为社会培养人才。

二、学校与社区沟通合作是学校发展的需要

教育是一项全民族全社会的事业,学校教育必须取得社会和民众的支持,共同推进教育事业的发展。《基础教育课程改革纲要(试行)》中要求设置从小学到高中的综合实践活动课程,其中包括社区服务。这就要求学校必须与社区沟通合作,得到社区的参与和支持。学校师生需要走出校园,走进社区,理论联系实际,使学生的发展在学校、家庭、社会的合力作用下,收到最佳效果。因此,学校与家庭、社区沟通合作,共同培养学生的优良品质,是促进学校发展的需要。

三、学校与社区沟通合作是学生成长的需要

学生的成长环境包括学校、家庭、社会,学校是学生成长的主要场所,家庭和社会也是学生成长不可忽视的重要基地。学生在学校的学习时间是有限的,学生在学校学到的知识需要得到社会生活和实践的检验与拓展。所以,学校教育需要家庭教育和社会教育的支持,校内教育与校外教育需要达成统一,这样才能使教育收到 5+2>7 的效果,使学校、家庭、社会共同促进学生的健康成长。

第二节 学校与家长的沟通合作

一、学校与家长的关系

有人认为学校与家长的关系越来越接近于社会组织与消费者之间的关系,这种看法有失偏颇。作为学校公众的家长,是学校生存和发展的伙伴。家长希望孩子在学校接受教育,学校才可能获得信任。学校获得家长的信任,才会有更好的生存和发展空间。也有人将家长仅仅视为教育的对象或学生的监护人,常常在学生出了问题的时候才想起找家长,这样的观念及做法也是错误的,它可能导致家长与学校成为对立的双方。其实,家长是

丰富的知识资源和教育资源，他们和学校是合作的伙伴关系，他们与学生一样都具有积极性，学校也需要采取恰当措施激活家长的积极性。在家长有了参与教育的选择权和明确的教育目标的前提下，他们的积极性就会自主地得以发挥，学校和家长之间就会自然地形成和谐、信任、友好、亲善的关系以及合作的系统。这时家长就成为学校工作的合作者、学校工作的评价者、学校声誉的传播者、学校部分资源的提供者。因此，促进家校沟通合作，为家长参与学校教育教学活动及学校管理活动赋予权利，是学校管理工作不可或缺的重要组成部分。

学校与家长沟通合作，要求学校的政策和行为都必须以学生及其家长的利益和要求为导向。学校在进行任何重大决策或活动时，应该将决策及其对社会的意义、对学生个人发展的意义向家长阐明，以赢得家长的理解、认同、支持及合作。基于对孩子教育的重视和关注，家长会对孩子在学校所受的教育进行评价，如果学校主动征询、了解家长对学校工作的意见和看法，认真倾听他们对学校工作的分析、评价及建议，可以清楚地判断自己教育教学工作的方向和得失，及时改进不足。

家庭教育在世界各国教育中均占有重要的位置，家庭教育不仅具有启蒙性，而且具有终身性，直接影响学校的教育质量。在教育改革不断深入的过程中，如果家长的教育理念与学校教育理念相背离，会困扰学校教育。例如，学校教育旨在把人的全面和谐发展视为最高追求，并努力在课程设置及教学管理等方面实践这一教育价值。而家庭教育却往往忽略学生全面发展的教育，以至于学校在进行素质教育中所采取的一些改革措施，如减轻学生负担、减少课外作业、取消节假日补习活动等，难以获得家长的支持。这就需要学校与家长沟通合作，使家长理解教育的价值，形成正确的理念，与学校共同按照教育规律培养学生，形成教育合力。

二、学校与家长的沟通合作方式

（一）成立家长委员会

家长委员会是中小学常设机构，是联结学校和家长的纽带，由有威望的学生家长组成。家长委员会有校级的、年级的和班级的三种。家长委员会的主要任务是向家长转达学校对家庭教育的意见和要求，提高家长的认识；向学校反映家长的意见和要求，帮助学校改进工作；引导家长关心爱护子女，支持学校的工作；在家长中起模范带头作用，对家庭教育进行咨询等。有的学校还通过家长委员会以《家长报》等形式，传播和交流家庭教育的经验。

（二）开办家长学校

一般来说，家长对孩子的期望值很高，但究竟怎样教育好子女，他们还缺乏相应的教育学、心理学的知识，缺乏正确的教育思想和教育观念，家长学校可以帮助家长解决这些问题。家长学校的教学内容包括宣传、讲解国家的教育方针、政策和法律；指导家长学习教育学、心理学的基本知识；介绍教育子女的有效经验等。家长学校的老师主要由学校领导、教师及家长委员会中有一定教育经验的成员担任。

（三）向家长公布学校计划

学校可以采取措施提前向家长明确教育教学目的和计划，使家长能够自主选择参加和配合学校教育教学活动的时间，充分承担起自己的责任。如果事事都等到家长会时再向家长汇报，家长只能成为被动的听众，处于茫然的状态，其潜能不能得以充分发挥。除了需要让家长了解学校的工作计划外，还需要使家长了解他们孩子的需要。受不同年龄阶段身心发展水平的影响及个别差异的影响，不同的孩子会有不同的需要。家长虽然天天与孩子接触，但并不一定了解自己的孩子。而学校工作的目的是为了教育好孩子，这就需要家长的配合，需要家长、学生、学校三位一体。

（四）召开家长会

家长会是学校与家长沟通合作的有效方式。每一位家长都存有许多问题，他们渴望了解孩子在学校的表现、与同龄孩子的差别、身体状况、学习困难、老师的教学情况等。通过家长会，请家长到学校来，可以帮助家长解决心中的问题和疑惑。通过家长会也可以使家长看到孩子的作品、学习业绩、在学校做的好事、发展情况等，还可以使家长了解到学校的教育教学情况。家长会的类型较多，按照不同的标准可做不同的划分，例如，按照家长会的内容不同可分为通告家长会、专题家长会；按照家长会的范围不同可分为校级家长会、年级家长会、班级家长会等。

1. 通告家长会、专题家长会

通告家长会是指对学生家长进行学校教育宣传的会议。会上要通告学校学年、学期主要的工作任务以及学校进行教育、教学改革中的最新措施以及方法，并通告学校乃至班级及其子女的情况等。这样的家长会通常一个学期召开1~2次，其形式有两种，一种是家长、任课教师以及学生共同参加的联席会议；另一种是仅有家长和有关教职工参加的会议。

专题家长会是由部分家长参加的专题讨论会。这部分家长的选择依据一般是因为他们的子女存在一些共同的教育问题，参加专题家长会的教师和家长要共同对之进行分析和探讨。如早恋行为、逃学旷课行为、参与社会不良团体行为、因为父母期望过高而心理压力过重等。在这种讨论会上，也可以邀请有关方面专家参加并指导。

专题家长会除在学校召开外，也可以根据实际情况，在征得社区或家长及学生同意的情况下，选择在社区或比较宽敞的学生家里召开。在社区或学生家里召开的家长会要请同一居住区域的学生家长参加，除学校教师、学生家长外，还可以适当吸收社区工作人员参加，以便交流教育经验、互通情况、探讨教育沟通合作方式等，争取相互之间的理解和支持。

2. 校级家长会、年级家长会、班级家长会

校级家长会是由学校组织进行宣传和教育的家长会。校级家长会可以在学期初或学期末进行，由校长或教导主任等校领导做学校工作报告，总结成绩、提出问题和改进措施，对学生家长的意见进行反馈。校级家长会也可以在学校对重大问题作出决策或组织重要活动之前进行，由学校领导正式在家长会上通报、征询意见并提出要求，以便求得家长对学校工作的支持。

年级家长会是从年级特点出发召开的家长会。年级家长会在一个学期中一般要召开1~2次，其主要内容是介绍年级情况、报告学校和年级工作计划、提出对学生的要求和希望，指导家长做好对学生的教育工作。

班级家长会是分班召开的家长会。班级家长会主要由班主任介绍本班教育教学工作情况，在形式上，可以采取向家长介绍学生情况，让家长评阅学生的作业，欣赏学生的文艺演出，以及安排一些学生和家长共同进行表演活动等。

（五）建立家校互访制度

家校互访是学校教育与家庭教育进行密切联系、相互沟通合作的重要途径。学校访问家长有利于了解学生的家庭情况，了解学生在家中的表现，向家长介绍家庭教育的知识，与家长共同研究教育学生的措施等。家长访问学校有利于帮助父母直观地认识孩子在学校的学习状态，加强父母与老师之间的沟通，有针对性地帮助孩子成长。学校可以通过多种方式达到家校互访的目的。

1. 邀请家长参加学校活动

为方便家长访问学校，学校可以建立"学校开放日""家长接待日"等制度。"学校开放日"邀请家长参观学校，了解学生情况，促进家校沟通合作。"家长接待日"接待来访的家长，倾听他们的想法与建议。"家长接待日"要有固定的接待时间，有专人负责这项工作，以便提高接待日的工作效果。"学校开放日"和"家长接待日"可根据学校的大小安排时间，较大的学校可分年级进行。

学校每学期都有公开课，面向同行进行教学研讨，或向主管部门汇报教学工作。这种活动如果能够面向家长开放，既能直观地让家长了解学校教学工作的开展情况，又能让他们直接观察自己的孩子在课堂中的学习状况；而且家长对课堂教学活动的参与也有助于促进自己孩子在课堂中的学习热情，同时这种公开课对任课教师来说也是一种鼓励和信任。

学校有常规性的文体活动，如学校运动会、文艺演出等。这些活动的准备及实施都需要师生及行政、教辅人员投入大量的时间和精力，也常常在学校营造出一种欢快、轻松的节日气氛。如果家长能参加自己孩子在学校的活动，成为他们的亲友团、热情的观众，则可以拉近家长与孩子、与学校的距离，使家长有自己是学校成员的归属感。

家长的职业千差万别，是学校可以利用的有效教育资源。如果学校能结合课外兴趣小组活动，有针对性地邀请在某方面有专长的家长来校协助指导兴趣小组活动，则可以调动家长的积极性，发挥家长的优势，并可以帮助家长了解孩子的兴趣爱好以及在校的表现。

家长参加学校活动之前，可以给家长发一份评价表，以引导他们的走访，并可以作为反馈信息，帮助学校改进工作。评价表包括的问题可以有家长对学校工作方式的看法、是否要改变教学思想、什么样的学习方式更有价值等。走访结束时，校长可以邀请一两位教师及家长共同开会，讨论家长提出的问题。

2. 与家长建立书面联系方式

走访家长、召开家长会等方式，都要直接和家长见面，有些不需要直接见面又必须让家长知道的事，可通过书面联系的方式，如通过"家长联系手册"，由班主任和任课教师把学生的品德、学习、纪律等方面的表现，如实写在"家长联系手册"上，定期由学生带回家，交给家长批阅，家长在上面简要建议后，再带回给班主任。

3. 使用媒体技术与家长交往

使用媒体技术的意义在于最大限度地增进与家长的沟通和交往。现代媒体技术很多，电话、电子邮件、互联网等，各种速度快、形式丰富多彩的音频、视频手段都可以利用。使用现代媒体技术具有无线的、无纸张的、即时的、省时的、生动的、信息群的、多维空间的等许多优势。但使用现代媒体技术也同时要求学校能建立新的管理系统,提高运用现代媒体技术的能力。例如,利用学校网站与家长沟通是很好的形式,但网站的建设和维护需要精心策划。网站的页面要清楚、简洁,要将学校最基本的、有利于家长等社区群体与之联系的信息载于网上。要有专门的管理人员,不断更新内容。同时要培训家长和教师使用网站的意识、技能及习惯。

第三节 学校与政府的沟通合作

一、学校与政府的关系

政府是国家权力的执行机关,任何组织,包括学校,都要服从政府对社会的统一管理。政府与学校的关系实质上是一种行政法律关系,双方地位具有不对等性。政府是教育的主要决策者,通过政策、法律、信息等手段从宏观上调控指导学校。但学校在接受政府的宏观调控和指导的同时,也对政府的行为进行审视和监督。学校与政府的沟通合作,主要是与教育行政主管部门和相关职能部门之间的沟通合作以及城市中与社区街道办的沟通合作。作为学校领导者,处理好学校与教育行政主管部门以及具体职能部门之间的关系,是至关重要的。社区街道办是政府在地方的具体职能部门,对学校所在社区发挥最直接的管理作用,学校与社区街道办做好沟通合作,可以促进学校和社区的共同发展。农村学校的社区主要是学校所在地的乡镇和村,农村学校与社区之间的关系与城市学校与社区之间的关系相同。

二、学校与政府的沟通合作方式

(一)学校与教育行政主管部门的沟通合作方式

1. 增进学校与教育行政主管部门之间的相互了解

学校领导者应熟悉教育行政主管部门及其他政府职能部门的政策,随时注意其变化及趋势,研究其适用范围,使之成为学校决策的依据,使学校的一切活动都保证在政府政策许可的范围内,并随时按照政策要求修改学校制度和开展学校活动。学校领导者可以通过国家各级有关部门下达的关于教育工作的各种文件,发布的各种章程,密切注意代表国家和地方政府的各种动态,避免学校工作偏离方向。与此同时,学校应向教育行政主管部门及时报告执行政策的情况,避免政策失误;及时报告学校发展状况,争取教育行政主管部门在业务上的指导和帮助;及时报告学校在教育发展、教学改革过程中遇到的困难、发现的问题，求得教育行政主管部门的理解和支持。

2. 扩大学校在教育行政主管部门的影响力

学校要赢得教育行政主管部门及其他政府职能部门的支持，就需要学校领导者把握一切时机，扩大学校在教育行政主管部门及其他政府职能部门中的影响力，使政府主管部门了解学校对社会、对国家的贡献和成就。例如，学校可以利用周年庆典、校园学术活动和文体活动等，邀请政府主管部门及党政要人出席学校的重大活动，加深他们对学校的认识，提高他们对学校的信心和重视程度；可以通过增进社会知名人士、社会团体领袖、专家、学者等对学校的了解，争取教育行政主管部门及其他政府职能部门的支持和帮助；可以通过新闻媒体等社会舆论的力量向社会公众介绍学校情况，宣传学校的成就，影响政府对学校的决策。

(二) 学校与社区街道办的沟通合作方式

1. 学校与社区实现教育资源共享

学校存在于社区之中，这种地缘关系使学校与社区之间的合作成为可能。通过与社区街道办建立联系，学校和社区各自拥有的教育教学资源可以共享，促进各自教育功能的发挥。首先，学校的资源可以为社区所用，如学校的体育设施、图书馆等教育资源可以向社区开放，学校开展的教育活动也可以吸引社区成员参加，还可以通过开办家长学校等活动促进社区成员素质的提高。其次，社区的教育资源也可以为学校所用，如社区内文化景观、图书馆、公园、文化活动中心等，可以为学校的教育教学活动提供条件。

2. 学校为社区提供人力资源支持

学校是知识分子聚集的地方，相对来说，学校的教师既有较厚的文化底蕴，又有较高的智力水平；既有专门的知识技能，又有较强的语言表达能力。所以，学校可以为社区的发展提供人力资源支持。例如，政治教师可以为社区开设社会公德和法制讲座；心理辅导教师可以为社区开设心理健康讲座；学校医务人员可以为社区开设计划生育和人口学讲座；体育教师可以为社区开展全民健身和文化活动指导；音乐美术教师可以为社区开设艺术欣赏讲座等。通过学校为社区提供人力资源支持，不仅可以促进社区人口素质的提高，而且可以增进社区对学校教育实力的了解和认识，促使社区配合支持学校工作，实现学校与社区的共同发展。

第四节 学校与社会团体的沟通合作

一、学校与社会团体的关系

1998年，国务院发布的《社会团体登记管理条例》规定，社会团体是指由公民自愿组成，为实现公民共同意愿，按章程开展社会活动的社会组织。社会团体是一个内容繁多、机构庞大的社会组织群体。学校在社区中与社会团体的沟通合作更多地表现在与社会公益团体的沟通合作。社会公益团体是社会团体的重要组成部分，是由公民自发组织，以服务社会公益事业、从事社会公益活动为目的的组织，包括慈善会、扶贫基金会、各级红十字会、青少年发展基金会、残疾人联合会、福利会，以及各种志愿者组织等。学校与社会公益团体作为社会组织的共同成员会相互影响，社会公益团体会直接或间接地参与学校的建设和发展，学校也会为社会公益团体的发展提供必要的资源。

二、学校与社会团体的沟通合作方式

（一）参与校外公益活动

学校与社会团体沟通合作的方式有很多，参与校外公益活动仅是其中的重要方式。主要包括：其一，组织学生参与社区公益活动。学校可以利用综合实践活动时间组织学生宣传环境保护、开展爱心捐赠、参加拥军优属等社区服务活动，这些活动有利于培养学生的社会责任心和正义感，提高他们的思想道德水平。其二，组织学生赞助社会公益事业。学校可以通过组织学生赞助社会公益事业教育学生，提升学校的影响力，促进学校的发展。其三，组织学生到社会公益团体中学习。学校可以组织学生到社会公益团体中学习，使学生在学习中培养优秀品质，提升活动能力。

（二）组织校内公益活动

组织校内公益活动也是学校与社会团体沟通合作、提高学校教育实效性的重要方式。主要包括：其一，请社会公益活动进校园。学校可以在校园内组织公益宣传，开展公益活动，提升学生的社会公益意识，培养学生的社会责任感，让学生在活动中增长知识、锻炼能力、培养品质。学校还可以在学生中开展为社会公益事业作贡献的征集活动，这些活动既能增长学生的知识、拓宽学生的视野，又能锻炼学生的意志、提高学生的修养。其二，请社会公益团体指导学生开展公益活动。学校可以请社会公益团体举办社会公益讲座，

指导学生成立志愿者服务队等，和社会公益团体合作开展各种公益活动。

本章小结

　　社区是社会上以某种特征划分的居住区。学校与社区都是社会系统中的基本组成单位。学校与社区的沟通合作是现代社会发展的需要，是学校发展的需要，也是学生成长的需要。学校与社区的沟通合作主要表现在学校与家长的沟通合作、学校与政府的沟通合作、学校与社会团体的沟通合作。学校与家长的沟通合作可以通过成立家长委员会、开办家长学校、向家长公布学校计划、召开家长会、建立家校互访制度等方式，提升家长的教育理念，促进家校合作和学校的发展。学校与政府的沟通合作，主要是与教育行政主管部门和相关的职能部门之间的沟通合作以及与社区街道办的沟通合作。学校与教育行政主管部门的沟通合作可以通过增进两者之间的相互了解和扩大学校在教育行政主管部门的影响力等方式，明确学校工作方向，拓展学校的发展空间。社区街道办是政府在地方的具体职能部门，学校与社区街道办的沟通合作可以通过实现教育资源共享、为社区提供人力资源支持等方式，促进学校和社区的共同发展。学校与社会团体的沟通合作更多地表现在与社会公益团体的沟通合作，可以通过参与校外公益活动和组织校内公益活动等方式提高学校教育的有效性。

思考与练习

1. 学校与社区沟通合作有哪些意义？
2. 学校与家长沟通合作有哪些途径？
3. 学校与政府之间应怎样沟通合作？
4. 学校与社会公益团体之间应怎样沟通合作？

案例分析

学校放假 社区开学①

　　有人把寒暑假视为青少年教育的"盲区"，学校难管，社会不管。可在

---

①　中华人民共和国教育部《素质教育观念学习提要》编写组：《素质教育观念学习提要》，第180页，北京，生活·读书·新知三联书店，2001。

绍兴市区却没有这样的空当。学校一放假，学生们便拿着"社区教育登记表"到所在街道、居委会报到，"学校放假啦，社区开学啦。"市民这样传着。

绍兴市形成了以市区、街道、居委会三级为主，由学校、机关、团体、部队、企事业单位和知名人士参加的完整的教育网络，让学生广泛参与社区活动。

"雏鹰假日小队活动"活跃在景点、街道、车站、码头、福利院等地，开展义务导游、交通值勤、社会调查、文明宣传等活动。无论你到哪一个景点，总能看到一位位小讲解员活跃的身影；街道社区乐园活动，以"爱科学、学科学、保护生态环境"为主题，组织学生"读一本科技书刊，听一次科技讲座，做一件科普小制作，记一篇环保日记，设计一篇环保公益广告，出一个环保金点子，写一篇科普小论文"，广大学生在活动中开阔了眼界，增长了知识；有的街道居委会让小朋友指定摊位，当一次小小售货员；还把学生们送到社区割稻，体验当一天农民的滋味……

——一批又一批的青少年从社区教育这个社会大课堂中，学到了许多在学校学不到的知识，提高了素质，增长了才干。据统计，绍兴市区青少年犯罪率九年来几乎为零。

案例思考题

1. 您对绍兴市"学校放假 社区开学"的做法有什么体会？
2. 您认为学校应如何与社区沟通合作安排好学生的假期活动？

阅读链接

1. 杜侬沙：《厦门市中小学校体育设施向社区开放的现状调查》，载《福建体育科技》，2010（5）。

2. 钟伟：《为社区教育腾飞插上"隐形的翅膀"》，载《中国教育报》，第4版，2010-10-31。

3. 卢松波：《学校与社区良性互动的保障机制研究》，载《当代教育科学》，2010（11）。

后 记

　　学校管理实践历史悠久，学校管理研究成果颇丰。面对已有的实践探索心得和丰厚的研究著作，要写好一本关于"学校管理"的作品的确有压力。然而，面对北京师范大学出版社的邀约，我感到盛情难却。于是欣然接受了撰写《学校管理》一书这一富于挑战性的任务，并试图将自己多年来对学校管理的理解能诉诸笔端。由于能力所限，书稿的完成与满意的体验并不能同步。唯一值得欣慰的是，在写作的过程中，我又有机会再次学习同仁的研究成果，寻觅实践的行动智慧。

　　全书共十三章，第一章至第六章主要阐述学校管理的基本原理，第七章至第九章应用基本原理阐述学校中以校长、教师、学生为代表的人的管理，第十章至第十三章同样在基本原理的指导下阐述学校中教学、教研、安全等方面的管理，并在社会的大系统中审视学校与社区的沟通合作问题。本书是多人精诚合作的智慧结晶。第一、二、三、四、五、六、七、十、十一、十二、十三章由杨颖秀撰写，第八章由杨疑秀及刘冰撰写，第九章由杨颖秀及王智超撰写。李天鹰对第十三章的撰写做了前期工作。全书由杨颖秀设计、统稿及修改。

　　在此，请读者对本书所存在的问题给予批评指正！

　　本书博采并借鉴了诸多学者的研究成果，在此，致以真诚的谢意！

　　最后，特别感谢北京师范大学出版社对出版此书给予的大力支持！

作者

2011 年 10 月于长春